Firm's Feedback in Creative
CROWDSOURCING
COMMUNITIES
Antecedents and Outcomes

创意众包社区中的
企业反馈
前因和结果

马永斌 ◎著

中国财经出版传媒集团
经济科学出版社
Economic Science Press
·北京·

图书在版编目（CIP）数据

创意众包社区中的企业反馈：前因和结果／马永斌
著． -- 北京：经济科学出版社，2024.8. -- ISBN 978 -
7 - 5218 - 5996 - 6

Ⅰ. F279. 23

中国国家版本馆 CIP 数据核字第 2024TW4635 号

责任编辑：刘　丽
责任校对：靳玉环
责任印制：范　艳

创意众包社区中的企业反馈：前因和结果
CHUANGYI ZHONGBAO SHEQUZHONG DE QIYE FANKUI：QIANYIN HE JIEGUO
马永斌　著
经济科学出版社出版、发行　新华书店经销
社址：北京市海淀区阜成路甲 28 号　邮编：100142
总编部电话：010 - 88191217　发行部电话：010 - 88191522
网址：www. esp. com. cn
电子邮箱：esp@ esp. com. cn
天猫网店：经济科学出版社旗舰店
网址：http：//jjkxcbs. tmall. com
北京季蜂印刷有限公司印装
710×1000　16 开　14.5 印张　220000 字
2024 年 8 月第 1 版　2024 年 8 月第 1 次印刷
ISBN 978 - 7 - 5218 - 5996 - 6　定价：76.00 元
（图书出现印装问题，本社负责调换。电话：010 - 88191545）
（版权所有　侵权必究　打击盗版　举报热线：010 - 88191661
QQ：2242791300　营销中心电话：010 - 88191537
电子邮箱：dbts@ esp. com. cn）

前　　言

　　在当今快速变化的市场环境中，创意众包已经成为一种重要的创新模式，它通过利用广泛的用户（顾客）智慧，为企业带来了前所未有的创新机会。然而，随着这种模式的广泛使用，一系列的挑战也随之显现：大部分创意众包社区中持续贡献者的占比较低，真正创新且实用的创意越来越少，创意接受率极低；产品更新速度变慢，用户不满情绪增加，严重影响了参与用户和企业的价值实现。

　　在创意众包社区中，企业反馈成为企业可以控制的少数直接影响用户贡献创意意愿的方式之一，对用户持续贡献创意意愿有很大影响。本书结合创意众包社区中企业反馈的公开性和创意接受率低的特点，深入探讨了企业反馈的前因和结果，为理解创意众包社区中出现的问题，提供理论解释和实践建议。

　　具体来说，本书通过对创意众包模式下 C-B 产品开发模式的全面综述，整合了一个清晰的研究框架。基于该框架，结合既有研究和创意众包社区的特点，提出了本书的研究内容。

　　使用我国创意众包社区的二手数据，基于社区中创意接受率极低和企业反馈的公开性等特点，本书主要关注创意众包社区中企业反馈的影响因素和影响结果。首先，对于企业反馈的影响因素，本书从认知和情感两方面分别分析了贡献者努力程度和创意中的情感特征对企业反馈的影响。其次，对于企业反馈的影响结果，本书分析了企业反馈特征（企业直接表达感谢和企业负向反馈）对贡献者持续贡献意愿的影响。最后，基于这些研究结论，提出了进一步研究的内容并为企业提供了针对性建议。

　　本书结合创意众包社区的特点，根据企业反馈的公开性、互动性和内生性等特点，从空间和时间维度全面系统地考虑了企业反馈的前因和结果变量。这对于分析和全面理解社区中的企业反馈非常重要。此外，随着社交媒体的普及和快速渗透，如何在社交媒体上与顾客沟通变得至关重要。本书对于企业如何通过企业反馈影响顾客参与，在社交媒体上与顾客共创价值也有参考价值。从实践角度，对于那些希望在创新过程中更好地利用群体智慧的企业，以及创意众包平台的运营者，本书可以提供一些启示。

　　作者从 2014 年开始关注用户参与产品开发和消费者创新相关问题，本书是相关工作的部分总结。本书试图为读者提供一个全面而深入的视角，但是限于各种原因，对于创意众包社区中企业反馈的研究也未必完整，仍然有很多问题有待进一步深入探索。

　　期待各位同行批评指正。

目 录

第1章 绪 论

1.1 研究背景和意义

新产品开发是企业生存发展的关键，也是企业获得核心竞争力的重要来源。在当今快速变化的商业环境中，用户的需求在快速地更新迭代，企业只有保持源源不断的创新思想，并以更快的速度推出更加创新的产品，或者改进现有产品或服务（郭雯和刘爱，2016），来满足用户需求，才能在激烈的市场竞争环境中更好地生存和发展。

自熊彼特在 1934 年提出创新、企业家和经济发展理论到 19 世纪 70 年代，企业（制造商）活跃的创新范式（manufacturer active paradigm，MAP）一直是创新研究和实践的主流。生产者创新和开发新产品，使用者（包括顾客和企业用户）购买和使用生产者的创新成果。比起单个的使用者，尤其是消费者，一个为很多顾客服务的企业可以承担更多的投资费用。因此，一般认为企业应该是创新和新产品开发的主体。

尽管普遍认为企业是产品开发的主体，但是用户作为"消费者"的角色发生了很大转变，他们逐渐成为企业产品开发过程中的重要参与者（郭雯和刘爱，2016）。随着知识经济的兴起，用户逐渐成为企业获取多样化知识的渠道（Chatterji & Fabrizio，2014；Casaló et al.，2010；Piezunka & Dahlander，2015），并成为企业核心竞争力的新来源（Im & Workman，2004）。已有研究表明，企业或组织市场中新产品开发逐渐由制造商（企业）范式向消费者（用户）范式发展（Hippel，2012）。

　　网络技术的发展和社交媒体的广泛使用深刻地改变了企业（产品和服务）与用户交流的方式。越来越多的企业通过社交媒体与用户互动，以增加用户满意度、提高产品销量。在互动过程中，用户贡献了很多有关产品改进的建议和想法，这对于企业产品开发至关重要。在当下互联网行业内也流行着这样一句话："人人都是产品经理"，这充分说明了用户在产品开发中起着举足轻重的作用。为了提高产品的核心竞争力，很多企业通过建立网络社区吸引用户参与，探索利用用户"集体智慧"贡献创意，用户无疑成为企业"不领薪水的员工"（李海舰和王松，2009）。比如小米、蔚来和华为等已经创建了网络社区①（创意众包社区）以方便用户贡献创意，而且成功地将一些用户贡献的创意运用于产品开发实践中，研究人员称之为"创意众包"模式（Bayus，2013）。该模式有助于企业持续获得高质量的创意，增加顾客满意度，提高产品销售额和利润（Piezunka & Dahlander，2014）。

　　创意众包社区是以企业品牌为中心的在线社区，用户作为主要参与者和网络的节点可以与平台中的其他用户进行在线互动，用户可以在平台上分享他们对产品的想法和建议以及对其他用户的创意进行评论，而企业可以通过与用户互动获得、采纳建议，改进产品设计，解决用户在使用产品中遇到的难题，从而给用户带来更好的使用价值。随着互联网的普及和社会化媒体的快速发展，在线互动变得便捷化和高效化，互动的广度、深度和频度也因此增强（Flavián et al.，2005；范钧和聂津君，2016）。

　　知名的电脑制造商戴尔（Dell）建立了"IdeaStorm"，在创建后的五年时间中，有超过80万人次将大约15000条创意反馈至该创新平台，其中500条左右的创意已经被企业采用并商业化。小米科技和魅族科技等国产手机制造商通过MIUI论坛和Flyme社区与用户在线互动，倾听用户心声，将用户的建议快速地渗透进产品设计与研发中，不断更新、迭代、升级产品。比如，手机的"截长屏""来电智能识别""手电筒"等功能都是由小米MIUI社区用户首先提出，而后成为手机行业标配的。在小米公司成立初期，广告

---

　　① 企业通常采用独立社区（比如小米的MIUI社区）或者作为品牌社区的重要版块之一（比如蔚来汽车的"蔚来好想法"版块）。

支出很少，社区口碑起到了重要的促进作用。

在由企业发起、缺乏经济激励的创意众包社区中，企业引导用户参与贡献创意变得非常困难。尽管用户有能力分享他们的创意，但是由于网络环境中存在明显的长尾效应，绝大部分用户的努力程度较低，贡献了较少的创意，甚至很多用户扮演"浏览者"角色，他们只是在社区中获取信息和资讯，但是不去贡献创意（毛波和尤雯雯，2006），也不去发表评论，参与贡献和评价的用户只占了较少的比例。真正具有创新性和实用性的想法日益稀缺。这会导致产品更新速度减缓，用户的不满和抱怨逐渐增多，严重损害参与者和企业的利益。

由于网络社区的开放性和互动性以及用户贡献创意意愿的自愿性和免费性，在创意众包社区中，企业对用户贡献创意过程的控制性降低，企业很难有效地影响用户贡献创意的行为（Kraut et al.，2012；Huang et al.，2018）。此时，企业反馈成为影响用户贡献创意意愿的主要方式。通过企业反馈，用户可以了解企业创意执行成本和创意选择标准，增加用户持续贡献创意的意愿和质量（Huang et al.，2014）。

但是由于存在以下特征，企业如何反馈充满挑战：第一，在网络众包社区中，尽管企业管理人员的反馈是针对贡献创意的用户，但是因为网络环境的公开性和互动性，会对进行评价的其他用户产生影响，也就是说企业反馈存在外部性（Wang & Chaudhry，2018）。第二，在缺乏经济激励的创意众包社区中，创意接受率极低（大部分社区的接受率低于10%）。由于没有经济方面的激励，创意被企业接受成为用户参与的主要目的（Bayus，2013）。在创意接受率极低的情境下，用户会策略性地采用各种方法来影响企业反馈，这为企业如何利用该模式带来了机会和挑战。本书基于企业反馈的这些特征，分析了一系列影响企业反馈和反馈结果的因素，以便更好地为理解创意众包社区中企业如何影响用户行为，为促进创意众包社区的良性发展提供建议。

1.2　研究思路和研究方法

1.2.1　研究思路

本书认为企业反馈是创意众包社区中影响用户持续参与贡献创意的主要因素，但是企业反馈的公开性和企业对创意的接受率低，为企业如何反馈带来了机会和挑战。鉴于此，基于创意众包社区中企业反馈的特征，本书分析了社区中影响企业反馈的因素（包括贡献者努力和创意情感特征）和企业反馈特征（是否负向反馈和反馈中是否包括感谢）对贡献者持续贡献创意意愿的影响，具体研究思路如图 1.1 所示。比如，鉴于社区中用户贡献的创意数较多，企业反馈是否会存在偏差，即是否会受到创意中情感因素的影响？因为社区中创意的接受率极低，用户努力是否会影响企业反馈？这分别从认知和情感两个方面分析了影响企业反馈的因素。此外，由于社区中创意的接受率极低和企业反馈的公开性，企业应该如何拒绝用户的创意？是直接拒绝（负向反馈）还是不作任何反馈？企业在反馈中包括对用户的直接感谢是否有效？企业反馈的效果如何受到同伴评价的影响？这些都是本书要回答的问题。

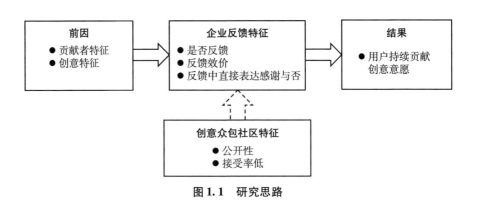

图 1.1　研究思路

1.2.2 研究方法

本书主要采用创意众包社区中的二手数据进行研究，具体数据来源和数据分析方法如下。

1. 数据来源

本书的数据来源于国内一家著名科技公司的创意众包社区。该公司是国内主要的智能手机和家电制造商，自2010年成立以来一直坚持根据用户的意见对产品持续改进。该模式现已在很多主流手机厂商中得到应用，而且取得了积极成效。在其主办的创意众包社区中设有新功能讨论等很多版块，从中可以看到自公司成立以来的几十万个用户贡献的创意，以及企业对这些创意的反馈情况，还可以看到同伴对这些创意的评价和企业反馈后贡献者的反应。该社区中包含所有用户的基本信息，包括积分、注册时间、在线时间、使用操作系统的版本号、使用的手机机型、用户所有的发帖和评论等。本书的大部分研究使用该社区2010—2015年的数据。

2. 数据分析模型

本书充分考虑数据的动态结构，主要使用计量模型来验证假设。本书的理想情境是将三类参与者（企业代表、贡献者和同伴）随机地置于不同的情境下，研究不同因素对参与者行为的影响。但是因为采用网络论坛的二手数据，内生性问题更为严重：第一，在创意众包社区中，企业代表、贡献者和同伴之间相互影响。对于同一个创意，企业反馈影响贡献者和同伴的评价行为，企业反馈也可能受到其反馈之前的贡献者和同伴评价的影响。第二，其他无法观察的变量，比如创意的质量、贡献者能力等都有可能同时影响企业和用户行为。第三，不同时点之间的企业反馈和用户行为存在动态影响。为此，本书充分考虑和利用数据的动态结构，参考巴尤斯（Bayus，2013）、谢瓦利埃等（Chevalier et al.，2018）、帕克等（Park et al.，2018）、皮耶琴卡和达兰德（Piezunka & Dahlander，2019）的研究，采用面板数据分析、逆概率加权（inverse probability of treatment weighted，

IPTW）等方法来解决可能存在的内生性问题。

1.3 研究内容和主要创新点

1.3.1 研究内容

创意众包社区具有以下特征：没有经济方面的激励，而且企业对创意的接受率极低；社区中企业和用户的评价和互动都是公开的；贡献者、企业代表和同伴之间相互作用，共同影响社区中的价值形成。结合已有研究，本书主要包括以下内容。

（1）相关理论和文献回顾。具体包括创意和创意评价、众包和创意众包社区、消费者创新及基础理论。在此基础上，提出并基于 C-B 产品开发模式，回顾了该模式各阶段的已有研究，并结合创意众包社区的特点，提出了进一步研究的内容。

（2）企业反馈的前因变量。结合创意接受率极低和企业反馈的公开性特点，本书分析了贡献者努力程度和创意中的情感特征对企业反馈的影响。

（3）企业反馈对贡献者持续贡献意愿的影响。在创意众包社区中，企业反馈是影响用户行为的重要因素。本书分析了企业直接表达感谢和企业负向反馈对贡献者持续贡献意愿的影响。

（4）基于上述研究结论，本书提出了针对性建议，并概述了未来研究的方向。

1.3.2 主要创新点

（1）结合创意众包社区的特征分析企业反馈的影响。在没有经济激励的创意众包社区中，创意被企业接受是贡献者参与的主要目的。但在该社区中，企业对创意接受率极低（大部分社区低于10%），而且企业的反馈是公开的（Piezunka & Dahlander, 2019）。这为解释社区中各类参与者行为提供了很好的切入点，也为研究企业反馈带来了挑战。

（2）整合分析了企业反馈的前因和结果变量。结合创意众包社区的特点，即社区中企业反馈不是独立和外生的。企业反馈在影响贡献者持续贡献意愿的同时，也会受到贡献者和创意特征的影响。鉴于此，本书在分析企业反馈的影响时，会考虑影响企业反馈的前因变量。在分析企业反馈的影响因素时，特别考虑了企业反馈对贡献者和同伴行为可能带来的影响。这对于分析和全面理解社区中的企业反馈非常重要。

（3）从空间和时间维度全面系统地考虑了用户和企业代表行为的互动和动态影响。在创意众包社区中，用户（贡献者、同伴）和企业代表之间相互动态影响。与已有研究多基于企业反馈的独立影响不同（Bayus，2013；Chan et al.，2021），本书综合考虑了影响贡献者、同伴和企业代表行为的因素，特别是分析了三者之间如何相互动态影响，该思路更加符合创意众包社区的互动特征，可以更好地理解创意众包社区中价值形成的本质。

第 2 章　基础理论和文献综述

2.1　创意的定义、形成和衡量

2.1.1　创造力和创意

创造力（creativity）是驱动社会文明进步的重要因素，也是企业创新的来源和推动力。已有研究主要从三个方面去解释创造力。第一种观点认为创造力是个人特征，是指那些富有创造力的人具有的特征（Guilford，1950）。第二种观点认为创造力是一个过程，当思考者掌握了问题的本质特征及其与最终解决方案关系的时候，洞察力和创造性思维便产生了（Wertheimer，1945）；创造力是将两个原来没有关联的思想重新组合的过程。第三种观点从创造力结果视角，即创意，来定义创造力。这里包括两层含义：一是创意的新颖程度；二是产品的恰当程度（Bruner，1962）。因此，创意质量的判断应该包括两个标准：一是对于研究的领域和内容，应该是不寻常的；二是在某种程度上适应和满足现实的需求。相比较从过程和个人角度，从结果的角度衡量创造力更加合适，现有的研究和问卷均来自这个操作性概念。比如，阿马比尔（Amabile，1983）提出了创意的判断标准：（1）对于手头上的任务，创意的新颖、恰当、正确和有价值程度；（2）任务应该是启发性的，而不是算法性的。算法性任务是指那些解决方案的路径是清晰的和直观的"任务"，而启发式的任务是指不存在清晰的和可以识别路径的任务（Amabile，1983）。

2.1.2　创意形成的变化和选择过程

关于创意的形成过程有很多不同的解释，比如，沃拉斯（Wallas，1962）提出创意产生的准备（preparation）—孵化（incubation）—阐明（illumination）—验证过程（verification）模型。吉尔福德（1950，1967）认为创意形成过程是发散和收敛概念化的过程；巴萨德等（Basadur et al.，1982）的创新问题解决"概念化—评价过程"模型。伦科和钱德（Runco & Chand，1995）将"现有问题发现—观点形成和判断—评价过程"作为创新思维的主要组成部分。但是创意形成的变化和选择过程最为流行和经典。

创意的形成过程被理解为盲目变化和选择过程（Simonton，2000；Yuan & Zhou，2008）。也就是说，高质量的创意遵循以下认知过程：首先个体产生大量的想法，然后通过试验、审美和其他科学判断，选择那些有机会生存和复制的想法。盲目变化和选择保留过程适用于所有的归纳过程，所有知识的增加过程。变化过程基于现有的相关知识和信息，产生大量的不同种类的想法，该阶段的目的是尽可能产生大量的不同想法。在选择阶段，所有的想法按照一定的标准被评价，只有那些符合标准的想法得到保留。那些有潜能的想法得到保留并经过修改，最终成为可以实施的创意。

创意形成的"变化和选择保留过程"的核心源于创造力的本质。该过程保证了同时产生新颖和合适的创意（Yuan & Zhou，2008）。新颖的和不寻常的创意产生离不开变化过程，然而想法的恰当程度需要通过选择过程来实现。变化是大量产生创意的地方，因为最终产品是由变化过程产生的大量想法形成的，变化过程的效率很大程度上决定了最终创意的新颖程度和质量。选择过程很大程度上决定了最终创意是否恰当、有用、正确和有价值。总之，如果变化和选择过程有效，创意更加有效。很多研究分析了影响创意变化和选择过程的因素（Yuan & Zhou，2008；Perry - Smith & Coff，2011）。

2.1.3 创意质量的衡量

因为实践可操作性更强，从结果的角度衡量创造力越来越得到现有研究的关注和认可。哈特等（Hart et al.，2003）指出在创意评价中，技术可行性是评价创意最常用的指标之一。卡沃内利·富尔基耶等（Carbonell - Foulquié et al.，2004）认为顾客接受度、技术可行性、战略适合度、经济绩效和市场机会是评价创意的五大指标。道格拉斯等（Douglas et al.，2006）在大量文献研究的基础上创建了创意评价的四个一级指标，它们分别是新颖性、可行性、相关性（可解决实际问题）和详细性（创意方案表述清晰），并在每个一级指标下建立了各自的二级指标，同时提出新颖性是创意的最本质特征，因为企业要想在同类竞争者中脱颖而出，必须具有新颖的想法。立兹舍尔等（Rietzschel et al.，2010）通过实验表明，为创意制定清晰明确的筛选标准并优化筛选流程，有助于筛选出更好的创意。他们还指出创意的新颖性和可行性是评价创意质量的两个指标。施瓦茨和博登多夫（Schwarz & Bodendorf，2012）提出好的创意应该是新颖的、有用的、可行的、有利可图的和高度成熟的。李（Li，2013）提出好的创意是可实施且具有商业吸引力的。张庆普和张伟（2014）认为应该遵循可行性、效益性和适应性（适应市场需求）等原则确定创意的评价标准，好的创意应该是与现实中已经存在的创意相比而言，内容是全新且富有想象力的。此外创意方案还应能解决企业所面临的问题，这样的创意才是符合企业需求的具有价值的创意。张和张（Zhang & Zhang，2014）从新颖性、价值性和实用性三个维度构建了创意的多阶段评价体系。黄等（Huang et al.，2014）认为在创意众包社区中，用户在贡献创意时，需要考虑消费者对创意的需求和企业的技术可行性两方面内容。迪德里奇等（Diedrich et al.，2015）认为新颖性和有用性是评判创意的两大标准：如果一个创意不新颖，那么即使它有用，它的价值也不大，但如果这个创意是新颖的，那么它的有用性会增加它的实际价值。马格努森等（Magnusson et al.，2016）认为创意是否可以被执行及执行后是否可以带来经济效益很关键，可以从新颖性、有用性、可行性和生产率等方面判断创意的优劣。陈等（Chan et al.，2018）认为一个创意的新颖性、可行性和其支持度影响其是否会被采纳。

通过对文献的研读和总结，学者对创意评价维度的划分见表2.1。

表 2.1 创意评价维度的研究现状

学者	创意的评价维度
Hart et al.（2003）	技术可行性
Carbonell-Foulquie et al.（2004）	技术可行性；顾客接受度；战略适性性；经济绩效；市场机会
Douglas et al.（2006）	新颖性；可行性；相关性；详细性
Rietzschel et al.（2010）	新颖性；可行性
Schwarz & Bodendorf（2012）	新颖性；可行性；有用性；有利可图；高度成熟
Li（2013）	可实施；商业吸引力
张庆普和张伟（2014）	可行性；适应性（适应市场需求）；效益性
Zhang & Zhang（2014）	新颖性；价值性；实用性
Huang et al.（2014）	需求性；技术可行性
Diedrich et al.（2015）	新颖性；有用性
Magnusson et al.（2016）	新颖性；有用性；可行性；生产率
Chan et al.（2018）	新颖性；可行性；支持度

综上所述，学者们对创意质量的衡量标准体现在以下几个方面：创意的新颖性（原创性）、创意是否满足市场需求、创意技术上的可行性、创意的效益性。本书认为，衡量创意众包社区中创意的质量需要考虑创意的新颖性、需求性和可行性。因为如果创意新颖、可行，但没有市场需求，那该创意就没有价值；如果创意新颖又可以满足用户需求，但是这个创意无法实现或实现成本较高，那该创意也是没有意义的。

2.2　消费者创新

本书主要从消费者创新的概念和特点，与其他相关概念的区别和联系，以及对企业的价值等方面进行梳理和分析。

2.2.1　从用户创新到消费者创新

用户创新这一概念最早由麻省理工学院教授希佩尔（Von Hippel，1988）提出，他在 *The Source of Innovation* 中提出企业并不是唯一的创新源，企业的供应商和用户（包括中间商和最终顾客）也可以是创新源。而学术上，不少学者开始关注用户创新，并进行大量的研究。但是对"用户创新"的概念没有统一的定义。在学术研究中，有将"用户创新"称为"顾客参与创新""消费者创新""大众生产""用户生成内容""价值共创"等。各位学者对用户创新的定义归纳见表 2.2。

用户创新是指企业产品的使用者个体或者群体为了满足自己的需要，开发或者修改现有产品和服务，并从中获得利益的过程（Von Hippel，2011）。福特（Ford，1996）认为用户创新是指用户在消费领域使用现有产品过程中，为了满足自己的需要，产生和形成新奇、有益的想法（Hirschman，1983；Hippel，2012）。普拉哈拉德和拉马斯瓦米（Prahalad & Ramaswamy，2003）研究发现用户创新是企业与用户共创价值的过程，是用户通过与企业或组织互动，对产品提出相关建议来改进产品的过程，也是用户在使用企业产品和服务的过程中，通过与企业的互动来获得个性化体验的过程。查特吉和法布里齐奥（Chatterji & Fabrizio，2014）研究发现随着知识经济的到来，用户创新已经从工业品领域扩散到消费品领域。消费者作为产品和服务的最终用户，逐渐成为企业创新重要的外部资源，是企业获得异质性知识的来源（Casal et al.，2010；Piezunka & Dahlander，2015），是企业核心竞争力的新源泉（Im & Workman，2004）。随着互联网时代的到来，企业与消费者的关系得到进一步改善，消费者创新也越来越受到企业和学术界的重视。在实践中，很多企业创建了创意众包社区，便于消费者参与企业创新，例如星巴克、戴尔、海尔、华为和小米等公司。

表 2. 2 消费者/用户创新的定义

学者	消费者/用户创新定义
吴贵生和谢鞬（1996）	消费者/用户创新是指用户对其所使用的产品、工艺的创新，包括为自己使用目的而提出的新设想和实施首创的设备、材料、工艺等，以及对制造商提供的产品或工艺的改进
高忠义和王永贵（2006）	消费者/用户创新是指产品或者服务的用户对产品或服务所提出的新设想或进行的改进
董艳等（2009）	消费者/用户创新是指某一特定的产品、工艺或服务的用户，凭借自身的力量或者同时利用外界的资源，就其所使用的对象进行的部分改进或设计出全新解决方案的活动
郑彤彤和谢科范（2013）	消费者/用户创新是指用户受内在愿望驱使和外部因素激励，借助外部资源和信息，同时基于自身需求，而进行的改进和发明活动
张童（2015）	顾客在产品及服务开发、生产的过程中，通过提供相关资源及行动，与企业进行的互动和合作，并将"顾客参与创新"划分为信息分享、合作开发、使用与推广三个维度

2.2.2 消费者创新的特点

消费者创新不仅仅包括贡献创意，还包括创意的执行，即开发产品，并应用在消费者的实际生活中。对于单个消费者而言，这种利益通常来自自己使用产品，而不是通过向其他人扩散创新而获利。消费者创新概念的理解包括以下三个方面：（1）消费者创新是在使用产品或者服务过程中形成的，而在使用过程中企业的控制明显降低，因此消费者创新过程由消费者主导，企业的作用相对较小；（2）消费者创新过程本质上就是释放和展现消费者个性的过程，这使消费者创新不一定代表着市场的趋势，消费者创新结果也不一定适合企业大范围商业化；（3）消费者是否创新不能仅从成本收益的视角考虑，还需要考虑其他社会化因素，比如关系的发展、体验等，这些因素都会影响消费者是否以及如何进行创新。

与消费者创新有关的概念包括开放创新、共创价值等。开放创新包括两种方式（Chesbrough，2003）：一是吸收外部信息进行创新（outside in），企业把外部的观点和技术应用到自己企业的创新中去；二是内部创新信息外部化（inside out），企业允许自己的观点、技术和过程被其他企业商业化。尽管消费者建议和解决方案是开放创新中非常重要的外部资源，但是开放创新是企业主导的创新活动，其主要目标是企业利润最大化。共创价值，是指消费者与企业或者企业提供产品的互动而创造价值的过程，指消费者在使用企业产品和服务的过程中，通过与企业或者企业产品和服务的互动而获得个性化体验的过程（Prahalad & Ramaswamy，2004）。消费者在使用产品和服务时可以获得各种评价和发现新的问题，并提供解决方案，这些评价或者问题可以作为企业创新的来源，但是共创价值主要是体验价值，不一定是产品创意。表 2.3 从假设前提、创新来源、创新转化方式几个方面比较了这些概念与消费者创新的区别和联系。

表 2.3　　　　　　　　　消费者创新相关概念的区别和联系

相关概念	假设前提	创新来源	创新转化方式
企业创新	企业有能力并且需要创新	企业内部	企业商业化
消费者创新	（1）消费者有需求和激励来解决目前市场上尚未满足的需求； （2）创新主要是为了消费者自己使用	消费者个体或者群体，比如领先用户、创新社群等	（1）企业商业化； （2）消费者自己使用，没有商业化； （3）消费者分享； （4）消费者建立自己的企业
开放创新	（1）企业商业化外部创新或其他企业商业化本企业的创新通常在经济上是最优的； （2）主要关注企业的经济利益，在某种程度上更类似于传统企业的创新	（1）外部的个体或者团体，包括消费者、供应商、竞争者、其他机构或者单位、科研院所等； （2）企业自己	（1）企业商业化； （2）其他企业商业化
共创价值	（1）价值在使用中创造； （2）企业只提供价值的可能（产品）	消费者在使用产品过程中可能产生对企业创新有价值的信息	企业商业化

综上分析，本书认为消费者创新是消费者发起，并且他们从创新过程中得到了利益；在创新过程中，企业并没有提供太大的帮助。由于消费者创新的目的是自己使用，消费者创新有不同于企业创新的特征。

2.2.3　消费者创新的价值

消费者创新广泛存在，一项针对英国、日本和美国的大样本调研表明，37%的消费者表示他们曾经修改产品或提出过改进产品的意见。多于9%的消费者表明他们曾经开发了产品原型或可以市场化的产品（Hippel et al.，2011）。在很多行业中，大部分重要的产品和过程创新都由使用者开发，这些行业大部分与休闲娱乐业有关，包括运动饮料、山地自行车、摄影器材、视频游戏、风帆冲浪和滑板运动设备等极限运动行业（Franke & Shah，2003）和银行服务业等（Baldwin & Hippel，2011）。

消费者创新对企业有非常重要的意义。主要表现在以下方面。

（1）一些消费者创新可能代表着未来消费者的需求趋势。比如，领先用户在需求方面有领先优势，他们的创新对制造商往往意味着商业化机遇（Olson & Bakke，2001）。

（2）消费者创新对企业创新有很好的互补作用。由于信息黏性的作用，制造商了解更多有关产品问题解决方案和如何有效地生产的知识，而消费者知道他们自己的特殊需求和产品使用环境的信息，因此消费者创新可以作为企业创新的有益补充，尤其是在产品生命周期的初期，并对企业未来的创新有更加广泛的影响（Chatterji & Fabrizio，2012）。

（3）相对于企业创新，消费者创新通常有较高的效率。通过对激流皮划艇行业 50 年产品创新的研究表明，消费者在开发重要创新方面的效率是企业的 2.4 倍，创新成本仅仅是企业成本的 42%，并且发现相对于行业成熟期，这种现象在行业发展的早期更加明显（Christoph et al.，2011）。得益于消费者独立创新和开放式协作创新的高效性，在特定领域，这种模式可能会超越传统的制造商驱动的创新（Baldwin & Hippel，2011）。例如，对于维基百科等协同创新模式，由于每位用户有其独特的需求和相应的资源，这样的多样性可以降低创新成本。

（4）企业利用消费者创新的成本较低。因为消费者创新主要是为了自己使用产品而非从中获利，因此他们很少对其进行产权保护和商业化，企业可以免费获得部分消费者创新。

总之，这些研究表明消费者创新广泛存在，消费者创新效率较高、成本较低，并且可能代表未来的消费趋势，如果恰当利用可以作为企业创新的有益补充。

2.3　在线社区及在线创意众包竞赛

2.3.1　在线社区

在线社区，亦称为虚拟社区，尽管普遍存在于网络空间，但其确切定义仍未达成共识。根据瑞金（Rheingold，1993）的观点，在线社区是一种社交聚集地，其中参与者数量众多，他们在这一平台上进行长期且富含情感的公开讨论。科兹内茨（Kozinets，1998）则认为在线社区是由相互影响较大的消费者群体构成的，而波特（Porter，2004）则将其界定为围绕共同兴趣交互的个人或企业合作伙伴的集合体，这样的社区通常受到一定的协议或规范的指导。表2.4总结了学者对在线社区的定义。

表 2.4　　　　　　　　　　　　　在线社区的定义

学者	在线社区的定义
Rheingold（1993）	在线社区是一种社交上的聚合，而这种社交上的聚合是在网络虚拟空间中，有足够多的人并且进行足够长时间富有情感的公开讨论，所形成的个人关系网
Kozinets（1998）	在线社区是消费者形成的群体，而这些群体能够对群体中的成员产生实质性影响，包括影响成员的消费行为
Preece（2001）	在线社区是人们为了得到或给予信息、支持以及学习，而寻找伙伴的任何虚拟空间

学者	在线社区的定义
Lee et al. （2003）	在线社区是基于计算机信息技术支持的网络空间，以社区成员的交流和互动为中心，并且社区成员会生成内容，最终社区的成员之间会建立关系
Porter （2004）	在线社区是围绕共同兴趣进行交互的个人或商业伙伴的集合，其中人与人的交互至少部分由技术支持并且人与人的交互也需要由一些协议或规范引导
向海华和沈治宏（2004）	在线社区是有着共同兴趣或目标的、主要在虚拟空间互动以共享信息或知识的群体
徐小龙和王芳华（2007）	在线社区是人们为了满足某种需要，在网络空间中相互交流而形成的具有共同目标的群体关系总和
万晨曦和郭东强（2016）	在线社区是以信息技术为基础，以用户间的互动为核心，以建立社会关系为目的的网络社区。其可以看作是人类现实社区在互联网上的"映射"。其既具有空间的概念，同时承载了如现实生活中的人与人之间的关系内涵
朱振中等（2014）	在线社区是由消费者围绕共同的爱好通过在线渠道实现互动所形成的，并且以网络作为主要沟通方式，具有共同或互补兴趣用户的集合体
张洁和廖貅武（2020）	在线社区是由企业创建的与顾客进行互动交流的虚拟平台，社区具有邀请顾客在线参与并围绕产品开发主题进行互动交流的功能

资料来源：张思康. 在线社区中企业反馈对用户生成内容的影响 [D]. 上海：上海财经大学，2022.

由表 2.4 可以看出，已有文献对在线社区的定义主要围绕以下四个特点展开：第一，网络空间。在线社区建立离不开网络空间和 Web 2.0 技术发展。第二，网络空间中成员之间的互动。包括企业和用户，以及用户与用户之间的互动。第三，有相当数量的社区成员。第四，社区成员之间会建立联系。

2.3.2 在线创意众包竞赛

众包是一种将曾经由员工完成的任务，以公开的形式外包给公司外部人员的行为（Howe，2008）。一些众包采用一次性竞赛或多阶段锦标赛的形式（Terwiesch & Xu，2008；Terwiesch & Ulrich，2009）。创意众包竞赛被定义为创新者（基于网络）的竞赛，创新者利用自己的技能、经验和创造力为组织者定义的特定竞赛挑战提供解决方案（Piller & Walcher，2006；Bullinger & Moeslein，2010）。在线创意众包竞赛有以下特征（Bullinger et al.，2010）：在线开展；提供奖励；组织者大多数活跃于 B – C 领域；按期公布比赛情况。以下是两个较为经典的创意众包竞赛。

1. 星巴克"白杯大赛"①②

星巴克公司最著名的众包竞赛项目之一是 2014 年的"白杯大赛"。咖啡师们注意到，在星巴克的标准白杯中，顾客往往会在杯子上涂鸦。于是，他们决定好好利用这一趋势，发起了一场比赛。彩虹色的独角兽、花朵、恐龙或几何图形，顾客可以涂鸦任何东西。天空是他们的极限，咖啡杯是他们的画布。他们只需在社交媒体上提交自己的设计，并加上 White Cup Contest 标签。星巴克数字团队创意总监布里尔·沃特曼（Briar Waterman）说："杯子是一个很好的画布，因为你可以尝试抽象的设计，并不断添加新的元素。"沃特曼从 Instagram、Twitter 和 Pinterest 上发布的杯子艺术创作中获得了灵感。人们已经在尝试使用不同的媒介，他建议大家通过这次比赛提高自己的创造力。

该比赛收到将近 4000 份设计之后，星巴克确定了一名获胜者——来自匹兹堡的艺术系学生。她的设计被用于制作限量版可重复使用的杯子。顾客每次用它购买饮料时都能享受 10 美分的折扣。因此，十杯咖啡之后，这个杯子就能收回成本，得到回报。通过这次比赛，星巴克不仅获得了一个新的可重复使用的杯子设计，该品牌还在各种社交网络上获得了免费推广，并将其可重复使用的咖啡杯推向了全球。星巴克的环境影响总监吉姆·汉纳（Jim Hanna）说："标志性的白色杯子就是我们的广告牌。"

---

① https：//www. creativelive. com/blog/starbucks-white-cup-contest/。
② https：//stories. starbucks. com/stories/2014/starbucks-invites-you-to-decorate-its-iconic-white-cup/。

2. 欧司朗 "LED – Emotionalize your light" 创意大赛[1][2][3]

欧司朗是西门子股份公司工业部门的一部分，也是世界两大领先的照明制造商之一。如今，欧司朗已成为照明行业的高科技公司。他们发起了一场用户创意竞赛："LED——情感化你的灯光"。该竞赛的目的是开发用户负担得起且易于操作和安装的可行照明解决方案。来自 86 个国家的总共 530 个创意已在 www. LED – emotionalize. com 上提交。参与者利用应用场景、图形设计和技术规范，向约 800 名社区成员，以及由欧司朗高级员工和选定的媒体和设计专家组成的专业评审团展示了他们的创作。

比赛的口号是："你有创造力吗？技术会激发你的灵感吗？你喜欢拼图吗？如果是这样，请立即参加'LED——情感化你的灯光'创意大赛，并使用最新的 LED 技术创造你自己的灯光概念！"自开赛两周以来，社区活跃用户已增至 200 名。参与者可以提交自己的想法和设计并向社区展示。社区还集中利用这次机会来讨论和评估创意。借助该平台，像欧司朗这样的老牌公司会考虑客户的创造力，并积极将其融入新产品的开发中。

比赛分两个阶段进行：第一阶段，收集并讨论所有参与者的想法；第二阶段，社区共同提出最好的设计。在每个阶段结束时，专业评审团将评估创意并选出获奖者。获胜者将获得高达 7000 欧元的现金和非现金奖励。此外，所有比赛的参与者都有机会赢得价值 7000 欧元的奖品。这些设计将由专业评审团进行评审。该评审团由欧司朗高级员工和选定的专业代表组成，将基于所提交想法的创造力、创新性和情感性进行评分。此外，每个阶段最活跃的社区成员可以获得非现金奖励。

---

[1] https://www. ledsmagazine. com/home/article/16698988/competition-invites-designers-to-emotionalize-your-light。

[2] https://ixtenso. com/lighting/round-2-of-the-led-emotionalize-your-light-competition. html。

[3] https://mass-customization. blogs. com/mass_customization_open_i/2009/05/open-innovation-at-osram-user-idea-contest-open-on-led-technology. html。

2.4 创意众包社区

2.4.1 创意众包社区的概念

创意众包社区由大量具有共同兴趣并服务于共同创新目的的个体组成。社区受共同文化的约束，由一套规则、规范和价值观组成，它为其成员提供技术和情感支持。参与是自愿的，成员之前没有任何组织隶属关系。社区成员定期通过社区进行互动，并希望通过交流建立联系。社区中沟通是多向的，成员可以互惠，共同目标是针对产品相关主题或个人需求寻求新的、创造性的解决方案。

创意众包社区指由企业或者与企业相关的第三方平台搭建，主要目的是利用企业外部的创新资源，让利益相关者通过开放的虚拟社区参与企业内部的产品创意生成、产品研发、产品测试等产品创新活动中，以此来掌握用户的需求方向，提高研发效率，提升竞争优势，提高市场占有率和降低研发成本。创意众包社区的出现与发展是以企业开放式创新理论和用户创新理论为基础的。创意众包社区为企业实施开放式创新提供了平台。

与创意众包社区相关的两个概念是用户创新社区和开放源代码社区。用户创新社区（user innovation communities，UIC）中客户与组织一起参与研发工作。UIC 是一种电子社交环境，允许全球分布的客户通过网络评论现有的产品和服务，并提出新的创新来交流和分享他们的专业知识。有效接触并建立强大 UIC 的组织可以加强内部研发活动，让客户以更低的成本找到新的创新来源（Di Gangi et al.，2010）。开放源代码社区是指拥有共同兴趣爱好的任何人对开放的源代码进行利用、修改，并可以对修改后的源代码进行免费传播的网络社区（Raymond，1999）。与用户创新社区的内涵特征相比，开放源代码社区则更强调用户完全参与软件的开发和修改。而用户创新社区与创意众包社区则更加强调用户参与创意的提出以及产品测试等环节，具体的开发产品的过程则多由企业自主完成。正如开放源代码社区，企业创意众包社区以及用户创新社区都是由用户的贡献行为和用户创新能力来维持正常运行，在线用户可以是专业人员也可以是业余的消费者。创意众包社区主要是通过在虚拟社区中交流沟通的方式进行，而用户创新社区不仅有电子邮件等交流方式，还会有面对面的交流。表2.5从发起人、参与人、沟通方式、目标、获利方式五个方面将创意众包社区、用户创新社区以及开放源代码社区进行比较。

表 2.5　　　　　　　　　　创意众包社区相关概念的比较

相关概念	创意众包社区	用户创新社区	开放源代码社区
发起人	企业	企业	第三方平台
参与人	企业的用户或者其他关注企业产品的人	企业的用户	任何有能力、有兴趣的人
沟通方式	网络平台	面对面或者网络	网络
目标	为企业创新提供有益补充	为企业创新提供有益补充	完成程序的改进
获利方式	通过产品间接获利或者得到非物质方面的肯定	通过产品间接获利或者得到非物质方面的肯定	直接从改进的程序中获利，可以直接将程序商业化

本书的对象是指企业创建的、为用户参与企业产品开发提供交流平台的创意众包社区。用户可以在创意众包社区中讨论产品的使用缺陷、使用中存在的问题，以及用户需要什么样的新产品等问题，或者是参与产品测评、新产品试用，为企业创新提供更多关于用户方面的信息，把握市场方向，降低研发新产品的成本。

创意众包社区是一种众包形式，个体（主要是顾客）可以在创意众包社区中重复提交想法。例如，戴尔（计算机硬件）和星巴克（咖啡）最近成为热点新闻，因为它们一直在鼓励广大消费者对数以千计的新产品和服务提出建议、讨论和投票（Sullivan，2010）。与贡献者通常只在有限的时间内提交一个想法，并根据提交的"最佳"想法选出获胜者的一次性挑战不同，众包社区的参与者通常被要求持续贡献任何可能改进企业产品和服务的创意①。

本书关注的创意众包社区有以下特点（Huang et al.，2014）：第一，社区由企业创建，不针对某项特定任务，而且一直开放用户参与；第二，创意不完全由用户决定，贡献者贡献创意后，同伴可以评价，但最终决定权在企业；第三，参与者之间没有竞争，也没有金钱和物质方面的奖励。戴尔的 IdeaStorm 和小米的 MIUI 社区是典型代表。

2.4.2　创意众包社区中的用户分类

创意众包社区中的参与者包括企业代表和用户（主要是顾客）。创意众包社区中的用户是为企业提供外部创新资源的主体，是社区的主要构成要素。已有研究根据一定的标准对社区中的用户进行了分类。研究中的分类标准大部分是按照用户在创意众包社区中的活跃性以及用户对企业贡献创意的数量来划分的。例如，戚桂杰和李奕莹（2016）通过聚类分析从对企业创新的贡献和在社区中互动情况两个维度进行分类，将用户划分为核心用户、积极社交用户、魅力社交用户、积极创新用户、有效创新用户和边缘用户六种类型。而马丁内斯－托雷斯（Martinez－Torres，2013）按照用户在创意众包社区中贡献的创意内容将用户分为创新用户和领先用户两种类型。菲勒等学者（Füller et al.，2014）按照用户在社区关系网络中的地位和贡献创意的内容，将用户分为社交者、创意提交者、领袖者、有效贡献者和被动用户五大类型。

2.4.3　创意众包社区中的用户互动

互动是指以媒介为中介的交互行为。已有研究将互动从现实社会逐渐引申到网络社会的沟通与交流中，互动的含义也因此发生了一些改变。互动最早是指双向的沟通过程，是信息接收者对收到的信息内容进行反馈，

---

① 戴尔的 IdeaStorm 自 2007 年 2 月以来一直在收集消费者的想法，而星巴克的 My Starbucks Idea 自 2008 年 3 月以来一直在收集。

再根据信息接收者的反馈进行信息修正的过程（Wiener，1948）。海克尔（Haeckel，1998）拓展了互动的范围，他认为互动不仅可以发生在人与人之间，同时也可以发生在人与技术之间的信息交换，通过这种信息的交换，可以改变个体的知识以及行为。由于互联网技术的发展，学者将互动的研究范围继续延伸，开始聚焦互联网上的互动。

网络互动从本质上讲就是一种社会互动，只是互动的形式不同（夏学銮，2004）。井玉贵（2008）认为网络互动是指网络主体之间通过互联网营造出的超越时间和空间情境而实现的以符号传递为表征，同时具有高情感心理预期，具有特定的交往框架的社会交往行为。也有学者从信息交互角度定义网络互动，程振宇等（2012）认为网络互动是指信息传递两端的主体（可以是个人，也可以是组织）借助于网络符号及其表达的意义来实现相互联系、相互影响彼此行为的动态信息交流过程和方式。哈和詹姆斯（Ha & James，1998）将互联网互动的特征归纳为五个方面：趣味性、选择性、链接性、信息收集和交流互动。还有学者根据网络互动中，信息传递双方通过网络传递的符号意义的稳定性将网络互动分解为机械互动和有机互动，而一般的网络互动均包含以上两个部分，是一种"机械互动—有机互动"的综合体（张诗婷，2014）。机械互动与有机互动分别描述了网络交流的两种不同形态。机械互动关注的是参与者之间通过稳定的符号再现或对象进行的信息传递和反馈的过程。这种互动形式依赖于符号的固定意义来完成交流。相对地，有机互动强调的是网民之间通过符号建立的共享关系，它要求网络互动的双方在不断变化的符号含义上达成共识，以此为基础建立起意义的共享和相互理解。这种深层次的理解和交流需要双方拥有共同的文化背景作为支撑。

创意众包社区中用户互动可以分为用户互动的广度和深度。用户互动的广度是指参与到互动过程中的用户类型的数量，反映了需求和异质性知识互补的维度；而用户互动的深度则是指互动过程中用户介入到企业活动中的程度，反映了用户知识质量和专业化程度的维度（张超群，2013）。本书将创意众包社区中的用户互动分为用户与用户之间的互动以及用户与企业之间的互动，并考虑了互动的广度和深度。下面分别阐释这两种互动。

1. 用户与用户之间的互动

创意众包社区中用户与用户之间的互动，是指用户通过创意众包社区与其他用户（同伴）进行互相沟通和分享的过程。用户可以通过创意众包社区提出自己感兴趣的问题，与同伴进行交流，寻找解决方案，也可以直接提出自己对某个问题的解决方案，以供其他人参考或者讨论，不断地对解决方案进行完善。参与讨论的用户群体越大，即用户与用户之间互动的广度越大，解决问题的能力也越大。例如，IBM 通过开展"即兴创新大讨论"邀请各个国家的员工、员工家属以及客户参与到企业产品创新、业务发展方向解决方案的讨论中来，来自不同背景的人员会通过该论坛进行头脑风暴，在思维的碰撞中产生全新的解决方案。

2. 用户与企业之间的互动

创意众包社区中用户与企业之间的互动，是指用户通过创意众包社区与企业代表相互沟通、交流的过程。在互动的过程中，用户可以将自己的想法传递给企业，企业获得用户的创意，并将其应用于产品的开发中，帮助企业开发出更适合用户需求的新产品、占领市场。张超群（2013）将用户与企业之间的互动定义为：发生在企业与用户之间的，双方通过信息共享、合作等方式共同解决问题的活动过程，且这一过程并不限于是哪一方完全主导。格鲁纳（Gruner，2000）的研究发现用户与企业的互动通常发生在产品创意的生成和筛选、产品原型测试以及产品发布四个阶段。

在创意众包社区中用户与用户之间的互动和用户与企业之间的互动，是创意众包社区的核心特征，也是本书关心的核心。很多研究关注了两者之间的互动形式及其结果。具体的文献回顾参见每个研究部分对应的文献综述。

2.5　用户参与产品开发过程（C-B 产品开发模式）

随着信息技术的发展及社交媒体的广泛使用，用户（特别是消费者）参与企业各项活动的积极性和主动性得到充分释放，他们更加愿意参与到企业的产品开发过程中。创意众包社区中用户参与产品开发——即企业提供网络社区方便用户贡献和选择创意,然后将最有前途的创意商业化为最终产品——已被近 78% 的国外大型企业采纳为主要创新策略(Wang & Chaudhry,2018)。在这种情境下,企业产品开发的模式发生了很大的变化。企业主导的产品开发模式逐渐向消费者主导的模式转变,C-B 产品开发模式正在形成(见图 2.1)。

图 2.1　C-B 产品开发模式

企业实践为该问题的研究提供了便利,使最近几年相关研究得到快速增长。根据企业产品开发的阶段,可将已有研究归纳为以下两类:一是关注产品开发初期用户贡献和选择创意的过程(Huang et al.,2014);二是关注在产品开发之后,未参与产品开发的用户对用户参与开发的产品的评价(Dahl et al.,2014),以及用户参与产品开发对企业绩效的影响。这两类研究相互联系,用户贡献创意是未参与用户评价用户参与开发的产品的基础。

本书回顾了基于 C-B 产品开发的相关文献,总结了在该模式下,企业如何有效地影响和利用用户参与产品开发的策略,并提出了进一步研究的方向。本书包括以下几个方面的文献:第一,来自市场营销、企业管理和信息系统相关学科的主要期刊;第二,包括众筹研究中以创意为内容的文献(没有包括竞争性创意竞赛相关的研究[①])、开放创新中企业利用外部创新知识的文献、用户参与产品开发的文献等;第三,仅包括以终端使用者,即消费者贡献创意的文献,没有包括中间商用户参与产品开发的文献。

2.5.1　影响用户贡献创意意愿和质量的因素

高质量的创意是 C-B 产品开发模式的基础,用户贡献创意的意愿和

---

① 从参与的目的、参与的任务特征、创新观点的产权等方面来看,竞争性和非竞争性平台有明显差别,众筹相关研究主要关注竞争性创新平台(Mo et al.,2011)。

质量不仅受到自身经验和技能的影响，同伴和企业的评价和选择都会影响高质量创意的形成。结合已有研究，该部分主要回顾两个影响用户贡献创意意愿和质量的因素：一是贡献者自身因素；二是企业反馈和同伴评价。

1. 用户自身因素的影响

用户自身因素包括用户参与的动机、用户努力程度，以及用户的社交网络特征（包括评价其他人的创意和对同伴的支持行为）等方面。

（1）用户参与创意众包社区贡献创意的动机。该部分文献有助于理解用户花费时间和精力在没有金钱激励的创意众包社区中贡献的原因，也是本书的理论基础。

已有研究从内、外两方面关注了个体在众包社区中贡献创意的动机（Hossain，2012；沈校亮和厉洋军，2018）。比如，侯赛因（Hossain，2012）将用户参与创意众包社区的动机归纳为内在动机和外在动机。内在动机指用户出于自己兴趣或者爱好，而不依赖于外部压力去网络社区中贡献创意。当参与的任务本身足够有趣时，内在动机起主要激励作用。外在动机指用户因为外在因素的影响而贡献创意。外在因素分为经济激励（比如奖金、免费产品、优惠券、免费服务等）、社会激励（包括奖赏、名声、荣誉、信任等）和组织激励（发展机会、工作机遇和获取信息等）。以小米 MIUI 社区为基础的调研表明，在没有金钱激励的创意众包社区中，用户参与动机包括经济动机、知识获取动机、情感动机、社交动机、兴趣动机、宣传发展动机以及胜任动机（夏恩君和赵轩维，2017）。其中情感动机和兴趣动机属于内部动机，其余属于外部动机。

研究发现内在动机对用户贡献意愿和质量有积极影响，而外在动机有消极影响（Amabile，1983）。在一些情况下，内、外部动机相互冲突：比如外部奖赏可能会削弱内在动机的积极影响（Lepper & Greene，2015）。也有研究关注了不同外在动机影响的差异：比如一些研究发现奖励和荣誉都非常重要（Toubia，2006），而另一些研究都发现金钱奖励对贡献创意有不利影响（Deci，1971）。

研究也表明，用户从社交媒体发帖中得到的效用随时间变化。图比亚和斯蒂芬（Toubia & Stephen，2013）将用户在社交媒体上发帖的效用总结为内在和形象相关的效用。内在效用指用户从发帖中直接得到的效用，比如发帖行为带来的内在满意。形象相关效用指用户发帖是基于他人的感知，包括平台带来的自我价值感和社会接纳感，也与身份地位需求和声望动机有关。图比亚和斯蒂芬（2013）研究发现，用户从参与社交媒体发帖中得到的效用随着发帖量在变化：起初粉丝量少，个体从发帖中获得的内部效用大于形象相关的效用；随着粉丝量增加，个体获得的形象相关效用大于内部效用（Toubia & Stephen，2013）。该分类也适用于用户在创意众包社区中贡献创意的动机，比如个体参与创意众包社区可能是想从一个很酷的项目中得到快乐，也有可能是为了得到同伴认可（Hennig-Thurau et al.，2004）。严建援等（2019）将参与价值共创的顾客分为普通顾客和特殊顾客[①]，发现认知需求、享乐需求对普通顾客和特殊顾客的共创意愿均有显著影响，而个人整合需求和社会整合需求[②]对特殊顾客的共创意愿有显著影响，而对普通顾客没有显著影响。该结论与图比亚和斯蒂芬（2013）的结论一致。

（2）用户努力程度的影响。时装设计师为了开发新款式和建筑师在设计新建筑时（Pearce et al.，1992；Lawson，2000），为了找到创新性的解决方案，他们通常会整合已经存在的解决方案。在用户持续贡献高质量创意的过程中，其贡献创意的质量与他过去的成功负相关，而与他现阶段的努力程度（对其他异质性观点的评价）正相关（Bayus，2013）。因为用户对其他异质性观点的评价会增加自己的群体归属感，获得更多的异质性信息，增加自己贡献创意的新颖程度，也会使贡献者更加了解其他用户的需求、企业的标准和决策，因此更有可能贡献高质量和可以商业化的创意。创意众包平台中用户贡献创意与其对同伴的评价和支持行为存在明显的互补效应（Lu et al.，2011）：用户对同伴的支持、帮助行为有助于他们了解同伴的问题、需求和帮助他们提供有助于企业执行的观点，这会增加高质量创意的形成。因此该平台成功的关键在于用户之间相互支持和贡献创意这两

---

① 普通顾客与社区交互较少，即对社区共创的价值相对较少；特殊顾客与社区交互较多，即对社区共创的价值相对较多。

② 个人整合需求强调个人的可信度、地位以及信任等需求。如期望自己有影响力，获得优越感，获得声誉或地位；社会整合是指顾客通过与其他成员的交互获得友谊、社会支持以及亲密关系。

种机制的共存。现有创意众包平台上用户可以看到同伴的创意，而且大部分平台对这些创意进行了分类，这些规则会影响不同知识基础的用户贡献创意的质量（Luo & Toubia，2015）：比如，对于低知识水平的用户，具体的暗示更加有效；而对于高知识水平的用户，抽象的暗示（比如对创意进行分类）更有效。对于低知识水平的用户，在线社区需要更加明确地对创意进行分类，同时让他们看到其他用户的创意，但是不应该让高知识水平的用户看到同伴的创意。

（3）个人社会网络特征的影响。兰斯博瑟姆等（Ransbotham et al.，2012）使用二模社会网络分析方法分析用户的社会网络特征对其贡献高质量创意的影响，结果发现发布的内容在内容—发布者网络中的嵌入性（指某一内容与其他内容通过贡献者的社会网络连接起来的程度）与该内容得到更多人注意和浏览次数正相关，这种效应对于新贡献的创意影响更大。

2. 企业反馈和同伴评价的影响

由于大部分的创意众包社区采用非经济激励的方式，企业反馈和同伴评价是两种非常重要的非经济激励手段（McIntyre et al.，2016）。已有研究关注了企业反馈和同伴评价如何影响贡献者持续贡献创意的意愿和质量。

（1）企业反馈对贡献者持续贡献行为的影响。

首先，从对贡献者参与意愿的影响来讲，研究表明，在没有金钱激励的、非竞争性创意众包社区中，企业反馈会增加个体感知的重要程度和群体归属感（Lakhani et al.，2007），是个体持续参与创意众包社区的内在动力。因为在创意众包社区中企业接受创意的比例极低，所以已有研究关注了企业负向反馈（即拒绝创意）的影响。比如，冯贝莱等（Fombelle et al.，2016）发现，相比较没反馈，企业负向反馈会带来面子威胁，并减少贡献者持续贡献创意的意愿。通过考虑贡献者过去贡献创意的经验、创建一个独特的群体身份和提供一个理由会降低面子威胁，减少企业负向反馈的不利影响。但是研究也表明，对于新贡献者，相比较不反馈，即使是负向反馈（即拒绝创意）也会增加他们的贡献意愿；因为负向反馈表明企业对他们的创意感兴趣，并且愿意发展与他们的关系（Piezunka & Dahlander，2019）。当负向反馈包括原因解释和解释的语言风格与创意内容一致时，企业负向反馈的正向影响增强（Piezunka & Dahlander，2019）。黄等（Huang et al.，2014）研究表明企业反馈对不同能力贡献者持续参与意愿的影响不同，企业负向反馈表明贡献者无法贡献满足企业需求的创意。贡献者通过企业反馈来学习自己贡献高质量创意的潜能，经过不断学习，低能力贡献者变得不活跃，而高能力贡献者保留下来。

其次，从对贡献者持续贡献创意质量的影响来讲，黄等（2014）的研究表明企业反馈可以提供企业创意选择标准，并因此提高贡献者创意被企业接受的可能。但是企业反馈也会增加贡献者的思维定式，因为贡献者会再次贡献类似的创意。当贡献者评论他人创意的异质性高时，该负向影响效应降低（Bayus，2013）。在此基础上，杨光和汪立（2017）将思维定式分为贡献者自己和其他用户成功的经验，发现用户自己创意成功造成的思维定式对其未来创意的成功有消极影响，而其他用户成功的经验可以降低自己成功经验带来的负面影响。企业反馈带来的思维定式和提供创意选择标准两条路径都会对贡献者持续贡献创意的质量带来不同的影响（见表2.6），如何整合二者的影响是一个需要解决的问题。

表 2.6　　　　非竞争性创意众包社区中企业反馈影响结果总结

企业反馈效价	贡献意愿（原因＋主要文献）	贡献创意质量（原因＋主要文献）
正向反馈	＋（社区归属感；Lakhani et al.，2007）	＋（消费者学习；Huang et al.，2014） －（思维定式；Bayus，2013） －（自己成功思维定式；杨光和汪立，2017） ＋（他人成功思维定式；杨光和汪立，2017）
负向反馈	＋（企业重视；Piezunka & Dahlander，2019） －（面子威胁；Fombelle et al.，2016）	＋（消费者学习；Huang et al.，2014）

（2）同伴评价对贡献者持续贡献行为的影响。

首先，网络环境中同伴的帮助和支持会增加个体成为社区成员的感觉，并因此增加贡献者的持续贡献意愿。创意众包社区中的同伴评价，无论是来自高等级还是低等级同伴，都可以影响用户持续贡献创意的意愿（Restivo &

van de Rijt，2014）。那些收到评论的贡献者更有可能继续与组织互动（Zhang & Zhu，2011）。同伴评价，特别是正向评价对于贡献者的持续贡献意愿有积极影响；而负向评价会使贡献者感觉到自己的创意没有价值或者自己不适合贡献创意，从而减少继续贡献创意的努力（Amabile et al.，2005；Huang et al.，2014）。

其次，网络环境中同伴评价代表着用户对创意的需求信息，有助于贡献者判断创意的需求前景和质量（Mollick & Nanda，2016；马永斌和徐晴，2020）。网络的开放环境为用户之间相互评价提供了方便。在网络社区中同伴的评价作为一个"棱镜"，有助于个体从不同方面判断自己创意的潜在有用性。用户企业家愿意将自己的产品雏形放到网络上以获取其他人的反馈和帮助（Shah & Tripsas，2007）。定制化工具箱使用者，特别是初级使用者，在初始观点形成和解决方案选择阶段通过考虑同伴评价可以缩短试错过程、增加启发式灵感和贡献高质量创意的可能（Franke et al.，2008）。评价本身就是不同意见和争论的来源，而争论和不同意见有助于促进发散性思维。因此，即使是负向评价也有助于提高贡献者贡献创意的质量（Scott，2007）。但也有研究表明，来自品牌社区同伴的评价会降低贡献者设计产品的独特性、满意度和产品使用频率，也会降低贡献者贡献创意的质量，因为贡献者会锚定在其他成员的意见和建议上（Hildebrand et al.，2013）。相关总结见表 2.7。

表 2.7　　　　非竞争性创意众包社区中同伴评价影响结果总结

同伴评价效价	贡献意愿（原因 + 主要文献）	贡献创意质量（原因 + 主要文献）
正向反馈	+（社区成员感；Restivo & van de Rijt，2014；Zhang & Zhu，2011）	+（判断创意的需求前景和质量；Mollick & Nanda，2016；Shah & Tripsas，2007；马永斌和徐晴，2020）
负向反馈	-（感知的能力降低；Amabile et al.，2005；Huang et al.，2014）	+（促进发散性思维；Scott，2007）

也有研究比较了创意众包社区中企业反馈和同伴评价同时存在时，二

者影响的差异。发现贡献者与企业和与同伴互动都可以正向影响他们贡献创意的质量。相比较贡献者与同伴互动，与企业互动对其创意质量的正向影响更大（刘倩和孙宝文，2018）。陈等（Chan et al.，2015）从社会关系网络的视角出发，发现个人与同伴交互网络越大，对个人后续创意意愿的影响越不利，因为与同行的交互越多，收到的噪声也越多，这就会分散个人的注意力。贡献者过去的社区参与行为会影响个体与企业/同伴互动的结果。陈（2021）从动机—能力的角度，发现积极（消极）的同伴评价和企业反馈都会增加（降低）后续贡献者创意的质量，并且同伴评价的影响会随着贡献者经验的增加而增强，而企业反馈的作用随着贡献经验的增加而减弱。

总之，在创意众包社区中，企业反馈和同伴评价影响贡献者持续贡献创意意愿和质量的原因包括两个方面：一是提供情感方面的支持。比如，增加贡献者感知的重视程度和群体归属感，但也会带来面子威胁。二是提供信息。比如，可以提供创意标准和需求信息，但也会增加贡献者的思维定式。但已有研究没有整合不同影响路径起作用的条件。另外，这些研究表明，企业反馈和同伴评价都可以影响贡献者持续贡献创意的意愿和质量，但是当两者同时存在时，影响的差异何在？何时互补和替代？这些问题也没有得到关注。

3. 简评

总而言之，网络环境中影响用户贡献意愿和质量的因素包括用户个人因素、企业反馈和同伴评价特征等。网络环境为我们分析一些新的问题提供了一个好的环境，比如社区中语言特征对贡献创意的影响。由于创新平台大都在网络环境中，网络环境使得企业在很大程度上失去了对用户参与行为的控制（Bonabeau，2009）。因此企业需要识别恰当的管理机制来引导用户参与产品开发，而不失去控制也很关键。

2.5.2　企业专家和用户选择和评价创意

创意的选择不但影响企业商业化用户创意的绩效，而且还影响用户贡献创意的意愿和质量。本书回顾了企业专家和用户在选择和评价创意方面的差异，以及在网络环境中企业选择用户创意可能存在的偏差等方面的文献。

1. 企业专家和用户在选择和评价创意方面的差异

研究表明，企业专家和用户选择和评价创意的差别见表 2.8。第一，他们的背景不同。专家具有相关方面的权威知识、了解相关领域的质量评价标准（Holbrook，1999）。用户的相关知识差别较大，从新手、业余人员到行业专家不等，而且他们的知识结构与专家存在很大差异（Simmons et al.，2011）。第二，他们的人数不同。用户的人数远大于专家的人数。第三，他们的评价过程存在差异。专家被任命系统地评价和选择创意，而用户以自愿选择的方式选择评价。他们不一定付出太多，也没有激励去收集大量的相关信息，因此很有可能出现羊群效应（Cipriani & Guarino，2005）、情绪感染（Barsade，2002）和其他的非理性反应。他们更有可能依赖其他人的工作，更加重视群体成员的意见（Balaratnasingam & Janca，2006），这些都会降低用户决策的质量。

专家和用户选择创意时关注的内容和结果也存在差异。研究表明用户更喜欢那些流行的、同质性观点，不喜欢不寻常和异质性的观点；专家关注内在质量，不关心外在特征（比如声誉、群体中受欢迎程度等）（Haan et al.，2005）；用户更加强调从过程的不同阶段提取信息，更喜欢那些有多层次回报和提供更多更新的以及提交早并有高程度社会参与的项目，而专家更喜欢那些有较少层次的奖励、更少图片和更少视频的项目（Mollick & Nanda，2016）。那些专家评出的过去获奖的个体，还有可能在以后的专家评审中获奖；那些用户评出的过去获奖的个体更有可能在将来的用户评审中获奖。两种评价方式对参与意愿的影响也存在差异：当贡献创意的用户经验不丰富时，与专家评价相比，用户评价越好，他们参与的积极性越高（Chen et al.，2015）。

近期研究关注了用户在选择创意方面的优势。这些研究认为用户在决策中使用多样化的技能和偏好，能更好地发挥集体智慧，并因此会作出更加正确的选择。比如，针对维基百科的分析表明，在预测方面，专家与知情的业余人员一样有效（Tetlock，2005）。究其原因可能是相比较专家，用户有多样化的信息和技能，可以提供更加精确的集体预测。科里什和乌丽希（Kornish & Ulrich，2014）使用网络数据分析了用户（消费者）和专家评价、选择创意的区别，发现比起专家，在线用户群体选择的创意质量更高。莫利克和南达（Mollick & Nanda，2016）比较了在艺术众筹项目选择过程中用户和专家的作用，结果发现，在决定哪些项目需要得到资助方面，专家和用户的选择几乎相同。这表明用户在很多方面可以代替专家的作用，特别是在他们是最终产品和服务使用者的时候。对于那些双方意见不一致的项目，更有可能是用户建议应该资助，而专家认为不应该资助；用户的决策有助于减少错误的负面判断（拒真错误）。因此，在创意评价过程中专家和用户各有优势，用户的意见可以作为专家选择的有益补充。

表 2.8　　　　　　　　　**企业专家和用户选择和评价创意的特点**

评价主体	优点	缺点
用户	（1）人数较多； （2）发挥集体智慧； （3）使用多样化信息和技能； （4）自愿参与； （5）接受同伴反馈不带有压力； （6）互动过程中获得愉悦体验	（1）容易出现羊群效应等非理性反应； （2）依赖他人； （3）易受环境信息的影响：关注创意的外在特征。比如，有多层次回报和提供更多更新，以及提交早并有高程度社会参与的项目
企业专家	（1）了解权威知识，相关领域专家，具有权威性； （2）具有目标导向，将贡献者的注意力转移到任务和目标上，任命系统评价，有经济激励； （3）关注内在质量，而不是外在特征； （4）增加贡献者自我效能感和创意所有权感	（1）知识结构差异较大； （2）人数较少

　　综上所述，这些研究表明因为专业知识和关注的内容不同，企业专家和用户在选择和评价创意方面存在差异。作为产品和服务的最终使用者，用户在预测方面的表现不差于企业专家。这为本书关注创意众包社区中企业反馈和同伴评价的共同影响提供了参考。但是这些研究主要考虑企业专

家和用户评价的单独影响，没有考虑二者同时存在时影响的差异，以及他们之间的互补和替代作用。

2. 企业选择用户创意的偏差

当网络环境中大量的用户创意存在时，企业如何选择用户创意的研究相对较少（Beretta，2015）。有关信息搜寻、大数据、注意力和决策过程的研究，分析了在信息量激增的网络环境中，企业注意力变窄和选择性注意等问题，这些研究结论可以给我们提供一些借鉴。

研究表明，企业通常不会注意到与自己所在行业相关性不大的知识（Reitzig & Sorenson，2013），科学评价小组远离以远距离知识为基础的建议，高校需要极力推荐自己的跨学科研究（Kotha et al.，2013），因为远距离知识需要更多的投资和成本来实现。网络环境使企业的选择偏差增加，研究表明，众包使企业的注意范围变窄，也就是说尽管组织努力获取外部用户的远距离知识，但是他们更有可能关注自己熟悉的知识和与既有知识相似的知识，而不是远距离知识，这是因为处理这些远距离知识需要更多的成本（Piezunka & Dahlander，2014）。因此在网络社群中，如何减少需要员工选择的创意数量比较重要，网络环境中同伴对创意的评价为筛选用户贡献的创意提供了思路。

在创意众包社区中，影响企业选择创意的因素包括创意贡献者特征（历史发帖量等）、创意特征（信息被评论量等）和创意的呈现形式（内容长度、信息丰富度等）（Beretta，2015；陶晓波等，2020）。基于网络论坛中员工之间的互动数据，研究发现，员工注意力分配是由特定提供者与问题的契合度驱动，从而将讨论从知识提供者与寻求者的关系转变为知识提供者与问题的匹配（Haas et al.，2015）。在小米 MIUI 社区中，除了代表创意质量的中心变量外（包括创意长度及创意论据数量），用户社区地位、用户主动贡献行为、社区认同度都对企业接受创意有显著的正向影响（王楠等，2020）。这些研究结论为本书贡献者如何影响企业反馈提供了基础。

3. 简评

尽管网络环境为用户参与选择创意提供了很好的机会，但是如何更好地利用用户进行创意选择等问题仍然需要进一步关注，特别是在如何发挥企业专家选择优势的同时，整合消费者大众的智慧，避免专家的选择性偏差。另外，还需要进一步研究选择创意需要的用户特征等。

2.5.3 企业商业化用户贡献的创意

商业化是将创意转化为市场可以接受的产品的过程。本书主要回顾影响企业商业化用户创意的因素。根据已有研究，该部分的文献主要包括三个方面：一是企业的态度和相关能力；二是企业组织结构和创新平台技术特征；三是企业和行业特征。

1. 企业员工的态度和相关能力的影响

企业员工的态度和相关能力的影响主要包括企业员工对待外部创意的态度、企业的相关能力和既有的知识积累等。研究表明，员工对企业外部创新知识的态度影响企业的创新绩效，支持内部创新的员工通常妨碍企业利用外部的创新知识，同时支持内部和外部创新的公司会得到最高的平均收益（Hoegl et al.，2011）。管理人员需要修改激励体系来支持企业员工利用外部的创新知识，但是改变企业员工的态度并非易事（Chan et al.，2010）。企业利用用户创意需要 IT 能力与用户参与类型之间的匹配（Saldanha et al.，2017）。企业有效地利用用户贡献的创意和知识需要两种能力：一是关系信息处理能力；二是分析信息处理能力。这两种能力发挥作用的大小取决于不同的任务类型：以产品为中心的用户参与和信息密集型用户参与。关系信息处理能力调节以产品为中心的用户参与与公司创新的关系；分析信息处理能力调节信息密集型用户参与与公司创新的关系。总之，研究表明，单独的 IT 能力配置对于创新是不够的，还取决于用户参与的具体类型。格里戈里奥斯和罗瑟米尔（Grigoriou & Rothaermel，2017）发现在竞争激烈的高新技术行业，公司成功开发和利用外部知识的能力是由其内部知识特征和积累确定的。

2. 组织结构和创新平台技术特征的影响

（1）组织结构的影响。在传统的层级组织结构中，对员工的分权非常少，建议和决策非常集中。研究表明授权使得员工可以与外部的群体进行沟通，更好地理解外来知识的特征并利用这些知识。授权也有助于员工作出适合本地知识的决策，使他们在开发产品过程中更好地利用外部知识。有效地授权使得那些拥有知识的人可以作出决策，而不总是需要组织上层和核心职能部门作出决策。因此，分散的组织结构对于利用外部创新知识非常重要（Foss et al.，2013）。连接性有助于组织内部传播新的知识（Zander & Kogut，1995），广泛的组织决策权下放，密集的横向和纵向沟通，知识共享激励制度完全中介用户知识与公司创新绩效之间关系（Foss et al.，2011）。

（2）创新平台技术特征的影响。现阶段 Web 2.0 技术理所当然地应用到创意众包社区的设计过程中，但是南比桑（Nambisan，2002）认为具体的虚拟用户社区（virtual customer communities）设计特征与不同的消费者价值创造过程相关，并因此影响新产品开发的成败。尽管新技术使用户方便参与到企业价值创造过程中来，但是该技术起作用的关键需要考虑技术和用户产品开发的具体环境。武科维奇（Vukovic，2009）认为现有的技术和网络社区系统没有形成很好的动态机制，缺少灵活和积极的团队发现和建设机制。因此，创新平台技术包括以下两个研究方向：一是信息系统的技术选择，应该强调技术和任务、功能和问题特点匹配；二是技术相关的中介和技术驱动的过程创新（Zhao & Zhu，2014）。

3. 企业和行业特征的影响

企业规模的大小、产品开发的不同阶段和所在的行业特征都会影响企业利用用户创意的效果。利用外部的创意有助于中小企业建立新的竞争优势，使中小企业与大企业之间的差距缩小，可以与大企业进行直接对话和开辟新的市场（Maiolini & Naggi，2011）。研究也表明，大公司已有的知识存量和标准可能会限制他们学习和获得新的外部知识，相反小的公司由于知识缺乏，需要而且愿意补充外部的消费者知识；而且大的公司已经建立起固定的产品开发过程，对于他们而言，整合用户创意到已有的创新系统中可能是挑战（Schaarschmidt & Kilian，2014），因此会负向影响企业利用用户创意的效果。相对于创意形成和产品市场化阶段，在产品开发阶段由于企业担心自己的知识产权被消费者获取，以及研发人员根深蒂固的"不在这里创新"思想（Ralph & Allen，1982），企业很难获得和利用用户的创意来最大化产品开发绩效。

对于高技术行业来讲，获取外部的知识有助于企业扩展知识基础，进行新颖的和重大的产品创新。但是由于高技术企业的信息黏性和技术复杂性增加了他们在产品开发过程中的知识管理难度，企业很难将用户提供的复杂和黏性知识传递和应用到企业的产品开发中（De Luca & Atuahene-Gima，2007），另外，高技术行业知识的复杂性也会阻碍企业将用户提供的复杂知识整合到公司已有的知识存量中（De Luca et al.，2010），因此，高技术行业企业利用用户参与产品开发的绩效较低。所以从创意的传递、应用和整合的角度来看，相比较高技术行业，低技术行业利用用户贡献创意对新产品开发绩效的正向影响更大（Chang & Taylor，2015）。总之，尽管高新技术企业可以获取更多的多样化和异质性信息，这些信息有助于拓宽它们的知识基础和开展高新技术企业特别需要的突破性创新（Hippel，1986），但是在知识的整合和利用方面，高新技术企业的表现明显弱于低技术企业（Chang & Taylor，2015）。

4. 简评

影响企业商业化外部用户创意的因素包括三类：企业内部因素、外部行业因素和外部环境因素。但是很多因素仍然没有得到研究，特别是如何结合我国企业发展的内、外部环境，比如快速变化的市场环境、国家高质量发展、绿色发展政策，企业面临的转型升级需求，以及相关企业的行业环境因素。未来可以结合企业的内部特征，研究这些外部因素如何影响企业有效地利用用户参与产品开发。

2.5.4　C-B产品开发模式管理建议

随着网络和沟通技术的发展，C-B产品开发模式将得到更多研究和实践的关注，相关的研究也将会继续增多。已有的研究为我们分析该问题提供了很好的切入点，并为今后的进一步研究提供了思路和借鉴。图2.2是根据已有研究总结的C-B产品开发模式研究框架。

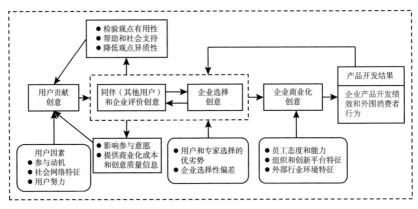

图2.2　C-B产品开发模式研究框架

根据基于C-B产品开发的研究框架和思路，结合已有文献，本书得到了以下企业利用C-B产品开发模式的对策和建议，以期对我国相关企业提供参考。

（1）采取策略影响用户贡献创意的意愿和质量。企业的创新任务分配和激励机制设计要结合用户的特征，比如用户贡献创意的动机和既有的知识水平。企业要关注用户贡献的创意的数量，鼓励用户对同伴的创意进行评价，尤其是鼓励跨门类评价。企业要策略性地对用户的创意进行反馈，特别是提供创意执行成本的信息，对商业化的创意进行奖励，而不是对所有的创意进行奖励。企业也要明白同伴评价的负面效应，针对性地引导同伴对用户的创意进行评价。

（2）整合用户和专家选择创意的优缺点进行创意选择。网络信息技术的发展为用户参与贡献和选择创意提供了便利，用户选择创意对于以消费者作为终端用户的行业或者产品，特别是消费品、艺术品、企业投资等方面的决策非常有效，但是也有可能出现羊群效应等非理性决策的可能性。在网络环境中大量创意的存在增加了企业的选择性偏差，整合用户和企业选择的优缺点，是选择用户创意的一种有效方法。

（3）结合和改变企业的内外部环境，有效地利用用户贡献创意。首先，需要得到企业员工，特别是高层管理人员的支持，还需要 IT 技术与吸收、整合和利用能力的结合；其次，需要重新调整企业的组织结构、广泛地放权，促进组织各个部门之间的信息沟通和协调，并且根据任务类型调整企业网络社区结构和制度。企业还需要考虑整个行业和国家的外部环境，在发展中国家的中小企业，在低技术行业，可以更多地考虑利用用户参与产品开发。同时也需要注意在产品开发阶段，企业可能不能有效地利用用户参与产品开发。

C-B 产品开发模式的已有文献研究结论和管理建议见表 2.9。

表 2.9　　　　　C-B 产品开发模式的已有文献研究结论和管理建议

C-B 产品开发模式	研究内容	研究结论	管理建议
用户贡献创意	以下因素对用户创意形成的影响：（1）用户自身因素；（2）同伴评价；（3）企业反馈	（1）用户参与动机、努力程度，用户对其他用户的帮助和评价行为，用户的社会网络特征等都会影响用户贡献创意的意愿和质量；（2）社区环境中同伴的评价有助于个体判断创意有用程度，了解创意的前景，但是也会减少个体贡献创意的异质性，降低满意度；（3）企业反馈有助于用户了解创意执行成本，影响用户贡献创意的意愿和质量	（1）在网络社区中企业需要关注用户贡献的第一个创意和贡献的创意数量，鼓励更多的用户参与、鼓励用户跨门类进行评价；（2）企业需要提供更多的成本反馈信息，但需要策略性地选择创意进行反馈和奖励；（3）对于高知识水平的用户，企业需要更加清晰地对已有创意进行分类，但同伴的创意不应该让他们看到，对于低知识水平的用户，明晰的分类和同伴的创意都非常重要；（4）在 MC 系统中对于有较强自我表现需求的个体，可以开放其贡献的创意并让同伴评价，企业需要监控用户在 MC 系统中的评价行为，并预计社会化 MC 系统可能给低社会表现需求的用户带来负面影响

C-B 产品 开发模式	研究内容	研究结论	管理建议
创意选择	（1）用户与专家选择创意的差异； （2）企业选择创意的偏差	（1）在相对主观的环境中，与专家选择创意结果具有高度一致性； （2）用户评价创意的特点：能充分发挥集体的智慧和力量，知识基础与企业专家不同，重视项目的外在特征，可能出现羊群效应等； （3）专家选择创意的特点：了解创意的质量标准，会主动收集创意的信息，理性程度高； （4）在网络环境中，当大量的用户创意存在时，企业专家会更加选择自己熟悉的、与自己偏好一致的创意（选择性偏差）	（1）尽管用户在选择某些特征的创意方面非常有效，但是企业在使用用户投票进行选择时，需要考虑用户选择的优缺点，最好是综合考虑用户和专家的意见； （2）在消费品，艺术行业，比如电影、舞蹈等，游戏和针对用户的电脑技术行业，比如可穿戴设备和3D打印技术等，文化项目和初创公司的融资决策方面用户评价可以作为专家选择的有益补充； （3）在企业有能力找到用户时，有效决策的人数并不是越多越好，一般来说综合20位用户的选择结果就足够稳健； （4）为了减少企业对创意的选择性偏差，首先要减少需要选择的创意数量，在创意筛选阶段，企业需要关注首次贡献者的创意； （5）在网络社区中，企业选择创意时候更加关注创意本身的特征，而不是发帖者信息
企业商业化创意	以下因素影响企业有效地商业化用户贡献的创意： （1）企业对待外部创新的态度和相关能力； （2）企业的组织结构和技术基础； （3）企业和行业环境：包括企业规模、产品开发的不同阶段、行业特征	（1）企业员工对外部创意的态度、企业处理相关信息的能力等影响企业利用用户创意的结果； （2）相对分权的组织结构、组织内部的横向和纵向密集沟通等正向影响企业利用外部创意的能力，IT技术能力需要与任务特征、用户需求相适应； （3）相对于高技术企业，低技术企业利用用户参与产品开发的收益更大；相比较大型企业，对中小企业的影响更大；相比较在产品创意形成和产品市场化阶段，在产品开发阶段企业利用用户创意能力下降	（1）企业需要修改创新激励体系以鼓励员工重视外部创新知识，并且需要得到高层管理人员的支持； （2）企业的IT技术能力建设需要综合考虑企业的关系和信息处理能力； （3）企业在利用用户知识进行创新时，需要组织结构的支持：包括密集的横向和纵向沟通、分享和获取信息的奖励制度、高水平的决策权下放； （4）用户创意可以作为中小企业创新的补充，特别是在他们缺少足够的创新资源与大企业竞争的时候； （5）低技术行业，由于可以更好地整合和利用用户创意，相关企业可以得到更高的产品开发绩效； （6）在产品开发阶段，企业需要特别注意克服员工可能存在的担心产权信息泄露和对外来创新知识的排斥思想，以更好地利用用户参与产品开发

2.6　用户参与产品开发的结果

2.6.1　两种研究思路及其关系

在网络和信息技术不断发展以及社交媒体广泛应用的背景下，用户（特别指消费者）更主动地参与企业的产品开发过程。然而，企业利用用户参与产品开发的目的是增加企业绩效和影响未参与产品开发的大量外围消费者。研究表明，平均每 100 个用户中仅有 1 个会积极分享和主动参与企业价值共创，9% 的用户有些活跃，而 90% 的用户则没有任何参与（即 90 – 9 – 1 原则）[①]。其中的未参与者被称为"外围消费者"（Fuchs & Schreier，2011）。相较于参与产品开发的少量用户，理解未参与企业产品开发的大量外围消费者，喜欢用户参与开发的产品的原因和条件，对于增加相关产品的销量和企业绩效至关重要（Wang et al.，2019）。

已有研究关注了用户参与产品开发对企业和外围消费者等不同层面变量的影响（Chang & Taylor，2016）。这些研究主要聚焦于以下两个视角。

第一，因为用户参与产品开发的核心是为企业提供产品开发需要的知识和信息，所以创新学的研究首先从"用户作为信息来源"视角，借助知识互补和知识管理理论，使用二手历史数据，分析了用户参与产品开发对企业层面客观变量，比如产品销量、市场导入速度、企业利润、产品创新度等的影响。目前已有文献进行了相对完整的综述（Bogers et al.，2010；陈钰芬和陈劲，2007；马永斌等，2013）。

第二，随着互联网技术的快速发展，企业利用用户参与产品开发的实践越来越多（Wang et al.，2019），消费者对用户参与产品开发也更加熟知和认可，这为从心理学视角使用实验方法研究用户参与产品开发的影响提供了实践基础。因为企业利用用户参与产品开发的主要目的是影响广大的、

---

① https：//www.nngroup.com/articles/participation-inequality/。

未参与产品开发的外围消费者，所以外围消费者对用户参与开发的产品评价的研究也得到快速增长（Fuchs & Schreier，2011）。已有研究基于消费者心理视角，采用实验法分析了用户参与产品开发影响外围消费者产品偏好的原因和条件（Schreier et al.，2012），但是这些研究相互独立、零散，尚未有研究对此进行全面、系统的归纳梳理。另外，大部分文献发表在以应用为主的营销学期刊上，主要是基于某个情境的实证研究，缺乏对理论的关注和对理论基础的共同理解，对理论的洞察和展望也相对薄弱（Cui & Wu，2018）。

与"用户作为信息来源"视角的研究不同，外围消费者对用户参与开发的产品评价的研究主要聚焦于用户参与产品开发"标签"的作用；该类研究通常将相同的企业开发的产品标为用户参与开发或者企业开发，然后分析没有参与产品开发的外围消费者对两类产品评价的差异。研究发现，即便是完全由企业开发的产品，用户参与产品开发"标签"也可以影响外围消费者对企业、产品、品牌特征和企业关系的感知，从而影响他们的消费行为（Dahl et al.，2014）。这部分文献从消费者主观感知的角度解释了为何消费者喜欢自己或者其他用户参与开发的产品或者利用该模式的公司。

那么，用户参与产品开发标签与"用户作为信息来源"视角的研究（即用户真正参与产品开发）有何联系和区别？相关文献的归纳整理不仅对企业如何向外围消费者传递用户参与产品开发信息具有参考价值，也可以深化对"用户作为信息来源"视角研究的理解。鉴于此，本书全面回顾与梳理了用户参与产品开发对企业绩效和外围消费者行为影响两种思路的研究。

2.6.2　两种研究思路的演进

鉴于企业、产品和品牌等特征是消费者评价产品的基础，既有研究首先基于（感知的）企业、产品和品牌特征分析用户参与产品开发如何影响企业绩效和外围消费者行为。随着研究深入，研究人员发现除了具体产品、企业和品牌特征外，外围消费者也可能因为感知的企业关系，而对用户参与开发和企业开发的产品有不同的偏好。本书根据用户参与产品开发影响企业绩效和外围消费者行为的演进路径和机制，将以往文献的研究思路分为以下三类。

第一，用户参与产品开发引起的企业、产品和品牌特征差异。用户参与产品开发对产品开发结果的客观影响，是其影响企业绩效和外围消费者对利用用户参与产品开发的企业、产品和品牌进行主观推断的依据。基于知识异质性和知识互补理论，用户与企业在知识、信息和参与动机方面的差异，用户参与可以在某种程度上互补企业创新知识的不足，帮助企业开发出高质量的产品。另外，鉴于参与产品开发的用户数量较多，根据集体智慧理论，利用用户参与产品开发的企业可以开发出质量更高的产品（Troy et al. , 2001）。这些研究和理论为理解外围消费者如何评价利用用户参与产品开发的企业及其产品和品牌提供了基础。

第二，随着用户参与产品开发的实践增多，外围消费者自己参与产品开发的经验和自己对用户参与产品开发的了解也不断增加。基于社会投射理论，外围消费者自己对用户参与产品开发的理解和经验是他们评价用户参与开发的产品的基础。社会投射理论也可以解释外围消费者如何将用户参与产品开发的客观影响投射到用户参与开发的产品身上，并进行评价（Schreier et al. , 2012）。

第三，用户参与产品开发带来的企业关系改变。相比较基于特征的研究，基于感知的企业关系的研究更为基础和深入。外围消费者对参与产品开发用户的社会认同，构成了他们对企业、产品及品牌属性评价的基础。由于与参与开发的用户产生的社会认同，外围消费者更喜欢那些利用用户参与来开发产品的企业所提供的产品（Dahl et al. , 2014）。

除了社会认同外，外围消费者对于采纳用户参与产品开发模式企业的信任度，同样影响着他们对这些产品的评价。线索利用模型指出，用户参与产品开发也是一种信息，与其他信息一样，会影响外围消费者对产品的判断（Pechmann & Ratneshwar，1992）。

基于已有文献，本书将用户参与产品开发对外围消费者行为影响的研究思路整理如图 2.3 所示。

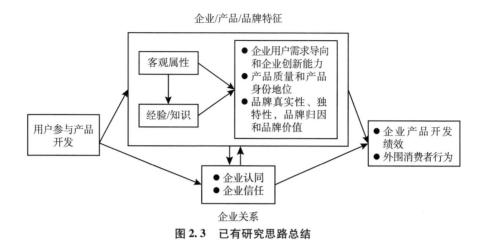

图 2.3　已有研究思路总结

2.6.3　用户参与产品开发对企业产品开发绩效的影响

1. 理论基础

用户参与产品开发对企业产品开发客观影响的理论包括知识异质性与知识互补理论、群体/集体智慧理论等。这些客观理论是用户参与影响企业新产品开发绩效和外围消费者（未参加产品开发的消费者）进行主观推断的依据。

（1）知识异质性与知识互补理论。用户参与产品开发的核心是向企业提供产品开发需要的知识。因此，为何用户的知识对于企业产品开发非常重要，这也是外围消费者感知和评价用户参与开发的产品的基础。首先，从提供异质性信息的视角，由于信息黏性的作用，制造商了解更多有关产品问题解决方案和如何有效生产的知识，而用户知道他们自己的特殊需求和产品使用环境的信息（Hippel，1986；Hippel & Krogh，2003；Gächter et al.，2010；Luthje et al.，2005；Riggs & Hippel，1994；Shah，2006）。因此，用户的知识可以在某种程度上互补企业创新知识的不足，帮助企业开发出新颖度高并且可以满足消费者需求的产品。其次，从参与动机的视角，用户可能是因为未被满足的需求和为了增强在社区中的声誉而参与贡献创意（Shah，2006），而企业员工贡献创意是为了获取竞争优势和快速获利

— 44 —

（Hippel，2006）。参与动机的不同使二者贡献的创意存在很大差异（Chat-terji & Fabrizio，2014），这种差异对于企业开发创新度高的产品也有帮助。

（2）群体/集体智慧理论。参与产品开发的用户是一个群体，因此群体/集体智慧理论是外围消费者评价用户参与开发的产品的依据。数量—质量推断原理指出，创意数量越多，越有可能出现高质量的创意（Troy et al.，2001；Valacich et al.，1995）。同时，"群体智慧效应"也认为，群体估计的总和往往比所有单独的个人甚至专家的预测更接近真实价值（Surowiecki，2004）。这些理论为用户参与产品开发提供了客观基础。

2. 产品开发绩效测量

用户参与产品开发包括两种形式：一种是提供产品修改意见或者新产品建议；另一种是解决方案建议（O'Hern et al.，2011）。用户参与可以发生在产品开发的不同阶段：产品创意形成阶段、产品设计和工程化阶段、产品市场投放阶段（产品测试和新产品投放）。用户参与产品开发对企业产品开发绩效影响的衡量包括三个层面：一是操作绩效，该指标反映新产品开发的效果和效率（包括对市场的反应速度、新产品的创新程度等）；二是新产品财务绩效，指产品实现的经济收益，包括新产品的利润和销售额等指标；三是新产品的市场表现，该指标强调新产品的营销导向方面，比如消费者满意度、忠诚度等。在产品开发的不同阶段，用户参与产品开发的效果存在差异（Chang & Taylor，2016）。根据既有研究，本书主要回顾从信息利用和获取的角度分析用户参与产品开发对企业销量和财务绩效的影响。

3. 影响结果

以下主要从知识、信息获取的角度分析用户参与对企业产品开发绩效，包括专利情况、销量和财务绩效等的影响。已有研究表明远距离知识，包括用户贡献的创意对企业的重大创新很有帮助（Fleming & Sorenson，2004；Singh & Fleming，2010），也是企业有效差异化的来源（Katila et al.，2012）。这是因为用户作为产品的使用者，他们具有的相关需求信息可能代表着未来消费者的需求趋势。他们的创意对制造商往往意味着商业化机遇（Olson & Bakke，2001）。用户贡献的创意对企业创新有很好的互补作用；

由于信息黏性的作用，制造商了解更多有关产品问题解决方案和如何有效生产的知识，而用户知道他们自己的特殊需求和产品使用环境的信息，因此用户贡献的创意可以作为企业创新的有益补充（Chatterji & Fabrizio，2012）。企业利用用户参与的成本较低，因为用户贡献创意并非为了从中获利，他们很少对其进行产权保护和商业化，企业可以免费获得部分用户贡献的创意（Hippel et al.，2011）。在合作创新的过程中，由于每位参与者都拥有不同的解决问题资源，这种多样性可以使某些创新的实现成本变得相对较低（Baldwin & Hippel，2011）。

但是由于数据可得性等原因，研究人员很难获得企业商业化用户参与开发的产品的销量和绩效数据。一些研究使用案例或者理论模型证明了用户参与产品的重要性（Baldwin & Hippel，2011），也有一些研究采用专利数据和创新产品数量作为企业商业化用户参与开发的产品绩效的代理变量。例如，查特吉和法布里齐奥（Chatterji & Fabrizio，2012）利用与用户合作申请的专利数据特征，比如专利后引数量、引用的集中程度以及其他技术门类的引用次数等作为衡量创新绩效的变量，结果表明整合用户参与对企业创新非常重要，对将来技术发展的影响更大，而且在产品生命周期初期影响更明显。查特吉和法布里齐奥（2014）使用医疗器械行业的数据，分析了医疗器械公司与顾客（医生）共同开发产品对创新绩效的影响，创新绩效采用美国食品药品监督管理局（Food and Drug Administration，FDA）批准的医疗产品数量衡量。结果表明，与医生进行合作创新增加了医药公司的产品创新能力。

企业利用用户参与产品开发与企业绩效的关系会受到其他因素的影响。研究表明用户参与产品开发在行业发展的早期更为重要（Baldwin & Hippel，2011），并且在新技术领域和在重要的革命性创新方面更有帮助（Chatterji & Fabrizio，2014）。用户参与产品开发的类型会影响创意质量的不同方面。奥赫恩等（O'Hern et al.，2011）分析了消费者贡献的创意（产品修改意见或者新产品意见）和解决方案对创新结果的不同影响（市场反应和产品修改）。市场反应采用 OSS 项目的下载情况测量，产品修改采用 OSS 项目修改代码的提交次数衡量。结果发现，用户贡献的创意对市场反应的正向影响较大，而解决方案对产品修改的正向影响较大。用户参与产品开发对企业产品开发绩效的影响在产品开发的不同阶段、在不同的国家，对不同的绩效衡量结果也是不同的（Chang & Taylor，2016）：用户参与产品开发在创意形成阶段（该阶段用户提供与需求相关的创意）和产品投放市场阶段对于增加产品的财务绩效和加速产品市场化是有帮助的，但是在产品开发阶段（在该阶段消费者提供产品解决方案），用户参与延迟了产品上市时间，减少了产品的财务绩效。与发达国家相比，在发展中国家，用户参与产品开发与企业产品开发绩效正相关。具体来说，在发展中国家，用户参与对于加速产品进入市场和产品开发财务绩效的正向影响大于发达国家市场，但是在产品创新性方面，用户参与的收益明显低于发达国家。

有关用户参与产品开发对企业产品开发绩效影响的研究已经较多，但是仍然有一些问题值得进一步关注，包括其他影响用户贡献创意与企业绩效关系的因素，比如用户参与产品开发的具体形式和类型、参与程度等，用户参与产品开发对企业产品开发绩效积极和消极影响的机制和原因，企业利用用户参与产品开发对企业产品开发绩效影响的边界条件等问题。

2.6.4 用户参与产品开发对外围消费者行为影响的理论、思路和文献来源

1. 用户参与产品开发对外围消费者行为影响的理论

（1）社会投射理论。社会心理学研究表明，人们通常将自己的特征、信念和态度投射到其他人身上（Holmes，1968），以此形成与他人相似程度的预期，该过程即社会投射。社会投射的重要性在于它为个体理解世界提供了一个现成的、以自我为中心的途径。研究表明组内的社会投射比组间更为明显，更强的组内投射会增加组内偏好、感知的组内相似性和组内成员的合作（Robbins & Krueger，2005）。对于参与产品开发的用户，外围消费者会认为他们和自己属于同一群体，与自己拥有一样的知识和经验，因此会将自己参与产品开发的经验或者自己对产品开发的理解投射到用户参与开发的产品身上，并形成自己的感知和判断。比如，他们会认为与自己一样，用户可以更好地理解自己的需求，他们参与开发的产品更能满足自

己的偏好。同样，外围消费者也会基于自己参与产品开发的劣势去判断用户参与开发产品的不足。比如，他们会认为相比较企业，用户在设计技术复杂、更加专业的技术产品方面有明显劣势。

（2）社会认同理论。社会认同是个人自我概念的一部分，源于个体在相关社会群体中感知的成员资格，指个体通过与其他社会群体比较，发掘其与这些社会群体成员的相似之处，进而进行自我归类的过程（Turner，1999）。社会认同理论认为个体的身份判断不仅基于自己的价值观和成就，还基于认同的人或群体的价值观和成就（Cialdini et al.，1976）。社会认同的一个作用是"赋权"，比如，通过赋予志同道合的他人参与产品开发的权利，外围消费者会感受到自己的权力被替代到产品设计中，感知的赋权程度取决于他们与用户感觉的相似度（Tajfel，1972）。换言之，外围消费者喜欢用户参与开发的产品可能是因为社会认同（Dahl et al.，2014），即感觉到自己参与产品设计的权利被代理到用户设计的产品中，就像自己付出了努力、自己拥有了产品设计的权利或者拥有了自由决策权一样，从而更加喜欢用户参与开发的产品。

（3）线索利用模型。外围消费者对企业利用用户参与产品开发的信任度也会影响他们对用户参与开发的产品的评价。线索利用模型将用户参与产品开发当成一种信号，其可信度和预测价值是外围消费者评价用户参与开发的产品的原因。该模型由考克斯（Cox）于1967年提出，主要被用于分析个体如何利用线索进行决策的问题（Purohit & Srivastava，2001），也叫线索效用模型。该模型认为用户参与产品开发与其他线索一样（比如品牌、质量、价格等），会影响外围消费者对产品的判断。根据该模型，线索需要真实而且有预测价值才可以有效地影响外围消费者的行为（Pechmann & Ratneshwar，1992）。真实指个体在多大程度上认为该信号是真实的或者可信的。预测价值指该信号与具体产品属性的关联度。根据该模型，已有关于用户参与产品开发的研究主要基于信号的预测价值，即用户参与产品开发如何预测产品的属性，比如创新度、需求导向以及产品质量等。也有少部分研究考虑了用户参与产品开发信号的真实性（Stock & Gierl，2015）。外围消费者感知的用户参与产品开发的真实性，调节用户参与产品开发与外围消费者感知的预测价值和消费行为之间的关系。

2. 研究思路

已有研究按照公司能力到产品评价视角，即企业创新哲学（是否利用用户参与产品开发）—产品能力联想—产品属性感知—产品偏好的思路进行研究。比如，施莱尔等（Schreier et al.，2012）认为消费者感知的用户驱动产品设计公司的创新能力较高，并因此有更大的购买意愿。也有研究关注企业利用用户参与如何影响消费者与企业的关系，按照企业创新哲学—公司认同—产品偏好的思路进行研究，比如达尔等（Dahl et al.，2015）借助社会认同理论，发现其他消费者作为产品的使用者，他们与设计产品的用户存在社会认同，他们会感觉到自己的权利被代理在用户设计的产品中（即替代赋权效应），这种联系使他们更加喜欢用户驱动产品设计公司的产品。也有研究关注了用户参与产品开发对外围消费者行为正向影响的边界条件：尽管用户参与产品开发对传统大众产品是有利的，但是对于奢侈品来讲是不利的（Prandelli et al.，2016）。这是因为用户设计的产品通常被认为是低质量的和不能显示高的身份和地位，这会降低消费者的遗传感觉（agentic feelings）[1]。当然如果设计产品的用户是公司合法的设计者、艺术家、名人，或者是设计低身份地位产品的时候，用户参与开发的奢侈品的负面效应会减少。

3. 文献来源

文献来源主要包括了营销学期刊中采用实验法的研究。基于已有研究，用户参与产品开发在本书中指用户在网络社区中贡献和选择创意（Dahl et al.，2015）。典型的实验操控方式如下（Dahl et al.，2015）：企业设计指企业内部设计者产生（选择）新想法和新设计，并将设计和想法推向市场。用户设计指网络社区中的用户产生（选择）新想法和设计，并推向市场。实验操控中没有给出用户参与设计的具体产品属性。已有文献中，用户参与产品开发也称为共创（Costa & Coelho，2018）、用户设计（Dahl et al.，

---

[1] 遗传感觉，是相比较关系感觉（communal feelings）而言的，遗传感觉是指在向下比较的时候，人们会感觉到有信心、优势、卓越和值得等；关系感觉是指团结、距离近等感觉。

2015）、用户生成（Nishikawa et al.，2017）。在全面归纳现有研究思路和理论的基础上，本书阐述了用户参与产品开发如何通过外围消费者感知的企业、产品、品牌特征和企业关系两条路径影响外围消费者行为，以及采用的理论，并提出了未来值得重视的若干研究方向。

2.6.5 用户参与产品开发影响外围消费者行为的原因：基于感知的企业、产品和品牌特征

1. 感知的企业特征

（1）感知的企业用户需求导向。利用用户参与产品开发会增加外围消费者感知的企业用户需求导向。福克斯和施赖埃尔（Fuchs & Schreier，2011）发现，外围消费者认为利用用户参与产品开发的企业更有可能以用户为中心和将消费者利益放在第一位，且更加愿意理解用户的需求，这种归因会增加外围消费者对企业产品的偏好。该研究还发现随着用户参与程度增加（企业同时授权用户贡献和选择创意），外围消费者感知的企业用户需求导向和对产品的偏好程度也增加。

（2）感知的企业创新能力。尽管普遍认为企业设计人员在创新方面更有优势（Moreau & Herd，2010），但是施赖埃尔等（Schreier et al.，2012）研究发现在低技术领域，外围消费者认为比起"企业驱动产品设计"，以"用户驱动产品设计"的企业的创新能力更高，并因此对这类企业的产品有更大的购买意愿。作者验证了以下四个增加外围消费者感知的企业创新能力的原因：第一，参与产品设计的用户人数较多；第二，参与产品设计的用户背景异质性较大；第三，创意形成过程中来自企业的束缚较少；第四，参与设计的用户也会使用这些产品。

外围消费者对参与用户能力的感知是其评价企业创新能力的基础。研究发现，因为用户被认为没有能力参与开发高复杂性产品，所以当用户参与开发该类产品时，外围消费者感知的企业创新能力降低（Schreier et al.，2012）。但如果给外围消费者提供参与用户的专业知识信息，这种负向影响会降低（Rodrigues，2019）。另有研究表明，对于不熟悉的品牌，因为品牌

声誉的正向溢出效应降低，外围消费者主要通过参与用户的能力来感知企业创新能力（Liljedal，2016）。此时，对于复杂性产品，因为用户通常被认为没有能力参与产品开发，所以外围消费者感知的企业创新能力较低。对于熟悉的品牌，因为存在正向溢出效应，用户通常被认为有能力去开发新产品，所以外围消费者感知的企业创新能力较高（Liljedal，2016）。该结论再次表明感知的参与用户能力是外围消费者评价利用用户参与产品开发企业创新能力的基础，也表明相较于不熟悉的品牌，熟悉的品牌可以从用户参与开发高复杂性产品中获益更多。

研究也发现，整合企业专家和参与用户能力的优势，可以提高外围消费者对企业创新能力的感知。科斯塔和科埃略（Costa & Coelho，2018）发现当用户与公司的专业人员一起设计产品时，外围消费者感知的参与用户的专业化程度会提高，此时，他们感知的企业创新能力明显高于用户或企业专家单独设计产品时。舒尔茨与沃尔克纳（Schulz & Volckner，2019）发现，企业产品组合中用户参与开发产品的比例与外围消费者感知的企业创新能力呈倒 U 型关系。这是因为外围消费者感知的中间水平的用户参与产品开发比例可以综合发挥企业专家和参与用户的优势，此时他们感知的产品的新颖和有用度都会增加。

2. 感知的产品特征

（1）感知的产品质量。对于专业技能要求低的产品，用户参与产品开发正向影响外围消费者感知的产品质量。比如，西川等（Nishikawa et al.，2017）研究发现，仅在销售时告知外围消费者产品由用户设计（与没有告知相比），就可以增加大约 20% 的产品销量。这是因为外围消费者认为用户参与设计的产品可以更好地满足他们的需求，而且用户参与产品开发这种模式可以产生更有前景的创意和产品。除了考虑用户参与产品开发标签的影响外，该研究还分析了用户参与产品开发的客观影响：即使不告知外围消费者产品设计的来源，用户真正参与设计产品的销量仍然大于企业设计产品的销量。

但是因为与专业设计者相比，用户缺乏产品创意开发和执行需要的知识、训练和经验（Moreau & Herd，2010）。相较于大众产品，用户参与产品开发会降低外围消费者对奢侈品的需求（Fuchs et al.，2013），他们参与开发的奢侈品通常被认为质量较低。

（2）感知的产品身份地位。除了产品质量外，福克斯等（Fuchs et al.，2013）也将用户参与产品开发与消费者产品消费的社会地位需求相联系，发现用户参与产品开发会降低外围消费者感知的权力感觉，这使他们认为用户参与开发的产品不能展示高的身份地位，因此对用户参与开发的奢侈品有较低的购买意愿。在此基础上，韦伯等（Weber et al.，2016）研究发现，对于奢侈品汽车，用户参与产品开发对外围消费者品牌和产品感知的影响不显著。该结论与福克斯等（2013）的结论不一致。这可能是因为奢侈品种类的差异，但用户参与产品开发适用的行业有待进一步研究。

3. 感知的品牌特征

（1）感知的品牌真实性、品牌独特性和品牌归因。因为外围消费者没有参与企业产品开发，所以他们对企业如何利用用户参与产品开发存在信息不对称。范戴克等（Van Dijk et al.，2014）研究发现相比较没有利用用户参与产品开发的品牌，外围消费者更有可能认为利用用户参与产品开发的品牌和提供用户参与产品开发视觉信息的品牌更加真实和真诚，因此更有可能表现出积极的行为倾向。坎比尔和庞星（Cambier & Poncin，2020）使用信号理论，发现提供用户贡献和选择创意等品牌透明度信息，可以增加外围消费者感知的授权感觉和品牌真实性，增加他们的购买意愿。研究还发现，对于知名度高的品牌，企业无须提供品牌透明度信息。

利耶达尔和达伦（Liljedal & Dahlén，2018）借助品牌图式和一致性理论，研究发现，用户参与产品开发主要通过感知的品牌独特性来影响外围消费者行为，而用户参与产品选择主要通过品牌归因来影响外围消费者行为。对于用户参与产品开发，相较于与原有产品或者公司定位一致的产品，消费者认为用户参与开发的不一致的产品更加独特，并因此产生更积极的品牌态度和产品评价；相反，对于用户参与产品选择，相较于不一致的产品，一致的产品更加有效。因为外围消费者已经与该品牌建立关联，并且期待一致的产品，所以外围消费者更有可能将用户参与开发的一致的产品的价值归因为该品牌。鉴于此，在企业实践中，对于与原有产品或者公司定位不一致的产品，企业最好在贡献创意阶段邀请用户参与；而对于一致的产品，企业最好在选择产品阶段邀请用户参与。

（2）感知的企业品牌价值。已有研究基于以上企业和产品属性差异，分析用户参与产品开发对外围消费者感知的品牌价值的影响。比如，凯力多等（Kristal et al.，2016）发现，因为用户参与开发的产品可以更好地满足消费者偏好，可以带来更大的商业化潜能，消费者感知的利用用户参与产品开发的企业创新能力也更高，所以用户参与产品开发正向影响外围消费者对企业品牌价值的感知和产品购买意愿。

梳理上述文献可发现：第一，对于用户参与产品开发通过企业和产品特征影响外围消费者行为的原因和条件，已有研究已经得出了相对稳健的结论，即外围消费者认为利用用户参与产品开发的企业更加以用户为中心，用户参与开发的产品需求匹配度更高。当企业利用用户参与开发非复杂性产品时，外围消费者感知的企业创新能力更高。研究也发现，外围消费者认为用户的专业技能水平较低，他们参与开发的产品不能显示高的身份地位。这些结论与"用户作为信息来源"视角的研究结论和社会投射理论一致。第二，少量研究从对企业、产品特征感知向对品牌特征感知扩展，发现用户参与产品开发在改变外围消费者感知的企业和产品特征的同时，也将会重塑他们感知的企业品牌特征，从而影响他们的消费行为。第三，也有研究基于用户参与产品开发对外围消费者企业、产品和品牌特征感知的正向和负向影响，分析了用户参与产品开发影响外围消费者行为的边界条件。比如，陈等（Chen et al.，2021）采用心理账户理论，分析了用户参与产品开发的"双刃剑"效应。韦尔塔斯和佩尔真蒂诺（Huertas & Pergentino，2020）借助环境信息理论，发现相较于企业开发的产品，外部环境中负向信息对用户参与开发产品的负向影响较小。这为进一步探索用户参与产品开发影响的边界条件提供了借鉴和思考。

2.6.6 用户参与产品开发影响外围消费者行为的原因：基于感知的企业关系

1. 感知的企业认同

基于社会认同理论，达尔等（Dahl et al.，2015）研究发现，利用用户参与产品开发的企业可以通过社会认同与外围消费者建立联系，即因为外围消费者与参与用户群体的社会认同，企业通过授权志同道合的用户参与产品开发，外围消费者会感觉到自己的权利被参与用户代理到了产品开发过程中（即代理赋权效应）。这种联系使他们更加喜欢用户驱动产品开发的企业和该企业的产品。当外围消费者感觉到与参与产品开发的用户在年龄、性别和相关领域专业知识有差异时，或者公司只对部分用户开放参与产品开发时，用户参与产品开发带来的代理赋权效应降低。该结果表明外围消费者对参与用户群体的社会认同是他们产生与企业社会认同的基础。

该研究视角超出了已有研究采用的企业产品和品牌特征感知框架，有助于探索用户参与产品开发对外围消费者行为影响的更深层次原因。用户参与产品开发带来的代理赋权效应是分析其他外部因素影响的基础和前提。比如，基于用户参与的代理赋权效应，宋晓兵等（2017）使用自我构建理论，发现与依赖自我的外围消费者相比，独立自我的外围消费者更加喜欢用户参与开发的产品；因为相比较企业开发，用户参与产品开发带来的代理赋权效应更有可能增加独立自我（相比较依赖自我）外围消费者的自主需求。迪亚斯（Dias，2016）基于控制点理论，发现内在控制感强的外围消费者更有可能感觉到与设计产品的用户存在联系（代理赋权效应更明显），因此，他们会更加喜欢用户参与开发的产品，但是对于复杂产品，这种正向影响效应减弱。也有研究发现，权力距离信念低的外围消费者更喜欢用户参与开发的产品。因为他们认可用户参与产品开发哲学中的平等思想，当他们考虑用户参与产品开发模式时，代理赋权感觉更有可能出现，这使他们更加认可用户参与开发的产品（Paharia & Swaminathan，2019；Song et al.，2019）。

也有研究基于参考群体理论，分析企业提供用户参与产品开发的图片和文字信息如何共同影响外围消费者行为（Liljedal & Berg，2020）。发现当图片将参与用户描述为外围消费者的内部群体、文字表述为外部群体时，外围消费者对品牌的正向态度会降低；当图片描述为外部群体时，无论文字如何表述，外围消费者对品牌的态度都不会变化。该文献借助社会影响理论，也表明参与用户的社会认同非常重要。

2. 感知的企业信任

根据信号效应模型，外围消费者喜欢用户参与开发的产品有两个前提（Cox，1967；Stock & Gierl，2015）：首先，他们可以从用户参与产品开发信号中推断出产品的价值，即预测价值；其次，他们必须信任这样的信号。已有研究主要关注用户参与产品开发信号对外围消费者预测价值感知（产品、企业和品牌特征）的影响，而没有考虑对外围消费者企业信任度感知的影响。因此，斯托克和吉尔（Stock & Gierl，2015）分析了企业信任度在用户参与产品开发和外围消费者行为关系中的作用。研究结果表明，因为怀疑企业利用用户参与产品开发只是个营销噱头，外围消费者对企业的信任度和对用户参与开发的产品的购买意愿都会降低；外围消费者对企业信任度下降不是因为怀疑用户参与产品开发这个事实，而是因为怀疑企业使用不重要的创意，即滥用用户参与产品开发标签。研究也表明，对于典型性产品，用户参与产品开发会降低外围消费者感知的信任度，而对于非典型性产品，这种负向影响效应降低或者消失（Stock & Gierl，2015）。该研究结论对企业在实践中如何使用用户参与产品开发标签提出了挑战。

外围消费者对利用用户参与产品开发企业的信任度也会影响他们对企业和产品特征的感知。斯托克和吉尔（2015）基于"匹配"理论，研究表明相较于高典型性产品，对于低典型性产品，外围消费者感知的用户参与产品开发信号匹配度更高，此时用户参与产品开发对外围消费者感知的企业创新能力和用户需求导向的正向影响更大，对外围消费者产品质量感知的负向影响也更大。在产品典型性低时，用户参与产品开发会降低外围消费者对企业产品质量感知的原因是，他们认为用户参与产品开发是个噱头，并不能开发出真正高质量的产品。这也表明从感知的企业信任角度，用户参与产品开发标签需要与非典型性产品（而不是典型性产品）相匹配。基于信号显示和社会影响理论，研究表明鉴于外围消费者与参与用户的相同特征，他们更加信任属于同一群体的用户参与开发的产品。因此，用户参与作为一种可信的信号，本身就可以增加外围消费者对公司和品牌的信任度（Costa & Coelho，2018）。

梳理上述文献可发现：第一，外围消费者与参与用户的关系是他们形成与企业社会认同的基础。第二，基于关系感知的研究视角更为基础。换言之，如果外围消费者对利用用户参与产品开发企业的认同感和信任度下降，他们对企业、产品和品牌特征的评价也会降低。第三，特征感知和关系感知视角的研究在逐渐融合。

2.6.7 用户参与产品开发影响外围消费者行为的理论总结

现有研究从用户参与产品开发对外围消费者、产品特征感知的影响开始，扩展到对品牌特征感知的影响，再到对企业关系感知的影响，层层递进、逐步展开，为研究用户参与产品开发如何影响外围消费者行为提供了一个完整的分析框架（见图2.4）。

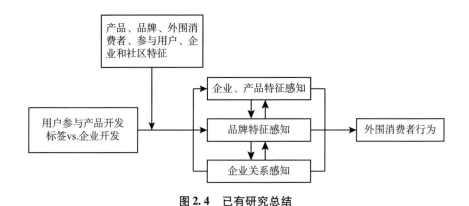

图2.4　已有研究总结

尽管已有文献主要是基于应用问题的实证研究，但是研究归纳发现，这些研究的主要结论是基于知识异质性和知识互补理论、集体智慧理论、社会投射理论、社会认同理论、线索利用模型等。比如，基于知识异质性和知识互补理论、集体智慧理论，外围消费者认为用户参与开发的产品创新度更高（Schreier et al. , 2012），而且可以更好地满足他们的需求（Nishikawa et al. , 2017）。但是基于社会投射理论，外围消费者也会觉得用户缺乏相关领域的专业知识，不适合参与开发复杂性和专业技术要求高的产品（Fuchs et al. , 2013）。社会认同理论、线索利用模型从关系的角度发现外围消费者与参与用户和企业的关系是他们评价用户参与开发产品的基础（Dahl et al.，2015；Stock & Gierl，2015）。研究也表明，基于消费者心理视角的研究结论，与知识异质性和知识互补理论、集体智慧理论等源自"用户作为信息来源"视角理论的预测结果一致，但基于社会投射理论、社会认同理论、线索利用模型和结合实验法的优势，已有研究也得出很多新的结论（Dahl et al.，2015）。

基于以上主要研究结论，已有文献结合品牌权益理论、品牌图式理论、品牌联盟理论、心理账户理论、社会影响理论、信号理论、控制点理论等分析用户参与产品开发影响外围消费者行为的边界条件（Liljedal & Berg，2020）。比如，品牌资产理论、品牌图式理论将用户参与产品开发对外围消费者感知的企业、产品特征与企业品牌相结合，探索了用户参与产品开发如何通过品牌特征影响外围消费者行为（Van Dijk et al.，2014）。信号理论将用户参与产品开发看成是一种信号，为如何增加外围消费者与利用用户参与产品开发企业的关系和信任度、提高他们对相关产品的购买意愿提出了新方向（Costa & Coelho，2018）。总之，这些理论从不同的视角理解用户参与产品开发，为进一步研究用户参与产品开发对企业绩效和外围消费者行为的影响提供了新思路。

2.7　进一步研究的内容

基于创意众包社区的特征，结合已有研究，本书提出了以下值得关注的研究内容（见表 2.10）。

（1）在创意众包社区中如何增加创意被企业接受的可能性。在接受率极低的情境下，贡献者会努力提高创意的质量，还会通过其他方式提高创意被企业接受的可能性。鉴于此，本书可以关注：贡献者努力如何影响企业反馈，并增加自己创意的接受率。比如，贡献者多参与贡献创意是否会增加创意录用的可能性？评价同伴创意也是用户参与创意众包社区的主要方式，贡献者多参与评价同伴创意是否会增加其创意录用的可能性？如何结合同伴评价和企业代表反馈的特点，分析贡献者努力（贡献者贡献创意和评价同伴创意数量）对企业反馈的影响将是值得进一步关注的内容。此外，在社区环境中，企业更有可能出现注意范围变窄和选择性注意等问题。那么在创意接受率极低的情境下，贡献者如何利用这些信息，以增加自己创意的接受率？比如在创意中增加情感词语是否会影响企业反馈？

（2）创意众包社区中如何提高贡献者的贡献意愿。第一，在非竞争性创意众包社区中，用户贡献创意通常得不到物质方面的激励，而且企业对创意的接受率极低，这将如何影响他们的持续贡献创意？随着用户贡献创意数量的变化，他们参与产品开发的动机可能会发生变化（Toubia & Stephen，2013）。这种情况下，企业应该如何拒绝贡献者的创意，以激励他们持续参与贡献创意？第二，网络环境中企业如何评价创意仍然需要进一步关注。网络社区环境中用户参与产品开发有很多新的特点，比如评价的语言风格、语言结构、情感特征等如何影响用户贡献创意的意愿和结果？本书将结合网络环境的公开性和创意接受率低的特征，分析企业反馈中包括感谢如何影响贡献者的持续贡献意愿。

表 2. 10　　创意众包社区中 C-B 产品开发需要进一步关注的内容

C-B 产品开发	需要进一步关注的内容
用户贡献创意	（1）在没有物质方面的激励，而且创意接受率极低的创意众包社区中，如何激励用户持续参与贡献创意； （2）结合网络社区的特点，比如，企业反馈的语言风格、语言结构、反馈中的社会因素（反馈中是否表达感谢等），分析企业反馈如何影响用户贡献创意的意愿
企业创意选择	（1）在接受率低的情境下，用户努力如何影响企业反馈； （2）贡献者创意特征（比如情感特征）如何影响企业反馈

第3章　创意众包社区中影响
企业反馈的因素

本章主要回答第一个问题，即在用户贡献创意数量多、接受率极低和公开的情境中，企业反馈受到哪些因素影响。主要包括两项研究，分别分析了贡献者努力程度和创意中情感特征对企业反馈的影响。

3.1　创意众包社区中贡献者努力对企业反馈的影响

3.1.1　引言

随着用户需求日益多元化和个性化，企业迫切需要通过更快、更好的创新来快速、及时地响应市场需求（郭雯和刘爱，2016）。为了提高企业产品的创新效率和质量，很多企业建立了创意众包社区方便用户贡献创意，比如戴尔的 IdeaStorm 和小米的 MIUI 论坛。互联网和社会化媒体的快速发展也使用户与用户、用户与企业的在线实时零距离互动更加便捷和高效，互动的广度、深度和频度大大增强（Flavián & Guinalíu，2005；范钧和聂津君，2016）。但是因为：一是社区中创意的接受率极低；二是由于网络环境中存在明显的长尾效应，绝大部分用户的努力程度较低，他们只贡献了很少的创意，也很少参与在线讨论和评价。那么在网络环境中，贡献者努力程度（即自己贡献创意和评论同伴创意的数量）是否有助于提升创意质量，从而增加企业对创意的接受率呢？贡献者的努力程度又如何受到同伴评论（贡献者创意）、企业回复率，以及贡献者评论的同伴创意所在版块异质性的影响？该问题对于企业控制和影响用户贡献高质量的创意非常重要。

已有研究表明网络环境中用户努力程度对于高质量创意的形成非常重要。比如，巴尤斯（Bayus，2013）研究表明，个体持续贡献创意的过程中，创意质量与其过去的成功（得到企业的正向评价）负相关，而与其现阶段的努力程度（对同伴异质性观点的评价）正相关。已有研究也表明用户的努力程度受到企业反馈和同伴评论的影响。比如，与同伴互动会使用户产生认知冲突，促使用户之间进行更多的信息交流和互动，用户在互动中能获得同伴的需求知识（Kohn et al.，2011；Chatterji & Fabrizio，2014）。相比之下，用户与企业之间的互动使用户能够根据企业反馈判断创意的质量和了解企业的创新成本。这两种互动形式都会影响贡献者贡献创意的质量和企业反馈（Chen et al.，2012；Huang et al.，2014）。

尽管贡献者努力程度和贡献者与同伴、企业在线互动对于创意的质量都很重要，但是仍然有以下问题值得关注：（1）两类用户努力形式对企业反馈影响的差异何在。尽管贡献者贡献创意数量和评价同伴创意数量都可以影响其后期创意得到企业录用的可能性（Bayus，2013），但是因为从贡献创意和评价创意中得到的信息不同（Huang et al.，2014），二者对创意录用可能性的影响存在差异。鉴于此，本书首先分析二者对企业反馈影响的差异。（2）贡献者努力程度对企业反馈的影响如何受到同伴（对贡献者创意的）评论、之前企业反馈率和贡献者评价同伴创意异质性的影响，因为同伴评论和企业反馈可以提供不同的信息（Huang et al.，2014），这些信息对创意质量不同方面的影响不同，因此对创意是否得到企业反馈的影响可能不同。鉴于此，本书以创意众包社区的二手数据为基础，分析和回答了这些问题。

3.1.2 文献综述

本章对研究涉及的相关概念、理论背景及研究现状进行回顾，主要包括创意质量、在线互动、用户评论同伴创意和企业反馈对创意质量影响等方面。

1. 创意质量研究现状

在网络环境下，面对用户贡献的大量创意，企业面临着如何有效筛选出高质量创意的挑战。虽然国内外学者对创意评估的研究已经较为丰富，但迄今为止尚未形成一个普遍认可的评估标准。已有的研究大多以网络环境中用户贡献的创意是否被企业录用或商业化作为衡量创意质量的标准（Girotra et al.，2010；Kornish & Ulrich，2011）。

对用户创意质量评估的相关研究中，图比亚和弗洛雷斯（Toubia & Flores，2007）的研究具有一定的代表性，通过消费者使用意愿、消费者评价和商业价值评估这三个指标来衡量创意的质量。该研究的前提是假设用户贡献的创意提交给企业或商业组织之后，企业会根据用户的想法开发新产品并将产品投向市场。在消费者使用意愿的测量中，主要通过问卷回答"如果观点或创意是可用的，你有多大的可能性会使用它"（Morrison，2002）。该指标的思路在于：相对于替代方案而言，解决方案越好，目标市场中的用户购买产品的可能性就越大（Girotra et al.，2010）。对消费者评价的测量中，主要基于这个想法是否新颖、富有洞察力、对消费者有价值和表述清晰。在对商业价值的测量中，通过征集 MBA 专业高年级的学生的建议来评估一个创意的商业价值。作为商科专业高年级学生，这些学生通过一系列的商业课程学习，能够基于想法的技术可行性、新颖性和潜在市场需求来考虑创意的商业价值（Girotra et al.，2010）。

不同于图比亚和弗洛雷斯（2007）的研究，卡兰等（Girotra et al.，2010）对创意质量的评估则是通过商业价值、消费者使用意愿和专家评分三个指标衡量。商业价值和消费者使用意愿的测量与图比亚和弗洛雷斯（2007）相同。专家评分主要是通过聘请三位行业有经验的专家作为独立评判者，对创意的不同维度进行编码。科里什和乌丽（Kornish & Ulrich，2011）使用购买意愿和专家评价对初始创意进行打分。由于本书不能得知企业已录用的创意是否最终都进行了商业化，因此在已有研究的基础之上，本书采用企业是否接受创意作为衡量创意质量的标准。

2. 在线互动研究现状

（1）在线互动的概念。互动根源于社会学的人际交往理论。该理论认为人际关系的建立需要交往双方相互了解以及信息和情感方面的交流。"互动"这一概念不仅在市场营销学、管理学等社会科学领域应用广泛，在电子通信和计算机等领域也同样有着广泛的应用。尽管对"互动"这一概念的界定还没有形成较为一致的看法，但是学者们已经从不同的研究视角对"互动"这一概念有了较清晰的阐述。

互联网的迅猛发展和普及使人与人之间互动交流和交往的方式发生了较大的转变，网络成为互动双方沟通交流的媒介。为了方便顾客互动，一些企业通过构建虚拟网络社区最大限度与顾客进行互动，这使企业与顾客之间由以往的单向沟通转为双向对话（Nambisan & Baron，2010）。在线互动的本质即人与人之间以计算机和网络为互动媒介进行的沟通与交流。在线互动突破了时空、地域、主体的限制，成为现代人际互动的重要方式。虚拟品牌社区中用户可以就创新相关问题展开在线交流，随时随地分享自己关于产品的想法和建议（Hennig‐Thurau et al.，2004）。国内外对互动以及在线互动含义的界定总结为表 3.1。

表 3.1　　　　　　　　　　　　在线互动含义的整理

学者	在线互动的含义
Moore（1989）	在线互动是虚拟社区成员针对某些感兴趣主题，通过发帖、回帖和一起完成社区任务等方式所开展的彼此沟通行为
Rafaeli & Sudweeks（1997）	互动起源于沟通，人与人之间的沟通本质上是一个持续的过程，涉及发送和接收具备反馈功能的信息集
范晓屏（2007）	在线互动是网络环境下借助文本、符号、图像、声音等方式形成的网络
Gronroos（2011）	在线互动是企业与顾客之间持续、双向的信息交换和共同行动
刘小平（2011）	网络环境中互动可以理解成一个社会交换过程，社会交换是利益互惠行为，指一方对另一方提供帮助支持等，使对方有了回报的义务

学者	在线互动的含义
庄贵军（2012）	从交互技术的角度提出互动是借助信息技术或各种通信进行沟通与交流，其明显的优势不仅在于丰富性、扩展性、移动性和精准性，更在于它有更高的交互性。互联网不仅仅是一个新兴的营销和沟通渠道，它已经成为一种根基性的环境，深深嵌入人们的日常生活之中
程振宇（2013）	在线互动是用户与网络媒体之间的信息交流，以及网络用户之间的人际交流

通过分析国内外学者对在线互动概念的界定，不难发现学者逐渐从综合的视角来界定在线互动。伴随着近几年市场营销理论从以往的以企业为中心的客户关系管理向以顾客为中心的用户体验管理理念的转变，学者对用户与企业之间的在线互动的认识变得更加深入。同时，企业和顾客借助互联网进行的在线互动内容也越来越丰富和多样化。根据已有的研究，互动总体可以概括为线上互动和线下互动。很多学者较一致地认为在线互动是以互联网和交互技术为基础开展的，主要为人际互动和人机互动。根据本书的研究范围，借鉴以上学者的定义，本书将在线互动定义为网络环境中，用户以计算机和网络为媒介，突破时空的限制，通过贡献创意、评论同伴的创意和与企业代表互动等形式进行的在线交流。

（2）在线互动的维度。经过文献归纳，总结发现国内外学者从不同的维度对在线互动进行了研究，由于分类标准及研究侧重点的不同，不同学者对在线互动维度的划分差异较大，在线互动也呈现出多种形态，具体见表 3.2。

表 3.2 　　　　　　　　　　　　在线互动的维度划分

维度	国内外学者的代表观点
一维视角	楼天阳和陆雄文（2011）从一维的视角对互动进行研究，即把互动直接当作一个整体来探讨，运用实证分析的方法验证了存在于服务质量中的互动与 BBS 的顾客满意有显著的正相关关系；楼天阳（2009）对虚拟社区成员联结机制进行研究之后，发现互动对于个人的认同感产生显著影响，这种认同感既包括个人自我认同，也包括社会认同，同时互动还显著影响了个人对他人及群体的依赖性

续表

维度	国内外学者的代表观点
二维视角	斯图尔（Steuer，1992）将网络互动分为人机互动和人际互动两个维度。胡曼与诺瓦克（Hoiman & Novak，1996）研究计算机媒介环境中的营销时提出网络互动包含机器互动和人际互动两种类型。人际互动则指用户通过计算机网络进行信息的交换，包括网络用户通过电子邮件、网络创新平台、网络会议等方式与其他用户或广告商进行长期沟通而形成的人际互动（Ha & James，1998；Coyle & Thorson，2001）
三维视角	德瓦尔克（De Valck et al.，2007）在研究虚拟社区成员访问频率时把虚拟社区的网络互动划分为成员间互动、组织者与成员间互动、组织者与社区互动三个维度，并得出结论，即成员间互动、组织者与成员间互动的满意度正向影响用户访问虚拟社区的频率，而组织者与社区互动的满意度与访问频率的关系没有得到证实
四维视角	范晓屏等（2009）在研究中将网络互动分为同步互动、异步互动、单人互动和多人互动

综上可知，学者们对在线互动的研究维度并没有达成共识，对在线互动维度划分的依据也不尽相同，有很多研究仅仅提出了维度，并没有作出相应的实证检验，相关研究还不够深入。学者们大多从双向单层面的视角来理解在线互动，实际上互联网及移动互联网的迅猛发展使互动的媒介发生了质的改变，特别是网络的普及和社会化媒体的快速发展，互动变得不再受到时空和地点的限制。网络环境下的互动正在向双向双层面发展，在网络社区中用户与企业以及用户与用户之间互动变得更加频繁。本书在国内外学者现有研究的基础上，充分考虑网络环境中用户创新过程中的各种互动形式，对创意众包社区中用户参与贡献创意过程中的互动按照双向两层面开展研究，即企业与用户之间的互动和用户与用户之间的互动，并进行实证分析。

（3）在线互动的构成。霍夫曼与诺瓦克（Hoffman & Novak，1996）将在线互动划分为人与人之间的互动和人与机器的互动两种形式。梅西和利维（Massey & Levy，1999）也认为互动主要包括内容互动和人际互动，内容互动也就是人与机器的互动。朗格拉克和韦尔霍夫（Langerak & Verhoef，2003）通过对虚拟品牌社区进行深入研究，将虚拟品牌社区中的互动分为以下两种。

①社区成员之间的互动。虚拟品牌社区中的成员一般通过私聊（私信）

或者发帖子的方式在虚拟品牌社区中分享自己的购买心得、对产品的使用感受、产品体验、经验等信息，他们会围绕某个特定的主题（话题）进行讨论以及对其他成员发出的帖子进行评论，或对提出的与产品相关的问题进行反馈。库等（Ku et al.，2012）研究得出大部分用户在购买产品之前都会阅读网上有关产品的评论，或者与其他用户就产品使用经验相互交流、分享，也会给其他用户提供指导和帮助。用户间互相交流相当频繁，这种相互交流和沟通行为会对用户的购买决策和行为产生较大的影响。

②社区组织者与成员互动。社区组织者的主要职责是维护社区的稳定和谐，当社区成员扰乱社区的正常秩序时，组织者会采取相应的措施对其进行阻止和惩罚，譬如封锁其账号、删除帖子等。虚拟品牌社区里，为了活跃社区氛围，社区组织者不定期地会发起一些主题活动。商妮（Sawhney，2005）研究表明，企业通过虚拟品牌社区与用户互动从而提升在线互动的价值，企业通过互动获取反馈，并更好地了解用户。

结合已有的研究，本书将在线互动分为用户在线评论同伴创意和企业反馈两种。下面分别对用户在线评论、企业反馈对创意质量影响的文献进行回顾。

3. 用户评论同伴创意对创意质量影响的研究现状

用户评论同伴创意是用户在网络环境中对同伴的创意发表自己的看法。尽管网络环境中用户评论同伴创意对用户贡献创意质量影响的研究相对较少，但是已有研究可以给我们提供一些思路和借鉴。

（1）用户评论同伴创意对用户创意质量的影响。在网络环境中，用户评论同伴创意也是用户与用户之间在线互动沟通的一种方式。布鲁姆和科尔巴赫（Blum & Kohlbacher，2008）研究表明，用户评论同伴创意过程中，用户与用户之间形成一个知识协同网络，促进了知识或信息的转移和共享，消除了"知识孤岛"（卜心怡等，2014）。查特吉和法布里齐奥（Chatterji & Fabrizio，2014）研究发现，用户与用户在评论互动过程中会由于意见不一致产生认知冲突，认知冲突能够触发论坛用户之间进行信息交流和辩证性互动，以及获取其他用户对产品、市场和其他相关主题的需求知识（Kohn et al.，2011）。弗兰克和沙（Franke & Shah，2003）研究了 4 个运动社区中用户协作创新的频率，发现这种成员之间的在线评论非常普遍。研究也发现，评论互动增加了用户创新知识（Howe，2006；王莉和任皓，2013）。赫梅特斯贝格和莱因哈特（Hemetsberger & Reinhardt，2006）研究发现网络环境中用户数量众多，不同的用户具有不同的背景，可以带来不同的经验和提供个性化的想法，通过评论产生新的具有前瞻性的知识以及新的想法和创意，能够产生更多高质量的创意。

（2）用户评论同伴创意对用户情感的影响。网络环境中用户贡献创意希望得到企业反馈和同伴正向评价。用户可以从同伴的评论中判断自己贡献创意的受欢迎程度。已有用户在线评论对创意质量影响的研究主要基于用户评价对用户情感影响的视角。比如，约翰逊和格雷森（Johnson & Grayson，2005）研究发现随着用户在线平均评论数量增加，用户与用户之间的互动增强，情感信任加深，这会增加用户与用户之间感知的"共情"心理反应（杨爽和徐畅，2013），也有助于了解同伴的需求，贡献高质量的创意。

因此，结合已有研究可以发现用户评论同伴创意对创意质量有很大的影响。用户通过在线评论与论坛中的同伴进行互动交流，能够了解他们的需求知识，使用户贡献的创意更受欢迎，更容易得到同伴的正向评价，提高创意被企业录用的可能性。

4. 企业反馈对员工和用户创造力的研究现状

企业反馈是指企业或组织对用户和员工贡献的创意进行回复和评价。反馈在工作中随处可见，是组织中领导常用的一种激励策略。已有的企业反馈对创意质量影响的文献主要聚焦于企业反馈如何影响员工的创造力和创新思维，以及创意的质量。尽管网络环境中企业反馈对用户创意质量影响的研究相对较少，但是已有组织环境中企业反馈对员工创造力影响的研究可以给我们提供一些思路和借鉴。

（1）企业反馈对员工创造力的影响。研究表明，企业反馈对员工的创造力有非常重要的影响（Zhou，2003）。周（Zhou，1998）研究表明反馈通过激发接收者内在动机、影响员工情绪状态等影响员工创造力。马贾尔等（Madjar et al.，2002）研究表明领导积极反馈会让员工感知到领导鼓励创新，进而产生更加创新的想法，因此提高了员工的创造力。

（2）企业在线反馈对用户创意质量的影响。研究表明，企业反馈是企业基于互联网和社会化媒体通过反馈与用户互动和交流的一种方式。李海舰和王松（2009）研究表明企业反馈加强了企业与用户在网络环境中的沟通、交流，驱动用户深度表达潜在需求，促进了用户的内隐知识转化成外显知识（Hargadon & Bechky，2006）。罗和图比亚（Luo & Toubia，2015）研究表明企业反馈使用户通过知识检索形成新的关联，这些关联将被添加到检索线索中激活记忆中更多的知识，产生更多新的想法或创意。

（3）企业在线反馈对员工和用户情感的影响。研究表明，领导的积极反馈或发展性反馈会使员工更加有成就感，成就感有助于创造性思维形成（陈晓玲，2006），同时增加了员工对工作的兴趣。皮耶琴卡和达兰德（2015）研究表明在网络环境中，企业会对用户贡献的创意进行在线反馈，企业反馈扮演着"官方声誉"建立者的角色，它反映了企业对用户贡献创意质量的感知（Chen et al.，2012）。当用户看到自己的创意得到企业反馈和认同的时候，会产生自我效能感，这种外部动机促进了内部动机和创造力的提高（路琳和梁学玲，2009；李东方等，2013）。弗拉西克和卡西奇（Vlasic & Kesic，2007）研究表明用户能够通过企业的反馈熟悉企业，消除企业与用户的陌生感和潜在的感知风险，尤其能感觉到企业在顾客导向上所做的行动和努力，体验到被尊重和被满足的价值。

总之，这些研究表明企业反馈可以增加个体工作的积极性和参与的热情，也会提供创意质量和成本的信息，这些信息可以从认知和情感两个方面影响用户贡献创意的质量。

5. 研究评述

本书将在线互动分为两个方面，企业反馈和评论同伴创意。企业反馈，即企业与用户的在线互动，正向影响新产品开发绩效（范钧和聂津君，2016），评论同伴创意，即用户与同伴互动，促进了用户内隐知识转化成外显知识（张鹏程，2006），增加用户的自我效能感，激发了用户的创造热情和积极性，促进了用户产生更多高质量的创意（Bonner，2010；李东方等，2013）。但是网络环境中用户贡献创意和评价同伴创意对企业录用创意影响的差异，以及二者如何受到同伴评论、企业反馈和创意特征等因素的影响？

这些问题并没有得到已有研究的关注。

3.1.3 研究假设

1. 贡献者贡献创意数量对企业是否录用创意的影响

本书认为贡献者贡献创意数量与企业是否录用创意正相关。首先，从贡献创意的动机来看，相比较发帖数量少的用户，发帖数量多的用户更有可能是因为内在动机参与贡献。内在动机与自我一致，内在动机的用户因为自己的兴趣和价值观而贡献创意（Ryan & Deci，2000），而外在动机的用户是迫于外界压力或者其他需求而参与贡献创意。研究表明贡献者因内在动机参与贡献的创意质量更高（Chen & Kim，2010）；内在动机的贡献者在参与感兴趣任务的持续性和绩效表现方面更好，会在自己感兴趣的工作方面投入更多，而且有更高的创新绩效（Chen et al.，2010）。其次，贡献创意多的人，他们的创意更有可能得到同伴评论和企业回复，这有助于个体了解同伴和企业的需求（Huang et al.，2014）。研究表明，企业反馈可以给用户提供创意的执行成本和标准信息（Huang et al.，2014），帮助用户产生符合企业偏好和口味的知识（Chen et al.，2012）。用户与同伴互动也使他们了解同伴对产品和市场的需求知识（Chatterji & Fabrizio，2014）。因此，贡献者贡献的创意数量越多，其创意得到企业录用的可能性越大。最后，贡献创意多的贡献者，在时间和情感方面的投入更多，互动的广度、深度和频度也会增强，也会在用户与同伴之间逐渐建立"共情"（Johnson & Grayson，2005），这有助于贡献者更好地了解用户和企业的相关信息，更容易增加创意被企业录用的可能性。鉴于此，提出以下假设。

H1：贡献者贡献创意的数量与企业录用创意的可能性正相关。

2. 同伴评论对贡献者贡献创意数量影响的调节作用

同伴评论是用户与用户之间在线互动的一种方式，本书认为贡献者贡献创意数量对企业是否录用创意的影响受到同伴在线评论数量的调节。这是因为：一方面，在互动中，用户与同伴之间形成一个知识协同网络，促进了知识或信息的转移和共享，消除了"知识孤岛"，双方知识不断碰撞、集聚和演化，形成了"1 + 1 > 2"的协同效应（Blum & Kohlbacher, 2008；卜心怡等, 2014）。网络环境中，用户与同伴之间的互动和冲突会促进用户之间的信息交流和辩证互动，使用户更加了解同伴对创意的看法以及对产品的需求（Kohn et al., 2011；Chatterji & Fabrizio, 2014）。因此，同伴对贡献者创意的评价会增加贡献者贡献创意数量对企业录用创意的正向影响；相比较在同伴评价少时，在同伴评价多时，用户更有可能了解同伴对创意的需求，其创意更有可能被企业认可（Perry – Smith, 2006；王莉和任浩, 2013）。另一方面，随着同伴在线评论数量增加，用户之间的情感信任增加，这有助于更好地了解同伴的需求信息。因此，同伴的评论越多，用户贡献创意与企业是否录用创意的正向关系越强。鉴于此，提出以下假设。

H2：同伴评论（贡献者）创意数量调节贡献者贡献创意数量与企业是否录用创意之间的关系。即相比较同伴评论数量少，在同伴评论数量多的时候，贡献者贡献创意数量对企业录用创意的正向影响增加。

3. 企业反馈对贡献者贡献创意数量影响的调节作用

企业反馈在工作中随处可见，是组织中常用的影响员工动机和行为的一种策略。在网络环境中，企业反馈决定着创意的未来和前途，扮演着"官方声誉"的角色，反映了企业对用户贡献创意质量的判断（Cheng et al., 2012；Piezunka & Dahlander, 2014）。因此，企业的反馈信息可以作为一种信号影响用户感知的"重要程度"（Chen & Xie, 2008）。本书认为贡献者贡献创意数量对企业录用数量的影响受到企业在线反馈的调节。一方面，企业反馈数量越多，贡献者获取的创意执行成本和标准的信息更多（Huang et al., 2014）。随着贡献创意数量的增加，贡献者的认知结构和行为方式也发生改变（Hargadon & Bechky, 2006；卫海英和骆紫薇, 2014），他们更有可能贡献更多符合企业偏好的创意（Chen et al., 2012）。另一方面，企业反馈数量越多，个体感知的"重要程度"增加，随着贡献者贡献的创意数量增加，企业反馈的数量也会越多，用户更加有成就感，成就感有助于提升创造性思维，提高创意质量（Vlasic & Kesic，2007；Grant & Grant，2012）。鉴于此，提出以下假设。

H3：企业反馈比例调节用户贡献创意数量与企业是否录用创意之间的关系。即相比较企业反馈比例低，在企业反馈比例高的时候，贡献者贡献创意数量对企业录用创意的正向影响更大。

4. 贡献者评论同伴创意数量对企业是否录用创意的影响

贡献者评论同伴创意也是用户与用户之间互动的一种方式。研究表明，用户在浏览自己感兴趣或产生共鸣的信息时，会与大脑中已有的知识形成新的关联，这些关联将被添加到检索线索中，激活记忆中新颖的想法（Hippel，2012；Luo & Toubia，2015）。本书认为网络环境中贡献者对同伴创意的评论数量与后续创意是否得到企业录用正相关。这是因为：一方面，在浏览评论同伴创意的过程中，贡献者可以收集与产品有关的有价值信息和同伴的需求知识，也会思考同伴对创意的评论信息，更加了解他们的需求（Huang et al.，2014；Lu et al.，2011），贡献的创意更容易得到同伴正向评价，提高被企业录用的可能性。另一方面，相关研究表明，互动强调互利共赢的一面，为争取可用性资源，用户更加注重"人情往来"（卫海英和骆紫薇，2014）。对同伴创意给予评价后，用户之间感知的关系强度增加，双方感知对对方的关心和支持增加，这也会增加同伴对贡献者创意的正向评价，增加创意得到企业录用的可能性（Huang et al.，2014）。鉴于此，提出以下假设。

H4：贡献者评论的同伴创意数量与企业录用创意的可能性正相关。

5. 贡献者评论同伴创意异质性对贡献者评论同伴创意数量影响的调节作用

贡献者评论同伴创意数量对企业是否录用创意的影响受到版块异质性的调节。版块异质性指用户评论的创意所在版块的异质性情况。在论坛中，用户会在不同的版块评论同伴的创意。已有研究表明，用户参与评论同伴的创意是认知加工的过程，拥有不同知识、技能、思考风格或视角的用户结合彼此差异化信息和观点进行加工、思考和整合，有助于用户在互动中将多样化的看法整合为高质量的单一决策（Andolina et al.，2015）。在评论数量一定的情境下，用户评论同伴创意的版块异质性越低，在同一版块内评论其他特定用户创意越多，他们之间互动的深度更强，用户与用户之间的情感信任增加（卫海英和骆紫薇，2014），其贡献的创意更容易得到该同伴正向评价，被企业录用的可能性越高。另外，用户评论同伴创意的异质性越高，其贡献创意的新颖程度可能更高（Bayus，2013），其创意得到企业录用的可能性越高。鉴于此，提出以下对立假设。

H5a：评论版块异质性正向调节贡献者评论创意数量与企业是否录用创意之间的关系。即相比较版块异质性低，在版块异质性高的时候，贡献者评论的同伴创意数量对企业录用创意的正向影响更大。

H5b：评论版块异质性负向调节贡献者评论创意数量与企业是否录用创意之间的关系。即相比较版块异质性低，在版块异质性高的时候，贡献者评论的同伴创意数量对企业录用创意的正向影响更小。

本章研究的理论框架如图 3.1 所示。

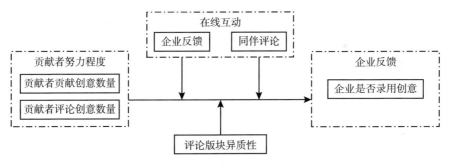

图 3.1　研究的理论框架

3.1.4　研　究　设　计

1. 数据收集

数据来源于国内一家著名科技公司的创意众包社区。通过用户参与贡献功能建议和 Bug 反馈以及融入 Web 2.0 社会化功能，社区吸引了一大批手机发烧友的参与。用户可以在该社区参与线上活动，发帖或者评论同伴的创意，企业也可以对用户发布的创意进行在线反馈。本书选择该社区作为研究对象，主要因为：（1）该企业是国内主要的智能手机和家电制造商，坚持走群众路线，每周对系统迭代升级，很多的创意都是来自该社区。（2）该社区用户和企业活跃度较高，用户与用户、用户与企业互动频繁。用户生成内容与网络社区的融合为检验用户努力程度、在线互动对企业反馈的影响提供实证数据。本书选择"功能建议"版块，使用火车采集器（locoy spider）技术抓取自该社区建立即 2011 年 10 月至 2015 年 7 月的 32066 个用户的 64779 条功能建议，包括用户基本特征（积分、经验、等级、威望、使用的机型、在线时长等）、创意特征（创意的主题、创意的内容、创意查看数、创意回复数等）和企业反馈情况（"已收录""待讨论"等）。该版块是用户发布对产品看法和改进意见、同伴对新功能和建议进行评价的场所。

此外，根据已收集的用户信息，在论坛用户"个人资料"中采集每个用户对应的回帖数和回帖所在的版块。数据采集的整体流程可用图 3.2 表示。

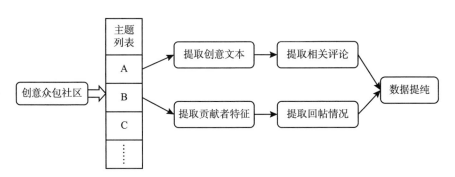

图 3.2　数据采集的整体流程

本书通过一些方法对数据进行了清理和处理。首先，删除了所有企业（员工）发布的帖子和所有空白的创意。其次，为了避免多个创意带来的不同企业反馈处理的困难，删除了同一帖子中包括两个以上创意的帖子。最后，只关注那些用中文写的功能建议（主要是方便理解创意内容和用户积极或消极情感）。

2. 研究变量

参考陈等（Chen et al. , 2012）、巴尤斯（Bayus, 2013）研究中相关变量的测量方法，本书对因变量、自变量和控制变量的测量以及各变量解释如下。

（1）因变量。企业是否录用创意：企业盖章"已收录"的创意被视为被企业录用，其余图章和没有图章的创意视为没有得到录用。

（2）自变量。自变量的名称、变量的测度和计算方法见表 3.3。

表 3.3　　　　　　　　　　　模型变量和测度指标

变量	变量测度	计算方法
贡献者贡献创意数量	贡献者提交的功能建议总数	贡献者在贡献某个创意前贡献的创意数量
贡献者评论同伴创意数量	贡献者对同伴创意评论数量加总	贡献者在贡献某个创意前评价的同伴创意数量加总
同伴评价（贡献者）创意数量	贡献者的创意收到同伴在线评论的总数	贡献者在贡献某个创意前得到的同伴评价数加总
企业反馈比例	贡献者的创意收到企业在线反馈的比例	贡献者在贡献某个创意前，其创意得到企业反馈的比例
贡献者评论（同伴）创意所在版块异质性	贡献者评论的同伴创意所在版块的异质性情况	贡献者在贡献某个创意前，其评价的同伴创意在不同版块的离散程度（Bayus, 2013）

（3）控制变量。为了更好地分析本书提出的问题，将用户特征（发布注册时间差、贡献者互动次数、是否评价同伴创意）、创意特征（创意查看数、同伴正向评价量、创意中负向情感词数和语气词数、创意字数）作为控制变量引入模型。

发布注册时间差反映了一个用户在论坛的时长，在论坛时间越长，互动则更多（Flavián et al. , 2005）。用户在互动中不断获取企业和用户的需求知识，从而影响用户贡献创意的意愿和质量（Luo & Toubia, 2015）。

创意同伴正向评价量、创意中负向情感字数和语气词数。三个变量的计算方法一致，通过 Python 文本挖掘技术使用情感词典进行情感分析。以下以同伴评价为例（见图 3.3），介绍使用情感字典方法计算创意得到同伴的正向评价量。

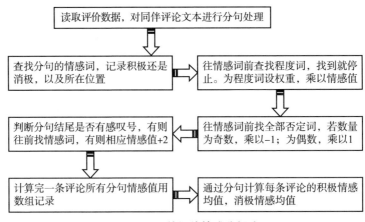

图 3.3　同伴评价情感分析法

3. 分析方法

本书的因变量为创意是否得到企业录用，为 0 - 1 变量。本书采用 Logit 模型进行数据分析。

3.1.5　数据分析与结果

1. 描述性统计

本章相关变量的描述性统计结果详见表 3.4。

表 3.4 变量的描述性统计

变量	样本量	最小值	最大值	均值	标准差
贡献者贡献创意数量	59933	0.000	291.0	5.25	17.920
贡献者评论同伴创意数量	59933	0.000	9970.0	11.77	120.62
同伴评价（贡献者）创意数量	59933	0.000	1663.0	14.87	52.377

变量	样本量	最小值	最大值	均值	标准差
企业反馈比例	59933	0.000	1.000	0.341	0.416
贡献者评论（同伴）创意所在版块异质性	59933	0.000	3.2519	0.232	0.544
发布注册时间差（天）	59933	0.016	1760.572	404.702	340.210
创意负向情感字数（个）	59933	0.000	916.0	8.046	14.054
创意字数（个）	59933	0.000	17026.0	129.3	270.545
创意语气词数（个）	59933	0.000	24	0.054	0.380
创意查看数	59933	34	86271810	3773	354203.2
贡献者互动次数	59933	0.000	113	1.31	2.986
同伴正向评价量	59933	0.000	984.000	3.069	12.888
贡献者是否评价同伴创意	59933	0.000	1.000	0.500	0.500

2. 数据分析结果

在模型 I 中，以发布注册时间差、创意中负向情感字数、创意字数、创意语气词数、创意查看数、贡献者互动次数、同伴正向评价量、贡献者是否评价同伴创意等为控制变量，进行 Logit 回归。见表 3.5，贡献者贡献创意数量的主效应显著（$\beta = 0.541$，$z = 22.481$，$p < 0.001$），即随着贡献者贡献创意数量增加 1 个单位，企业录用创意的可能性增加 1.718 倍；贡献者评价创意数量的正向影响显著（$\beta = 0.092$，$z = 4.641$，$p < 0.001$），即随着贡献者评论创意数量增加 1 个单位，企业录用创意的可能性增加 1.097 倍。因此 H1 和 H4 成立。

表 3.5 贡献者努力主效应和调节作用

	变量	模型 I：主模型	模型 II：同伴评价创意数量调节作用	模型 III：企业反馈比例调节作用	模型 IV：评论版块异质性调节作用	模型 V：所有调节变量
自变量	贡献者贡献创意数量	0.541 *** (0.024)	0.169 *** (0.009)	0.397 *** (0.031)	0.540 *** (0.024)	0.473 *** (0.037)

	变量	模型Ⅰ：主模型	模型Ⅱ：同伴评价创意数量调节作用	模型Ⅲ：企业反馈比例调节作用	模型Ⅳ：评论版块异质性调节作用	模型Ⅴ：所有调节变量
自变量	贡献者评论同伴创意数量	0.092 *** (0.019)	0.098 *** (0.020)	0.060 ** (0.020)	0.116 *** (0.020)	0.104 *** (0.022)
调节变量	同伴评价（贡献者）创意数量	− 0.228 *** (0.022)	− 0.249 *** (0.022)	− 0.309 *** (0.025)	− 0.233 *** (0.022)	− 0.268 *** (0.028)
	企业反馈比例	5.972 *** (0.085)	6.172 *** (0.086)	5.646 *** (0.092)	5.971 *** (0.085)	5.708 *** (0.095)
	贡献者评论（同伴）创意所在版块异质性	− 0.110 * (0.054)	− 0.153 ** (0.055)	− 0.076 (0.055)	0.262 * (0.103)	0.231 * (0.105)
交互效应	贡献者贡献创意数量 × 同伴评价（贡献者）创意数量		0.028 *** (0.004)			0.027 *** (0.007)
	贡献者贡献创意数量 × 企业反馈比例			0.566 *** (0.072)		0.534 *** (0.072)
	贡献者评论同伴创意数量 × 贡献者评论（同伴）创意所在版块异质性				− 0.127 *** (0.030)	− 0.116 *** (0.030)
控制变量	发布注册时间差	0.046 *** (0.009)	0.036 *** (0.009)	0.044 *** (0.009)	0.044 *** (0.009)	0.040 *** (0.009)
	创意负向情感字数	− 0.011 (0.028)	− 0.007 (0.029)	− 0.008 (0.029)	− 0.010 (0.028)	− 0.007 (0.029)
	创意字数	0.103 *** (0.027)	0.101 *** (0.027)	0.102 *** (0.027)	0.103 *** (0.027)	0.104 *** (0.027)
	创意语气词数	− 0.029 (0.089)	− 0.035 (0.089)	− 0.021 (0.089)	− 0.023 (0.089)	− 0.012 (0.089)
	创意查看数	− 0.195 *** (0.025)	− 0.186 *** (0.025)	− 0.191 *** (0.025)	− 0.195 *** (0.025)	− 0.195 *** (0.025)
	贡献者互动次数	− 0.300 *** (0.041)	− 0.303 *** (0.041)	− 0.291 *** (0.041)	− 0.295 *** (0.041)	− 0.290 *** (0.041)
	同伴正向评价量	0.488 *** (0.024)	0.542 *** (0.025)	0.548 *** (0.025)	0.490 *** (0.024)	0.531 *** (0.026)

变量		模型 I：主模型	模型 II：同伴评价创意数量调节作用	模型 III：企业反馈比例调节作用	模型 IV：评论版块异质性调节作用	模型 V：所有调节变量
控制变量	贡献者是否评价同伴创意	-0.070 (0.052)	-0.067 (0.052)	-0.054 (0.052)	-0.107 * (0.053)	-0.100 (0.053)
	月份指标（DATE_Month_ID）	-0.019 *** (0.001)	-0.018 *** (0.001)	-0.019 *** (0.001)	-0.019 *** (0.001)	-0.018 *** (0.001)
模型拟合	Residual deviance	33096	32798	33033	33078	33004
	Null deviance	45101	45101	45101	45101	45101
	AIC	33126	32830	33065	33110	33040

注：括号中的数值为该系数的稳健标准误；* 、** 、*** 分别表示在 5%、1%、0.1% 的水平上显著。

在模型 I 中加入贡献者贡献创意数量与同伴评价数量的交互作用时（模型 II），贡献者贡献创意数量与同伴评价数量的交互效应显著（$\beta = 0.028$，$z = 6.991$，$p < 0.001$），H2 成立。分析结果见表 3.5。具体分析表明（Wilcox & Stephen，2013，见表 3.6），在同伴评价数量多的时候（同伴评价数量在均值加一个标准差的水平上中心化），贡献者贡献创意数量正向影响企业是否录用创意（$\beta = 0.695$，$p < 0.001$）；在同伴评价数量少的时候（同伴评价数量在均值减一个标准差的水平上中心化），贡献者贡献创意数量也正向影响企业是否录用创意（$\beta = 0.557$，$p < 0.001$），但是影响的程度减弱。

表 3.6　　　　　　　　　　同伴评价数量调节作用

变量		同伴评价数量调节作用	
		同伴评价数量多	同伴评价数量少
自变量	贡献者贡献创意数量	0.695 *** (0.070)	0.557 *** (0.050)
	贡献者评论同伴创意数量	0.098 *** (0.020)	0.098 *** (0.020)
调节变量	同伴评价（贡献者）创意数量	-0.249 *** (0.022)	-0.249 *** (0.022)

续表

变量		同伴评价数量调节作用	
		同伴评价数量多	同伴评价数量少
调节变量	企业反馈比例	6.172 *** (0.086)	6.172 *** (0.086)
	贡献者评论（同伴）创意所在版块异质性	− 0.153 ** (0.055)	− 0.153 ** (0.055)
交互效应	贡献者贡献创意数量 × 同伴评价（贡献者）创意数量	0.028 *** (0.004)	0.028 *** (0.004)
控制变量	发布注册时间差	0.036 *** (0.009)	0.036 *** (0.009)
	创意负向情感字数	− 0.007 (0.029)	− 0.007 (0.029)
	创意字数	0.101 *** (0.027)	0.101 *** (0.027)
	创意语气词数	− 0.035 (0.089)	− 0.035 (0.089)
	帖子查看数	− 0.186 *** (0.025)	− 0.186 *** (0.025)
	贡献者互动次数	− 0.303 *** (0.041)	− 0.303 *** (0.041)
	同伴正向评价量	0.542 *** (0.025)	0.542 *** (0.025)
	贡献者是否评价同伴创意	− 0.067 (0.052)	− 0.067 (0.052)
	DATE_Month_ID	− 0.018 *** (0.001)	− 0.018 *** (0.001)
模型拟合	Residual deviance	32798	32798
	Null deviance	45101	45101
	AIC	32830	32830

注：括号中的数值为该系数的稳健标准误；＊、＊＊、＊＊＊分别表示在5%、1%、0.1%的水平上显著。

在模型I中加入用户贡献创意数量与企业反馈比例的交互作用时，用户贡献创意数量与企业反馈比例的交互作用显著（$\beta = 0.566$，$z = 7.842$，$p <$

0.001），H3 成立（见表 3.5）。具体分析表明（见表 3.7），在企业反馈比例高的时候（企业反馈比例在均值加一个标准差的水平上中心化），用户贡献创意数量正向影响企业是否录用创意（$\beta = 1.489$，$z = 12.205$，$p < 0.001$）；在企业反馈比例低的时候（企业反馈比例在均值减一个标准差的水平上中心化），用户贡献创意数量也正向影响企业是否录用创意（$\beta = 0.824$，$z = 19.163$，$p < 0.001$），但是影响的程度减少。

表 3.7　　　　　　　　　　企业反馈比例调节作用

变量		企业反馈比例调节作用	
		企业反馈比例高	企业反馈比例低
自变量	贡献者贡献创意数量	1.489 *** (0.122)	0.824 *** (0.043)
	贡献者评论同伴创意数量	0.060 ** (0.020)	0.060 ** (0.020)
调节变量	同伴评价（贡献者）创意数量	−0.309 *** (0.025)	−0.309 *** (0.025)
	企业反馈比例	5.646 *** (0.092)	5.646 *** (0.092)
	贡献者评论（同伴）创意所在版块异质性	−0.076 (0.055)	−0.076 (0.055)
交互效应	贡献者贡献创意数量×企业反馈比例	0.566 *** (0.072)	0.566 *** (0.072)
控制变量	发布注册时间差	0.044 *** (0.009)	0.044 *** (0.009)
	创意负向情感字数	−0.008 (0.029)	−0.008 (0.029)
	创意字数	0.102 *** (0.027)	0.102 *** (0.027)
	创意语气词数	−0.021 (0.089)	−0.021 (0.089)
	帖子查看数	−0.191 *** (0.025)	−0.191 *** (0.025)

续表

变量		企业反馈比例调节作用	
		企业反馈比例高	企业反馈比例低
控制变量	贡献者互动次数	−0.291 *** (0.041)	−0.291 *** (0.041)
	同伴正向评价量	0.548 *** (0.025)	0.548 *** (0.025)
	贡献者是否评价同伴创意	−0.054 (0.052)	−0.054 (0.052)
	DATE_Month_ID	−0.019 *** (0.001)	−0.019 *** (0.001)
模型拟合	Residual deviance	33033	33033
	Null deviance	45101	45101
	AIC	33065	33065

注：括号中的数值为该系数的稳健标准误；*、**、*** 分别表示在 5%、1%、0.1% 的水平上显著。

在模型 I 中加入贡献者评论创意数量与评论版块异质性的交互作用时，贡献者评论创意数量与评论版块异质性的交互作用显著（$\beta = -0.127$，$z = 4.233$，$p < 0.001$），H5b 成立（分析结果见表 3.8）。具体分析表明，在评论版块异质性高的时候（评论版块异质性在均值加一个标准差的水平上中心化），贡献者评论同伴创意数量负向影响企业是否录用创意（$\beta = -0.162$，$z = 2.531$，$p < 0.05$）；在评论版块异质性低的时候（评论版块异质性在均值减一个标准差的水平上中心化），贡献者评论同伴创意数量正向影响企业是否录用创意（$\beta = 0.081$，$z = 4.050$，$p < 0.001$）。

表3.8　　　　　　　　　贡献者评论版块异质性调节作用

变量		贡献者评论版块异质性调节作用	
		评论版块异质性高	评论版块异质性低
自变量	贡献者贡献创意数量	0.540 *** (0.024)	0.540 *** (0.024)

续表

变量		贡献者评论版块异质性调节作用	
		评论版块异质性高	评论版块异质性低
自变量	贡献者评论同伴创意数量	−0.162 * (0.064)	0.081 *** (0.020)
调节变量	同伴评价（贡献者）创意数量	−0.233 *** (0.022)	−0.233 *** (0.022)
	企业反馈比例	5.971 *** (0.085)	5.971 *** (0.085)
	贡献者评论（同伴）创意所在版块异质性	0.262 * (0.103)	0.262 * (0.103)
交互效应	贡献者贡献创意数量 × 贡献者评论（同伴）创意所在版块异质性	−0.127 *** (0.030)	−0.127 *** (0.030)
控制变量	发布注册时间差	0.044 *** (0.009)	0.044 *** (0.009)
	创意负向情感字数	−0.010 (0.028)	−0.010 (0.028)
	创意字数	0.103 *** (0.027)	0.103 *** (0.027)
	创意语气词数	−0.023 (0.089)	−0.023 (0.089)
	帖子查看数	−0.195 *** (0.025)	−0.195 *** (0.025)
	贡献者互动次数	−0.295 *** (0.041)	−0.295 *** (0.041)
	同伴正向评价量	0.490 *** (0.024)	0.490 *** (0.024)
	贡献者是否评价同伴创意	−0.107 * (0.053)	−0.107 * (0.053)
	DATE_Month_ID	−0.019 *** (0.001)	−0.019 *** (0.001)
模型拟合	Residual deviance	33078	33078
	Null deviance	45101	45101
	AIC	33110	33110

注：括号中的数值为该系数的稳健标准误；*、**、*** 分别表示在 5%、1%、0.1% 的水平上显著。

3.1.6　理论意义和管理启示

在实践中，很多企业通过建立创意众包社区来激励用户努力贡献创意。在社区环境中，贡献者努力程度是否有助于他们贡献高质量创意和增加企业录用的可能性呢？贡献者的努力程度又如何受到同伴评价创意数量、企业反馈比例以及贡献者评论版块异质性的影响？这些问题并没有得到已有研究的关注。本书通过实证分析对这些问题进行了探讨，结果表明：（1）贡献者贡献创意数量和评论同伴创意数量都与企业是否录用创意正相关；（2）贡献者贡献创意数量与同伴对（贡献者）创意评论数量的交互作用正向影响企业录用创意的可能性；（3）贡献者贡献创意数量和企业反馈比例的交互作用正向影响企业录用创意的可能性；（4）贡献者评论同伴创意数量与评论版块异质性的交互作用负向影响创意得到企业录用的可能性。

结果表明，贡献者评论的同伴创意数量与评价同伴创意版块异质性的交互作用负向影响创意得到企业录用的可能性。即，在评论版块异质性高的时候，贡献者评论的同伴创意数量负向影响企业是否录用创意；在评论版块异质性低的时候，贡献者评论的同伴创意数量正向影响企业是否录用创意。这可能是因为对于贡献者来讲，相比较同伴的需求信息，企业的成本信息更有可能是远距离知识（Piezunka & Dahlander，2014；Huang et al.，2014），贡献者对这些信息的学习需要更长时间的消化和吸收，所以如果评论的版块较多，他们不可能学习所有版块的信息，因此企业录用的可能性会下降。如果评论的创意版块异质性较低，贡献者可以更好地学习企业录用创意的标准，因此企业录用的可能性会增加。

本书的理论意义如下：（1）本书以网络论坛中的二手数据为基础，主要关注贡献者努力程度，包括贡献创意的数量和评价同伴创意的数量，对其贡献的创意得到企业正向反馈的影响。尽管已有研究发现，企业录用创意会负向影响创意再次被录用的可能性（Bayus，2013），但是本书发现，贡献者贡献的创意数量会增加其后续创意得到企业录用的可能性。另外，本书发现贡献者评价的同伴创意数也正向影响其后续创意得到企业录用的可能性。（2）本书分析了网络环境中，对于贡献者努力程度，哪种互动的方式对于增加企业录用更有效。结果表明，对于创意得到企业录用来说，贡献者与企业和与同伴之间的互动都非常重要。因为贡献者与同伴之间的互动会使用户之间进行更多的信息交流和辩证互动，在互动中也能获得同伴需求的知识和信息（Kohn et al.，2011；Chatterji & Fabrizio，2014），这对于创意得到企业录用很关键。对于用户与企业之间的互动，这可能是因为企业反馈信息增加了个体感知的"重要程度"，同时贡献者也能够根据企业的具体反馈判断创意的质量和了解企业的创新成本，产生符合企业偏好的知识（Chen et al.，2012；Huang et al.，2014）。本书进一步深化和拓展了在线互动对社区环境中用户贡献创意质量影响的理论研究，对后续相关研究也有一定的借鉴意义。（3）对于贡献者评论的同伴创意数量和版块异质性的影响，研究结果表明，贡献者评论创意的版块异质性负向调节他们评价创意数量和企业是否录用创意的关系。结合已有研究（Bayus，2013；Huang et al.，2014），可以更好地理解用户对同伴创意的评价和版块异质性对个体贡献创意的新颖性和有用程度的影响。

本书的研究可以为相关企业提供以下建议：（1）贡献者努力有助于增加企业录用的可能性。在论坛中，很多注册用户扮演"浏览者"角色，他们只是在论坛获取信息和资讯，但是不贡献创意（毛波和尤雯雯，2006）。因此，在创意众包平台上，企业应该围绕特定的创新任务激发用户努力参与贡献创意和评论同伴的创意，这有助于促进用户贡献高质量的创意。（2）对于创意得到企业录用来说，用户之间的互动和聚焦版块进行评论很重要。因此，网络环境中，企业可以通过双向奖励的方式激发用户互动热情。比如，对于某一个创意，互动达到一定次数，双方都会获得积分或其他奖励等。用户通过聚焦自己了解和感兴趣的版块，深入互动可以更多地获得的企业肯定和支持。（3）研究结果表明对于增加企业录用可能性来说，用户与企业之间的互动很重要，因此，在网络环境中，企业应该鼓励用户多贡献创意，同时也应该积极反馈用户的创意。

本书的局限性和进一步研究的方向：（1）本书采用网络社区的二手数据，产品是体验性产品，对于其他行业或其他属性的产品，结论是否成立？未来的研究可以关注这些问题。（2）贡献者—同伴互动和贡献者—企业互动是动态学习的过程，贡献者努力对贡献质量的影响也可能是动态变化过程，未来的研究应该进一步挖掘并加以细化。（3）由于数据可获得性等原因，本书采用企业是否录用作为衡量创意质量的标准，并没有探讨企业将创意商业化的过程（Hoyer et al.，2010），未来的研究可以进行关注。

3.1.7　研究结论

（1）社区环境中，贡献者努力有助于增加企业录用的可能性。

（2）同伴评价（贡献者）创意数量和企业反馈比例增强了贡献者努力（贡献创意数量）对其创意被企业录用的影响，而贡献者评价（同伴）创意版块异质性减弱了贡献者努力（评价创意数量）对其创意被企业录用的影响。

（3）对于创意得到企业录用来说，用户与企业和与同伴之间的互动都非常重要。因此除了自己反馈外，企业应该鼓励用户多参与评价同伴的创意，但是需要增加评价的聚焦度。

3.2　创意众包社区中创意情感特征对企业反馈的影响

3.2.1　引言

随着 Web 2.0 技术的发展，企业与用户之间的互动更为频繁，用户可以通过创意众包社区跨越时间和地域的距离，随时随地将自己的产品修改建议和意见（即创意）提供给企业，而企业也可以快速地进行反馈。用户贡献的创意为企业创新提供了异质性信息（Piezunka & Dahlander，2014），有助于提高企业的创新绩效。用户创新已经成为企业产品开发的重要组成部分（李奕莹和戚桂杰，2017）。近年来，国内外不少企业，如星巴克、戴尔、小米、海尔等纷纷搭建网络社区，帮助和鼓励用户贡献创意，并将用户的创意应用于企业实践中，以期借助用户的知识来进行产品开发，提高企业的创新绩效。

企业反馈对用户贡献创意的意愿与质量具有重要影响（Bayus，2013；Huang et al.，2014），企业反馈给用户提供了创意的标准信息，也可以从情感上对用户贡献创意进行支持（Stobbeleir et al.，2011）。用户收到企业反馈，能够增加用户感知的"重要程度"，增强用户的贡献意愿。因此，企业反馈对创意众包社区的持续发展有重要意义。但因为网络社群是社交系统，企业反馈也会受到各种社会因素的影响，如情感因素。贝雷塔（Beretta，2015）研究发现在网络环境中创意（用户帖子）的负向情感特征会影响企业对创意的选择。情绪感染理论和情绪社会信息模型都表明情感特征会对个体行为产生影响（Hatfield et al.，1992；Van Kleef，2010）。因此，本书认为在创意众包社区中创意的情感特征会对企业反馈产生影响。

已有研究关注了网络环境中用户生成内容中的情感因素对用户生成内容传播、在线评论情感特征对商品销售量的影响等。研究用户生成内容中情感传播的主要方法是通过微博文本的情感分析，旨在阐释情感如何在网络环境中影响信息的传播，进而为热点舆情事件（杜振雷，2013）。用户生成的商品在线评论的情感特征是市场营销研究的一个热点，在社交媒体如此普及的今天，用户对商品评价的情感特征会对评论的有用性以及商品的销售量产生影响（郝媛媛，2010；Godes & Mayzlin，2004；Liu，2006）。总的来说，情感因素是网络环境下用户生成内容中非常重要的部分，情感因素代表着用户的态度和看法，充分挖掘用户创意中的情感特征还可以发现用户尚未满足的需求，对企业产品开发的方向具有指导作用。但用户创意中的情感因素可能会将企业的关注点聚集在情感特征上，而忽略创意本身的质量，从而影响企业的反馈行为，给企业反馈带来偏差。因此，企业需要慎重对用户创意进行反馈。在创意众包社区中，用户创意中情感特征会如何影响企业反馈呢？如何减少情感因素带来的不利影响呢？这些问题都尚未得到已有研究的关注。

鉴于此，本书关注网络环境中创意情感特征对企业反馈的影响，以及用户发帖经验、贡献创意时间和创意中是否提及竞争对手的调节作用。本书采用用户创意中的情感符号来衡量其中的情感特征。情感符号是情感句式的一种标志，代表了文本中的情感表达（纪雪梅，2014）。本书包括三个调节变量，发帖经验代表用户的知识水平和发帖的质量；在不同时间发帖

（是否是周末），企业处理帖子的精力和时间不同；竞争对手情况指在创意中为企业提供竞争对手的信息，这是企业非常关注的信息。本书关注这3个因素的调节作用，以期对如何减少创意中情感特征对企业反馈的不利影响提供建议。

3.2.2 理论基础和文献综述

情绪研究是在线文本情感特征研究的基础。本书先对情绪研究的相关理论进行梳理，再对在线文本情感特征的研究进行总结。

1. 情绪影响相关理论

人类的社会行为以及社会组织的各个方面都会受到情感因素的驱动，已有研究关注到社会生活中的情感因素对个体行为的影响，具有代表性的理论包括情绪感染理论（emotional contagion theory）和情绪—社会信息模型（emotions as social information model，EASI Model）。

（1）情绪感染理论。哈特菲尔德（Hatfield et al.，1993）认为情绪感染是指个体在交互过程中，会模仿他人的面部表情、声音、姿势、动作和行为，并倾向于时刻捕捉他人的情感，其结果使情绪同步并统一。霍夫曼（Hoffman，2001）认为情绪感染是指个体情绪被他人情绪所激发，并最终使接受者的情绪与激发者的情绪趋于一致的情绪体验。虽然学术界对情绪感染尚未形成统一的定义，但大多数学者认可其是一种情绪体验的广义定义。已有学者对情绪感染的形成机制进行了研究，研究关注的问题从早期对个体情绪感染形成机制的研究转向群体内部成员之间的情绪感染过程（Laird & Bresler，1992；Smith & Conrey，2007）。在众多学者关于情绪感染形成机制的研究中，模仿—回馈机制理论最具有说服力和影响力（Hatfield et al.，1993；Hoffman，2001）。模仿—回馈机制理论分为两个过程：一个过程是指个体倾向于模仿周围人的情绪表达（包括面部表情、语言表达以及动作或者行为），在模仿的过程中，个体的情绪会受到自身行为的影响；另一个过程是指个体的情感体验时刻都受到周围人的情绪表达所带来的反馈与刺激的影响。除了模仿—回馈机制理论以外，一些研究人员还提出其他机制来解释情绪感染的过程，例如，联想—学习机制、语言调节联想机制、认知机制和直接诱导机制等（Hoffman，2001）。目前学者们关于情绪感染的研究还是主要集中于实际生活中的人与人之间，有些学者将情绪感染理论应用于微笑服务和口碑营销中，发现了一些重要结论（Barger & Grandey，2006）。

（2）情绪—社会信息模型。在情绪—社会信息模型出现之前，心理学家研究情绪的影响时主要考虑了情绪对个体的影响，例如：情绪可以对个体的行为、认知、记忆和生理等各方面产生影响。但在社会环境中，个体的情绪表达也会对其他个体的情绪和行为产生影响。情绪在社会交往中代表了一种信息，观察者可以通过被观察者的情绪提取到其观点或态度。情绪—社会信息模型描述了个体的情绪表达会对他人的行为产生影响，以情绪的社会信息功能为理论核心，该理论认为情绪通过引发观察者的情感反应和推理过程两条路径来影响他人的行为，并且这两条路径还分别受到观察者的信息加工动机和社会情境因素的调节（Van Kleef，2010）。

线下情境中的情绪感染理论和情绪—社会信息模型为在线用户情感特征的研究提供了理论支持。情绪感染理论与情绪—社会信息模型均说明了社会环境中情绪在人与人之间传播和影响的机制。情绪感染理论主要解释人与人之间的情绪模仿与回馈，而情绪—社会信息模型则表明情绪可以通过两条路径对他人的行为产生影响。

2. 在线文本情感特征的研究

随着互联网技术的发展，网络逐渐成为人们交际的重要场合，特别是网络论坛的兴起为个体交流和互动提供了便利。那么在线交流中，情感特征是否还能对他人的情绪或行为产生影响呢？赖斯和洛夫（Rice & Love，1987）的研究结果表明在实际生活中的情绪感染会因为在线交流的环境限制而减少。与赖斯和洛夫的观点不同，德尔克等（Derks et al.，2008）认为没有任何证据表明在线交流比在实际生活中进行情绪交流更困难，二者的情绪交流是一致的，并且在线交流的表达更充分与明确。随后，汉考克等（Hancock et al.，2007）、贝尔金等（Belkin et al.，2006）分别通过实验研究了文本交流中的情感表达与接受，结果表明在线交流与实际生活中的情感交流一样。随后学者研究了不同情绪在在线交流中的传递情况。伯格和米尔克曼（Berger & Milkman，2012）通过对报纸上发表文章的情感分析，发现积极的内容更容易被读者分享，而表达生气和焦虑的文章也有更大的可能被分享。汉森（Hansen，2011）指出目前学者考虑新闻事件得到关注的影响因素时，都会将新闻事件的情感倾向作为一个指标，认为消极的情感因素更能引起读者的关注。伯格和米尔克曼以及汉森研究结论的不一致可能是由于他们研究的传播媒介不同导致的，伯格和米尔克曼的研究对象是报纸，人们通过邮件进行分享，而汉森的研究对象是 Twitter 这种即时网络社区，交流的频率和效率都会更高。施蒂格利茨和党宣（Stieglitz & Dang - Xuan，2012）发现对于 Twitter 中的信息传播，带有情感特征的发帖更容易引起他人的关注，从而引起大家的转发，而且不论这种情感特征是积极的还是消极的。

通过对以往研究的梳理，可以发现带有情感特征的文本更容易引起他人的关注，从而去分享该文本的内容，改变个体的行为。这说明情感特征确实能够影响他人的行为，引起他人对文本内容的关注。

3. 企业反馈对用户创意形成的影响

已有关于社区中企业反馈对用户创意形成影响的研究相对较少，但较多学者关注了在组织管理中，组织管理者的反馈对员工创造力和创新的影响，以及网络创意众包竞赛中，管理人员的反馈对参赛者创新绩效的影响，这都可以为研究企业反馈对用户创意形成的影响提供研究思路和框架。以下将从组织管理者的反馈对员工创造力的影响和网络创意众包竞赛中管理人员的反馈对参赛者创新绩效的影响两个方面来进行回顾。

（1）组织管理者的反馈对员工创造力的影响研究。已有研究表明企业中管理人员的反馈对员工创造力有非常重要的影响，反馈是企业组织中常用的激励手段，是提高员工创造力的一种外部干预手段。李东方等（2013）基于心理资本的中介效应研究了企业中领导反馈对员工创造力的影响，研究结果表明正向反馈正向影响企业员工的创造力，而负向反馈负向影响企业员工的创造力，心理资本起到了完全中介效应。王石磊和彭正龙（2013）对新员工的反馈寻求行为进行研究，发现无论是问询式还是观察式反馈均对新员工的创造力产生了积极影响。尹晶和郑兴山（2011）通过问卷调查，同样得出上级发展性反馈对企业员工创造力有明显的正向影响。上级发展性反馈是指上级领导向员工提供有助于其学习、发展和提高的有价值信息，可以提高员工对工作的兴趣，使员工更加愿意学习和要求进步（Zhou，1998）。企业反馈不仅有助于企业阐明创意的选择标准，影响个体获取创新的相关知识与技能，提高接受者的创新能力，而且会对反馈接受者产生内在的激励，影响员工的情绪。反馈源、反馈的内容（任务反馈或能力反馈、过程反馈或结果反馈、正反馈或负反馈等）、反馈的方式（信息型反馈、控制型反馈等）、反馈的接受者（认知水平、接受态度等）等都会影响到反馈的效果（Zhou，1998；Ilgen，1979）。

（2）网络创意众包竞赛中管理人员的反馈对参赛者的创新绩效有重要影响。该部分研究与企业中组织管理者反馈对员工创造力影响研究的基本框架相同，都是从反馈方式、反馈接受者、反馈的提供者三个方面开展。已有研究关注了网络环境中管理人员反馈对参与者的影响，以及反馈接受者特征、反馈方式的调节作用。在网络创意众包竞赛中，管理人员的反馈为参赛者提供了非常有价值的信息，代表着管理人员的需求信息，参赛者可以根据这些反馈提供高质量的解决方案（Vosniadou，1994）。企业提供的反馈会增加个体的参与度，因为这些反馈信息增加了个体感知的"重要程度"。不同的反馈方式对参赛者的影响不同，对高水平参赛者而言没有反馈或者随机反馈产生了积极影响，而直接反馈没有产生积极影响。反馈接受者差异也可能导致反馈的效果不同，反馈可以提高低水平参与者的创意质量，但对高水平参与者的影响并不显著（Freeman & Gelber，2010）。此外，相比较对所有贡献创意的用户进行反馈，对贡献高质量创意的用户进行反馈是最优的（Huang et al.，2014）。

通过对以往研究的归纳梳理，发现企业对员工的反馈和网络创意众包竞赛中管理人员的反馈均可以增加个体感知的重要性，提高个体参与贡献的意愿与积极性，也会提高创意的质量。而影响的程度取决于反馈的方式、反馈接受者的特征、反馈提供者的特征等。

4. 用户创意特征对企业反馈的影响

企业对创意的反馈包括回复和录用，已有研究对企业回复的关注比较少，企业回复创意一方面是从情感上对用户贡献创意的行为进行鼓励，有助于提高用户持续贡献创意的意愿。另一方面也可以为用户提供有关企业选择创意的标准，有利于用户更好地贡献创意。

已有研究表明，在创新平台中，影响企业选择创意的因素包括创意贡献者的特征（贡献者的人数、所在职能部门和地理位置的差异、身份差异等）和创意本身的特征（长度、情感特征、类型等）（Beretta，2015）。以网络论坛中员工之间的讨论和回答问题数据为基础的研究发现，影响员工选择问题的因素包括知识提供者—问题之间的匹配程度、问题的特点（问题长度、宽度和新颖程度）、用户发帖的数量以及他们之间的交互作用（Haas et al.，2015）。以两个创新社区中用户贡献的创意为基础，研究发现创意贡献者的特征（先前参与情况、被录用的比率）、创意的流行性、创意的呈现特征（长度、支持证据）等都会对企业选择创意产生影响（Li et al.，2016）。

因此，在网络环境中企业选择创意时主要考虑创意本身的特征、创意贡献者的特征这两个方面的影响因素。情感特征属于创意本身的特征，已有研究关注到情感特征对企业选择创意的影响，但是没有进一步研究情感特征分别如何影响企业的回复和录用。

总之，通过对现有文献的梳理分析发现，情感因素是用户互动中的一个重要的因素，情感因素会对个体的行为产生影响。那么用户贡献创意中的情感特征如何影响企业反馈？如何减少情感因素对企业反馈的不利影响？这将是本书关注的重点。

3.2.3 研究假设

1. 创意情感特征对企业反馈的影响

情绪—社会信息模型认为情绪代表一种信息，情绪可以通过引起观察者的情感反应和推理过程来改变其行为（Kleef，2010）。这为网络环境中研究情感因素对信息接收、传播行为的影响提供了理论支持。本书认为在创意众包社区中，用户创意的情感特征也会影响企业反馈行为。在网络环境中，企业反馈包括企业回复与企业录用两种情况。企业回复的目的之一是对用户的创意为何没有被录用进行解释，这些解释是对用户发帖的一种激励和回应；企业录用创意是因为该创意对于企业进一步的产品开发有价值。用户创意中的情感因素越强烈，代表用户对企业产品越不满。此时，企业可能会出于对舆情控制方面的考虑，更有可能对这些创意进行回复（张浩等，2012）。而当用户创意的情感特征太过强烈时，企业更有可能关注用户的不满，而降低对创意内容的考虑，并推测用户发帖更偏向于发泄情绪，此时企业更不愿意录用这种"吐槽式"的创意。鉴于此，提出以下假设。

H1a：创意情感特征会正向影响企业回复；

H1b：创意情感特征会负向影响企业录用。

2. 用户发帖经验对创意中情感特征（对企业反馈）影响的调节效应

发帖经验丰富的用户发帖数量多，参与论坛的互动也比较多，他们发帖的质量也较高，对企业的贡献较大。有些研究称这类用户为领先用户（Gangi & Wasko，2010），对于该类用户的诉求和意见，企业一般会积极应对。另外，该类用户因为与同伴和企业的互动较多，他们更有可能了解同伴的需求和企业的选择标准（Culnan et al.，2010），因此他们贡献创意的质量会更高。所以，相比较发帖经验较少的用户，发帖经验越丰富的用户对企业越重要，企业更有可能关注他们的情感反应，他们发布的包含情感特征的创意，更有可能得到回复。对于创意的录用来说，发帖经验丰富的用户，即便包括了很多情感因素，企业也会更多地关注他们的创意，因为他们是企业的重要客户，这会降低情感对录用的负面影响；另一方面，当用户创意质量较高时，企业更多地关注创意本身的内容，情感因素对企业录用的负面影响会降低。鉴于此，提出以下假设。

H2a：相比较发帖经验少的用户，对于发帖经验多的用户，创意中的情感特征对企业回复创意的正向影响更大；

H2b：相比较发帖经验少的用户，对于发帖经验多的用户，创意中的情感特征对企业录用创意的负向影响更小。

3. 发帖时间对创意中情感特征（对企业反馈）影响的调节效应

用户发帖的时间是指用户贡献创意的时间在工作日（周一至周五）或者休息日（周六、周日）。若用户在休息日发帖，企业的部分工作人员休假，创意众包社区中用户的创意会增多，而企业的处理能力不足，精力有限。精细加工可能性模型中的边缘路径说明，当个体的认知努力较少时，态度的改变主要依靠除信息质量以外的其他外围线索（Bhattacherjee & Sanford，2006）。当企业员工精力有限时，他们会沿着边缘路径来处理用户的创意，此时创意中情感特征对企业反馈的影响增加。因为功能建议版块中大部分的情感为负向情感，是对企业产品没有相关功能或者功能缺点的"吐槽"。在这种情况下，企业员工的反感情绪会增加，他们更有可能对用户发布的带有情感的创意不予回复。同样，对于录用也是如此，即当在周末企业员工没有太多的时间考虑每一个创意内容的时候，创意中情感因素也会进一步减少企业对创意内容的关注度，降低录用的可能性。鉴于此，提出以下假设。

H3a：相比较周末发帖，非周末发帖时，用户贡献创意中情感特征对企业回复的正向影响更大；

H3b：相比较周末发帖，非周末发帖时，用户贡献创意中情感特征对企业录用的负向影响更小。

4. 提及竞争对手情况对创意中情感特征（对企业反馈）影响的调节效应

创意中提及竞争对手的情况是指用户在创意众包社区中贡献的创意包含企业竞争对手信息的情况，竞争对手产品的功能是竞争信息的重要组成部分（Cottrill，1998），对企业产品开发具有重要参考价值。对于企业回复来说，提及竞争对手的创意中，情感特征表达是对比竞争对手的情况提出的，这样的情感表达更加合理，更能引起企业的关注，企业更愿意回复。对于企业录用来说，当用户在贡献创意提及竞争对手的情况时，创意中包含更多有价值的信息，企业对该创意更加重视，此时用户创意中情感特征是对企业的强烈建议，而不是单纯地表达不满情绪，因此，企业更有可能录用。而当创意中未提及竞争对手时，企业对该创意的关注集中于情感特征，此时情感特征会负向影响企业录用。鉴于此，提出以下假设。

H4a：相比较未提及竞争对手而言，当创意中提及竞争对手情况时，情感特征对企业回复的正向影响更大；

H4b：相比较未提及竞争对手而言，当创意中提及竞争对手情况时，情感特征对企业录用的负向影响更小。

研究问题与研究假设见表 3.9。

表 3.9   研究问题与研究假设

研究问题	研究假设
创意情感特征是否影响企业反馈	H1a：创意情感特征会正向影响企业回复； H1b：创意情感特征会负向影响企业录用
用户发帖经验对创意情感特征与企业反馈之间关系的调节作用	H2a：相比较发帖经验少的用户，对于发帖经验多的用户，创意情感特征对企业回复的正向影响更大； H2b：相比较发帖经验少的用户，对于发帖经验多的用户，创意情感特征对企业录用的负向影响更小
用户发帖时间对创意情感特征与企业反馈之间关系的调节作用	H3a：相比较周末发帖，非周末发帖时，创意中情感特征对企业回复的正向影响更大； H3b：相比较周末发帖，非周末发帖时，创意中情感特征对企业录用的负向影响更小
是否提及竞争对手对创意情感特征与企业反馈之间关系的调节作用	H4a：相比较未提及竞争对手，当创意中提及竞争对手时，创意中情感特征对企业回复的正向影响更大； H4b：相比较未提及竞争对手，当创意中提及竞争对手时，创意中情感特征对企业录用的负向影响更小

本书的理论模型如图3.4所示。

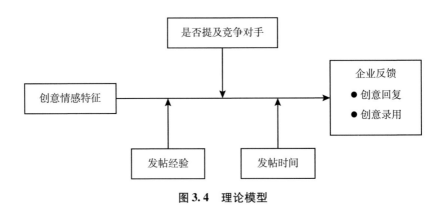

图3.4　理论模型

3.2.4　数据分析与结果

1. 数据来源

本书选择一家IT企业的创意众包社区作为数据来源。该社区是为其发烧友开设的创意众包社区。企业的用户可以在社区上讨论产品的新功能，提出新创意，并与其他发烧友交流产品的使用经验。该社区是企业重要的创新灵感来源。本书选择该互联网企业的社区为研究对象，主要考虑到该企业将用户创新作为一个重要的创新源，并将用户创意应用于企业的产品开发。此外，该社区自创建以来一直是同类社区中活跃度最高的，因此为本书的研究提供了丰富的实证数据。本书采用Locoy Spider技术抓取了论坛中从2011年10月至2015年7月期间功能建议版块的64779条创意，以及创意收到的回复、贡献者相关信息（积分、发帖数量、分组信息等）。经过整理，保留每一位用户的最后一次发帖信息作为研究的样本，共23451条。

2. 变量测量

本书参考已有研究（Beretta，2015；Haas et al.，2015；Li et al.，2016），对变量进行测量。自变量为创意情感特征，调节变量为用户的发帖经验、发帖时间、是否提及竞争对手，因变量是企业反馈情况。各变量的具体测量方法如下。

（1）创意情感特征：用户贡献的创意中是否有问号或者感叹号等情感语句的标点，若有则标识为1；若没有则标识为0。

（2）发帖经验：指用户之前创意被录用总数，之前被录用的总数越多，代表用户的经验越多。测量方法是统计贡献某个创意之前，用户创意被企业录用的数量。

（3）发帖时间：按照发帖时间是否为周末进行分类，若为周末则标识为1，若为非周末则标识为0。

（4）是否提及竞争对手：根据该论坛数据特征，建立了一个竞争对手的词库，然后统计竞争对手出现的情况；若出现则记为1，若没有则记为0。

（5）企业反馈：分为回复和录用，若企业给予回复则标识为1；若被企业录用，则标识为2；没有任何反馈则标识为0。

此外，影响企业反馈的因素还有很多，例如，用户之前创意被回复数、同伴正向评论数、创意字数、用户积分、创意被查看次数、是否有链接等均会影响企业反馈。以往研究认为创意字数与企业的反馈是倒U型关系，所以将创意字数的平方引入控制变量（Li et al.，2016）。本书将以上变量作为控制变量加入模型中，具体见表3.10。

表3.10　　　　　　　　　　　各变量及测量方式

变量	操作变量	测量方法
创意情感特征	情感符号 （问号、感叹号）	创意中是否有问号或者感叹号等表示情感的标点符号，若有则标志为1；若没有则标志为0
企业反馈	企业回复和企业录用	若企业给予回复则标志为1；若企业录用创意则标志为2；没有任何反馈则标志为0
发帖经验	之前录用总数	用户贡献某个创意之前贡献的创意被录用的数量
发帖时间	是否周末	若用户发帖时间为周末则标志为1，若为非周末则标志为0
是否提及竞争对手	提及竞争对手的情况	根据论坛数据特征，本书建立了一个竞争对手的词库，然后将创意进行分词，统计竞争对手出现的情况，若出现则记为1，若没有则记为0

3. 描述性统计结果

回归分析之前，先对从网页中爬取的数据进行清理，经过整理，保留每一位用户的最后一次发帖信息作为研究的样本，共 23451 个创意。具体的变量及描述性统计结果见表 3.11。

表 3.11   描述性统计结果

变量	样本量	均值	标准差	最小值	最大值
创意情感特征	23451	0.346	0.476	0	1
企业反馈	23451	0.476	0.561	0	2
发帖经验	23451	0.044	0.309	0	12
发帖时间	23451	0.280	0.449	0	1
是否提及竞争对手	23451	0.087	0.321	0	1
之前创意被回复数	23451	0.574	2.690	0	159
同伴正向评论数	23451	1.454	2.920	0	92
创意字数	23451	56.264	33.343	0	133
用户积分	23451	1340.59	3292.192	0	129348
创意被查看次数	23451	809.406	2124.754	20	191922
是否有链接	23451	0.002	0.054	0	1

4. 回归分析

由于本书的因变量为三分类变量，所以选择多元 Logistic 回归分析。模型 I 以创意中的情感特征为自变量，以企业反馈为因变量，以发帖经验、发帖时间、是否提及竞争对手为自变量、之前创意被回复数、同伴正向评论数、创意字数、创意字数的平方、用户积分、创意被查看次数、是否有链接为控制变量进行多元 Logistic 回归分析，分析结果见表 3.12。

表 3. 12   创意情感特征主效应

变量		因变量	
		企业回复	企业录用
自变量	创意情感特征	0.088 *** (0.017)	− 0.214 *** (0.002)
调节变量	发帖经验	0.006 (0.007)	0.367 *** (0.001)
	发帖时间	− 0.088 *** (0.013)	− 0.047 *** (0.001)
	是否提及竞争对手	− 0.073 *** (0.002)	− 0.238 *** (0.0002)
控制变量	之前创意被回复数	0.019 *** (0.007)	− 0.003 (0.011)
	同伴正向评论数	0.121 *** (0.013)	− 0.005 (0.035)
	创意字数	0.001 (0.001)	0.005 ** (0.002)
	创意字数的平方	− 0.0001 *** (0.00002)	− 0.0001 (0.00005)
	用户积分	− 0.00000 (0.00001)	0.00000 (0.00001)
	创意被查看次数	− 0.00004 * (0.00002)	− 0.00002 (0.00005)
	是否有链接	0.255 *** (0.00005)	0.793 *** (0.0001)
	常数项	− 0.001 (0.028)	− 2.349 *** (0.004)

注：括号中的数值为该系数的稳健标准误；* 、** 、*** 分别表示在 5% 、1% 、0.1% 的水平上显著。

从表 3.12 回归分析的结果可以发现：用户贡献创意中的情感特征会正向影响企业回复（$\beta = 0.088$，$z = 5.176$，$p < 0.001$），负向影响企业录用（$\beta =$

-0.214，$z = 107.00$，$p < 0.001$）。该结论表明创意众包社区中用户创意中的情感特征确实会影响企业反馈，而且对于回复和录用的影响不同，H1a 和 H1b 得到验证。

模型Ⅱ以创意情感特征为自变量，以及用户的发帖经验、发帖时间、是否提及竞争对手为调节变量，以企业反馈为因变量，之前创意被回复数、同伴正向评论数、创意字数、创意字数的平方、用户积分、创意被查看次数、是否有链接为控制变量进行多元 Logistic 回归分析，分析结果见表 3.13。

表 3.13　　　　　　　　　　　　　　　所有调节作用

变量		因变量	
		企业回复	企业录用
自变量	创意情感特征	0.090 *** (0.017)	− 0.069 *** (0.001)
调节变量	发帖经验	− 0.034 *** (0.006)	0.350 *** (0.001)
	发帖时间	− 0.076 *** (0.013)	0.143 *** (0.001)
	是否提及竞争对手	− 0.128 *** (0.002)	− 0.447 *** (0.0003)
交互效应	创意情感特征 × 发帖经验	0.129 *** (0.002)	0.072 *** (0.001)
	创意情感特征 × 发帖时间	− 0.041 *** (0.007)	− 0.749 *** (0.0004)
	创意情感特征 × 是否提及竞争对手	0.170 *** (0.001)	0.645 *** (0.0001)
控制变量	之前创意被回复数	0.019 *** (0.007)	− 0.004 (0.011)
	同伴正向评论数	0.120 *** (0.013)	− 0.007 (0.035)
	创意字数	0.001 (0.001)	0.006 ** (0.002)

续表

变量		因变量	
		企业回复	企业录用
控制变量	创意字数的平方	-0.0001 *** (0.00002)	-0.0001 (0.00005)
	用户积分	-0.00000 (0.00001)	0.00001 (0.00001)
	创意被查看次数	-0.00004 * (0.00002)	-0.00002 (0.00005)
	是否有链接	0.240 *** (0.00004)	0.744 *** (0.0001)
	常数项	-0.001 (0.026)	-2.389 *** (0.004)

注：括号中的数值为该系数的稳健标准误；*、**、*** 分别表示在 5%、1%、0.1% 的水平上显著。

由表 3.13 回归结果可以看出：发帖经验对创意情感特征对企业反馈影响的正向调节作用显著（对于企业回复创意，$\beta = 0.129$，$z = 64.500$，$p < 0.001$；对于企业录用创意，$\beta = 0.072$，$z = 72.00$，$p < 0.001$）；发帖时间对创意情感特征对企业反馈影响的负向调节作用显著（对于企业回复创意，$\beta = -0.041$，$z = 5.857$，$p < 0.001$；对于企业录用创意，$\beta = -0.749$，$z = 1872.50$，$p < 0.001$）；是否提及竞争对手对创意情感特征对企业反馈影响的正向调节作用显著（对于企业回复创意，$\beta = 0.170$，$z = 170.00$，$p < 0.001$；对于企业录用创意，$\beta = 0.645$，$z = 6450.00$，$p < 0.001$）。

为了验证发帖经验对创意情感特征与企业反馈之间关系的具体调节作用，模型Ⅲ和模型Ⅳ将用户发帖经验在均值加、减一个标准差的水平上中心化（Wilcox & Stephen，2013），再进行多元 Logistic 回归（见表 3.14）。结果发现，对于发帖经验少的用户，用户贡献创意情感特征对企业回复的正向影响不显著（$\beta = 0.018$，$z = 1.200$，$p > 0.10$）；对于发帖经验多的用户，用户贡献创意情感特征对企业回复的正向影响显著（$\beta = 0.163$，$z = 14.818$，$p < 0.001$）。对于发帖经验少的用户，用户贡献创意情感特征对企

业录用创意的负向影响显著（$\beta = -0.109$，$z = 109.00$，$p < 0.001$）；对于发帖经验多的用户，用户贡献创意情感特征对企业录用创意的负向影响也显著（$\beta = -0.029$，$z = 29.00$，$p < 0.001$），但是负向影响减少。因此，H2a和H2b得到验证。

表 3. 14 发帖经验调节作用

变量		发帖经验少（模型Ⅲ）		发帖经验多（模型Ⅳ）	
		企业回复	企业录用	企业回复	企业录用
自变量	创意中情感特征	0.018 (0.015)	-0.109 *** (0.001)	0.163 *** (0.011)	-0.029 *** (0.001)
调节变量	发帖经验	-0.034 ** (0.012)	0.350 *** (0.003)	-0.034 ** (0.016)	0.350 *** (0.003)
	发帖时间	-0.076 *** (0.009)	0.143 *** (0.001)	-0.076 *** (0.007)	0.143 *** (0.001)
	是否提及竞争对手	-0.128 *** (0.002)	-0.447 *** (0.0002)	-0.128 *** (0.001)	0.447 *** (0.0002)
交互效应	创意中情感特征 × 发帖经验	0.129 *** (0.009)	0.072 *** (0.001)	0.129 *** (0.009)	0.072 *** (0.001)
	创意中情感特征 × 发帖时间	-0.041 *** (0.006)	-0.749 *** (0.0004)	-0.041 *** (0.004)	-0.749 ** (0.0003)
	创意中情感特征 × 是否提及竞争对手	0.170 *** (0.001)	0.645 *** (0.0001)	0.170 *** (0.001)	0.644 *** (0.0001)
控制变量	之前创意被回复数	0.019 ** (0.008)	-0.004 (0.011)	0.019 *** (0.007)	-0.004 (0.011)
	正向评论数	0.120 *** (0.013)	-0.007 (0.035)	0.120 *** (0.013)	-0.007 (0.035)
	创意字数	0.001 (0.001)	0.006 ** (0.002)	0.001 (0.001)	0.006 ** (0.002)
	创意字数的平方	-0.0001 *** (0.00002)	-0.0001 (0.00005)	-0.0001 *** (0.00002)	-0.0001 (0.00005)

变量		发帖经验少（模型Ⅲ）		发帖经验多（模型Ⅳ）	
		企业回复	企业录用	企业回复	企业录用
控制变量	用户积分	− 0.00000 (0.00001)	0.00001 (0.00001)	− 0.00000 (0.00001)	0.00001 (0.00001)
	创意被查看次数	− 0.00004 * (0.00002)	− 0.00002 (0.00005)	− 0.00004 * (0.00002)	− 0.00002 (0.00005)
	是否有链接	0.240 *** (0.00003)	0.744 *** (0.0001)	0.240 *** (0.00003)	0.744 *** (0.0001)
	常数项	0.018 (0.021)	− 2.585 *** (0.003)	− 0.020 (0.017)	− 2.193 *** (0.003)

注：括号中的数值为该系数的稳健标准误；＊、＊＊、＊＊＊分别表示在5%、1%、0.1%的水平上显著。

模型Ⅴ和模型Ⅵ将发帖时间分为周末和非周末，分别进行多元 Logistic 回归，以验证发帖时间对创意情感特征与企业反馈关系的调节作用（见表 3.15）；回归结果发现：对于周末发帖，用户创意中的情感特征对企业回复的正向影响不显著（$\beta = 0.031$，$z = 0.705$，$p > 0.10$）；对于非周末发帖，用户贡献创意中的情感特征对企业回复的正向影响显著（$\beta = 0.090$，$z = 3.75$，$p < 0.001$）。对于周末发帖，用户创意中的情感特征对企业录用创意的负向影响显著（$\beta = -0.826$，$z = 275.000$，$p < 0.001$）；对于非周末发帖，用户贡献创意中的情感特征对企业录用创意的负向影响也显著（$\beta = -0.067$，$z = 14.818$，$p < 0.001$），但是负向影响减弱。因此，H3a 和 H3b 得到验证。

表 3.15　　　　　　　　　　　发帖时间调节作用

变量		周末发帖（模型Ⅴ）		非周末发帖（模型Ⅵ）	
		企业回复	企业录用	企业回复	企业录用
自变量	创意中情感特征	0.031 (0.044)	− 0.826 *** (0.003)	0.090 *** (0.024)	− 0.067 *** (0.002)

变量		周末发帖（模型 V）		非周末发帖（模型 Ⅵ）	
		企业回复	企业录用	企业回复	企业录用
调节变量	发帖经验	− 0.233 *** （0.019）	− 0.156 *** （0.002）	0.063 *** （0.009）	0.506 *** （0.002）
	是否提及竞争对手	− 0.328 *** （0.006）	− 0.714 *** （0.0002）	− 0.059 *** （0.003）	− 0.341 *** （0.0004）
交互效应	创意中情感特征 × 发帖经验	0.168 *** （0.004）	0.674 *** （0.0005）	0.064 *** （0.004）	− 0.139 *** （0.001）
	创意中情感特征 × 是否提及竞争对手	0.335 *** （0.004）	− 17.106 *** （0.000）	0.115 *** （0.002）	0.797 *** （0.0002）
控制变量	之前创意被回复数	0.021 ** （0.009）	0.016 （0.016）	0.028 *** （0.010）	0.010 （0.016）
	正向评论数	0.065 *** （0.024）	− 0.012 （0.065）	0.138 *** （0.015）	− 0.007 （0.042）
	创意字数	− 0.0003 （0.002）	0.006 （0.004）	0.001 （0.001）	0.005 ** （0.003）
	创意字数的平方	− 0.00002 （0.00004）	− 0.00002 （0.0001）	− 0.0001 *** （0.00003）	− 0.0001 （0.0001）
	用户积分	− 0.00001 （0.00001）	0.00002 （0.00001）	− 0.00000 （0.00001）	− 0.00001 （0.00002）
	创意被查看次数	0.0001 * （0.0001）	0.00003 （0.0002）	− 0.0001 ** （0.00003）	− 0.00002 （0.00005）
	是否有链接	− 0.444 *** （0.0002）	− 9.580 *** （0.000）	0.389 *** （0.0001）	0.934 *** （0.0001）
	常数项	− 0.228 *** （0.061）	− 2.376 *** （0.007）	0.017 （0.036）	− 2.388 *** （0.005）

注：括号中的数值为该系数的稳健标准误；＊、＊＊、＊＊＊分别表示在5%、1%、0.1%的水平上显著。

　　模型Ⅵ和模型Ⅶ按照是否提及竞争对手分别进行多元 Logistic 回归，以验证创意中是否提及竞争对手对创意情感特征对企业反馈影响的调节作用（见表 3.16）。回归结果发现：当未提及竞争对手时，创意情感特征对企业回复的正向影响不显著（$\beta = 0.039$，$z = 0.600$，$p > 0.10$），当提及竞争对手时，创意情感特征对企业回复的正向影响显著（$\beta = 0.095$，$z = 5.278$，$p < 0.001$）；当未提及竞争对手时，创意情感特征对企业录用创意有负向影响（$\beta = -0.079$，$z = 79.00$，$p < 0.001$），当提及竞争对手时，创意情感特征对企业录用创意有正向影响（$\beta = 0.565$，$z = 35.313$，$p < 0.001$）。因此，H4a 和 H4b 得到验证。

表 3.16　　　　　　　　是否提及竞争对手调节作用

变量		提及竞争对手（模型Ⅵ）		未提及竞争对手（模型Ⅶ）	
		企业回复	企业录用	企业回复	企业录用
自变量	创意中情感特征	0.039 (0.065)	0.565 *** (0.016)	0.095 *** (0.018)	-0.079 *** (0.001)
调节变量	发帖经验	0.020 (0.026)	0.587 *** (0.035)	-0.033 *** (0.007)	0.325 *** (0.001)
	是否周末	-0.326 *** (0.061)	0.020 *** (0.004)	-0.059 *** (0.013)	0.156 *** (0.001)
交互效应	创意中情感特征 × 发帖经验	-1.148 *** (0.009)	1.077 *** (0.023)	0.147 *** (0.002)	0.029 *** (0.001)
	创意中情感特征 × 发帖时间	0.220 *** (0.036)	-21.196 *** (0.000)	-0.056 *** (0.007)	-0.641 *** (0.0005)
控制变量	之前创意被回复数	0.028 (0.050)	-0.284 (0.175)	0.019 *** (0.007)	0.001 (0.011)
	正向评论数	0.105 ** (0.047)	0.029 (0.108)	0.121 *** (0.013)	-0.010 (0.037)
	创意字数	0.002 (0.005)	0.009 (0.015)	0.001 (0.001)	0.005 ** (0.002)
	创意字数的平方	-0.00002 (0.0001)	0.00003 (0.0003)	-0.0001 *** (0.00002)	-0.0001 * (0.00005)
	用户积分	-0.00004 (0.00003)	0.0001 (0.0001)	-0.00000 (0.00001)	0.00000 (0.00001)

续表

变量		提及竞争对手（模型Ⅵ）		未提及竞争对手（模型Ⅶ）	
		企业回复	企业录用	企业回复	企业录用
控制变量	创意被查看次数	−0.0001 (0.0001)	0.0001 (0.0001)	−0.00003 (0.00002)	−0.00003 (0.0001)
	是否有链接	1.445*** (0.0003)	−11.320*** (0.00000)	0.051*** (0.00005)	0.891*** (0.0001)
	常数项	−0.037 (0.103)	−2.876*** (0.024)	−0.003 (0.027)	−2.380*** (0.004)

注：括号中的数值为该系数的稳健标准误；＊、＊＊、＊＊＊分别表示在5%、1%、0.1%的水平上显著。

3.2.5 研究结论、理论意义和管理启示

1. 研究结论

本书以创意众包社区中的二手数据为基础，运用多元 Logistic 回归模型，分析了创意中情感特征对企业反馈的影响，包括对企业录用和回复创意的影响，得到以下研究结论。

（1）用户创意中的情感特征对企业反馈有影响：创意中情感特征正向影响企业回复、负向影响企业录用创意。

（2）相比较发帖经验少的用户，发帖经验多的用户贡献创意的情感特征对企业回复的正向影响更大，而对企业录用的负向影响更小。

（3）相比较周末发帖，当用户在非周末发帖时，创意中情感特征对企业回复的正向影响更大，而对企业录用的负向影响更小。

（4）相比较未提及竞争对手，当创意中提及竞争对手时，创意情感特征对企业回复的正向影响更大，而对企业录用创意的负向影响减小。

2. 理论意义

（1）本书分析了创意众包社区中创意情感特征对企业反馈的影响，扩展了网络环境中用户情感分析的研究范围。以往对网络环境中，用户的情

感分析大多应用于网络传播、在线评论等方面，但还没有将情感分析应用于创意众包社区的研究中。

（2）以往研究企业反馈文献中多将企业对创意的录用作为对企业反馈的衡量标准，而在创意众包社区中，企业对用户创意的反馈除了录用，还会对一些没有录用的创意进行回复，这是对用户发帖的一种激励，也是企业反馈的一种重要方式。但企业回复与企业录用代表的意义不同，因此，情感特征对企业回复与企业录用的影响不同，研究结论表明，情感特征对企业回复有正向影响，而对企业录用有负向影响。本书将企业的回复纳入企业反馈的衡量标准，细化企业反馈的分类，是对以往研究的有益补充，对以后研究企业反馈具有借鉴意义。

（3）为了减少创意中情感特征对企业反馈的影响，本书主要考虑了三个重要因素：用户发帖经验、发帖时间以及在帖子中是否提及竞争对手的调节作用。从用户方面来考虑，发帖经验是很重要的变量，以往研究中也都考虑到用户发帖经验（Li et al. ，2016；Bayus，2013）。本书与以往研究结论一致，发现发帖经验丰富用户创意中的情感特征对企业录用的负向影响更小。发帖时间是现有研究中少见的变量，但在创意众包社区中发帖时间具有重要意义，不同的发帖时间，企业处理的精力不同，创意中情感特征对企业反馈的影响就不同。发帖时间是可操作性强的变量，对研究创意众包社区中企业和用户行为具有重要价值。竞争对手的情况可以为分析企业竞争对手、开发新产品提供有价值的信息。创意是否提及竞争对手，创意情感特征对企业录用创意的影响不同。提及竞争对手的情况从用户提供信息的角度，研究情感与信息的交互作用对企业反馈的影响，可以为进一步研究创意中信息对企业反馈的影响提供参考。

3. 管理建议

本书可以为企业提供以下建议。

（1）用户贡献创意中的情感特征会负向影响企业录用，因此企业应该倡议用户发布创意时，尽量客观地、科学地表达其创意，避免由于情绪激烈而没有将其建议表达清楚，从而影响企业采纳用户创意。

（2）用户发帖经验可以减少创意中情感特征给企业反馈带来的不利影响，促进企业进行有效反馈，保证创新社区的健康运营，因此企业应该鼓励用户多发表创意，增加用户的发帖经验，以此来减少情感因素对企业反馈影响的偏差。

（3）用户在非周末贡献创意可以减少创意中情感特征给企业反馈带来的不利影响，因此企业应该更多地了解用户发帖的时间规律，在发布创意密集的时间多安排审核人员对创意进行审核，尽量避免因发帖时间导致的企业反馈偏差，在对审核人的要求应该更加严格，使其尽量不受此因素的影响。

（4）提及竞争对手时，情感特征对企业录用有正向影响，因此企业应该鼓励用户在贡献创意时提供更多有关竞争对手的信息，了解竞争对手的情况，为企业新产品开发提供参考。

3.2.6　研究局限性和展望

（1）本书研究创意众包社区中创意的情感特征对企业反馈影响，研究样本仅为一家 IT 企业的创意众包社区，而对其他企业和行业是否适用，这需要进一步的研究来验证。

（2）本书关于创意的情感特征的分类尚不够详尽，只是进行了初步的探索，随着情感特征的分类方法更加成熟，可以考虑创意中的真实情感因素，而且可以根据情感特点分为正负向情感，并且考虑情感的强度。这样的细分对于企业反馈的影响有待进一步探索。

第4章 企业反馈特征对贡献者
持续贡献意愿的影响

本章主要回答在创意接受率极低的情境下，如何提高贡献者的持续贡献意愿。主要包括两项研究，分别分析了企业负向反馈（相比较不反馈）和企业直接表达感谢对贡献者持续贡献创意意愿的影响。以上都是企业可以直接控制的并且对贡献者持续贡献意愿有重要影响的因素。

4.1 创意众包社区中企业负向反馈
对贡献者持续贡献意愿的影响

4.1.1 引言

数字技术的发展对企业创新活动产生了深刻的影响。由于数字技术的连通性，企业可以利用数字平台促进多主体参与企业的价值共创，这在很大程度上改变了以企业为主体的创新活动。通过网络社区跨越时空和其他限制，企业可以与用户密切互动，这对于企业洞察用户需求和新产品开发都至关重要（Huang et al.，2014；Piezunka & Dahlander，2019）。小米社区的日活度很高，每天有数以万计的用户参与互动，成千上万条新创意生成，而且小米已经成功地将很多用户贡献的创意运用于产品开发实践中。

在没有金钱激励、用户可重复参与的非竞争性创意众包社区中，企业反馈决定着创意的命运和前途，对贡献者持续贡献创意有重要影响（Huang et al.，2014；Bauys，2013）。在创意众包社区中，尽管用户贡献了大量的创意，但是具有开发前景的很少，绝大多数创意没有被企业接受（基于已有研究的数据：戴尔 IdeaStorm 社区，98%；本书数据：92%），即被企业直接拒绝或没有得到企业反馈。那么，在创意没有被接受时，企业是应该直接拒绝（负向评价）还是不反馈呢？已有研究关注了企业负向反馈（相比较没有得到反馈）对贡献者贡献意愿的影响，但是得到了不一致的结论。比如，对于贡献者的持续贡献意愿，冯贝莱等（Fombelle et al.，2016）发现企业负向反馈（即拒绝创意，相比较不反馈）会因为面子威胁减少贡献者将来贡献创意的可能。但是皮耶琴卡和达兰德（2019）却发现对于初始贡献者，相比较不反馈，负向反馈表明企业在关心贡献者，可以增加初始贡献者感知的与组织的联系和进一步的贡献意愿。

鉴于此，首先，本书认为结合创意众包社区中创意平均接受率低的特点和社会比较理论，可以更好地理解已有研究的不一致结论。创意众包社区中创意接受率极低，这为企业如何反馈带来了挑战和机遇。本书认为创意众包社区中，创意平均接受率低是企业负向反馈（相比较不反馈）带来正向影响的条件。基于社会比较理论与信息利用的研究，在得到企业负向反馈后，创意众包社区中用户创意平均接受率可以为贡献者自我评价提供参考，即在大部分创意没有被接受的条件下，得到企业负向反馈的贡献者会与没有得到企业反馈的贡献者相比。相比较没有得到企业反馈，得到负向反馈会增加贡献者感知的被重视程度和感知的贡献高质量创意的潜能（Piezunka & Dahlander，2019），从而增加他们的持续贡献意愿。

其次，结合社会比较中不同来源信息影响的差异，本书还探索了社区中两种重要情境的影响。一种是同伴正向评价量。基于相关研究，用户创意平均接受率是远距离信息，同伴对贡献者创意评价是本地信息。当创意得到同伴正向评价量多时，用户创意平均接受率低的参考作用下降，贡献者感知的创意质量增加。在此情境下，相比较没有得到反馈，企业负向反馈会减少贡献者感知的被重视程度和增加群体威胁，降低企业负向反馈的正向影响。另一种是贡献者经验。随着贡献者经验增加，贡献者的能力增加，他们对企业的认同感也增加。贡献者经验作为内部信息，比用户创意平均接受率和同伴正向评价量对个体行为的影响更大。因此，随着贡献者经验增加，相比较不反馈，企业负向反馈的正向影响减弱。另外，随着贡献者经验增加，贡献者对同伴正向评价量的关注减弱，同伴正向评价量的调节作用也减弱。

综上，本书基于创意众包社区中创意平均接受率极低的情境，结合社会比较和信息利用的理论，整合企业负向反馈对贡献者持续贡献意愿影响的文献。此外，本书考虑了创意众包社区中同伴评价和贡献者经验两个重要因素的调节作用，探索了企业负向反馈正向影响的边界条件和可能的机制。

4.1.2 文献综述

1. 社会比较与信息利用

社会比较是从个体形成自我评价的主要方式（Festinger，1950；Crusius et al.，2022），环境中他人的平均表现是个体进行社会比较的主要参考（Marsh，1987）。其中具有代表性的理论包括大鱼小池效应（big-fish-little-pond effect，BFLPE）。该理论认为，在控制学生能力的情况下，在差校中排名高的学生比在名校中排名低的学生有更好的表现（Marsh，1987，1991，2005）。这是因为个体会根据学校/班级的平均水平来评价自己的能力（Marsh et al.，2008）。当班级大多数学生能力较差时，成绩好的学生会形成相对积极的学业自我概念；同样，当班级大多数学生能力较好时，该同学会形成消极的学业自我概念。

自我评价本质是利用各类信息进行决策。也有研究基于信息利用的视角，认为在社会环境中，个体进行比较时可以参考的信息很多，除了与自己直接相关的信息外（本地信息），更大范围的、更加抽象的群体（远距离信息）也可以作为比较的对象，但是这些不同距离信息的影响是不同的。大鱼小池效应存在是因为学生关注局部信息，表明他们与同学相比如何，而没有考虑更远的环境信息，即他们所有同学作为一个整体如何（Zell & Alicke，2009）。这是因为：一是本地信息的推断步骤较少；二是本地信息直接表示个体自我的状态。

也有研究关注了远距离信息起作用的条件。根据自我增强理论，研究发现，自我提升需求可以提高个体对远距离信息的重视程度。尽管本地信息对自我评价影响更大，但当个体有自我增强需求时，远距离信息会起作用（Zell & Alicke，2009，2020；Zell et al.，2015）。泽尔和艾利科克（Zell & Alicke，2020）认为在人们了解到他们在当地群体中排名较低，但在更大样本中排名较高的情况下，自我提升倾向高的人仍然有可能受到远距离信息的影响。本书的情境中，在得到企业负向反馈后，用户群体创意的平均接受率、同伴的正向评价量、贡献者经验都是个体进行自我评价的参考信息，这些信息如何相互作用，共同影响个体的行为呢？这是本书关注的重点。

2. 创意众包社区中企业反馈的作用

创意众包社区中，贡献者贡献创意后，同伴会进行评价，企业也会对贡献者的创意进行评价和选择，即企业反馈。企业反馈决定着创意的"未来和前途"。但因为用户自愿参与，并且没有得到任何经济报酬，所以企业无法施加约束来管理社区用户的行为（Huang et al.，2018；Kraut et al.，2012）。此时，企业反馈成为企业可以控制的少数直接影响贡献者行为的方式之一（Dahlander & Piezunka，2014）。在企业实践中，小米公司更是让产品经理、工程师常驻 MIUI 论坛，与用户直接互动。在蔚来汽车 NIO 社区中发布的"蔚来好想法"也会在 24 小时内得到企业反馈。

对于贡献者的参与意愿，研究表明，在创意众包社区中，企业反馈是个体持续参与的重要驱动因素（Lakhani et al.，2007）。基于认知的角度，企业反馈可以提供创意质量的信息，影响贡献者感知的贡献创意的质量和持续贡献意愿。周（Zhou，1998）的研究结果表明积极反馈比消极反馈更有利于增加创造力表现，而收到消极反馈比没有收到任何反馈的个体表现出更低的创造力。此外，同时给予积极反馈与消极反馈不仅能帮助接收者从多个维度获得全面的信息，还有可能激活消极反馈对创造力绩效的正向影响。

黄等（Huang et al.，2014）在研究中提出贡献者可以在企业的反馈中获取有价值的信息，通过企业反馈，贡献者可以了解企业创意执行的成本和选择标准，并会根据这些信息来判断自己贡献高质量创意的潜能，最终能力高的贡献者会继续活跃在社区中，而能力低的贡献者将逐渐淡出社区。巴尤斯（Bayus，2013）发现与只贡献一个创意的用户相比，贡献多个创意的用户更有可能产生有价值的、得到企业认可的创意，但是企业的反馈，特别是正向反馈，会增加贡献者的思维定式，因为贡献者会再次贡献类似的创意，即他们产生的想法不再那么多样化，这会负向影响其后续贡献的创意的新颖度和企业接受的可能性，该研究揭示了用户持续提供高质量创意所面临的一些挑战。

基于情感的角度，企业反馈会影响个体感知的面子威胁以及与企业的关系，从而影响贡献者参与意愿。对于企业的负向反馈，拉哈尼等（Lakhani et al.，2007）的研究结果表明，相较于没有反馈，企业反馈（包括正向反馈和负向反馈）会使贡献者产生更强烈的归属感，并促使他们更加努力贡献创意。冯贝莱等（Fombelle et al.，2016）在研究中主要关注那些收到企业负面反馈的消费者，研究发现对于贡献者的创意持续贡献意愿，相较于企业不反馈，企业的负向反馈会增加贡献者的面子威胁，减少其将来贡献创意的可能。鉴于此，企业可以通过增强面子的方式来进行缓冲，具体包括：考虑贡献者提交想法时的过去经验（成功/失败）；创建一个独特的群体身份；提供一个借口。皮耶琴卡和达兰德（2015）的研究认为对于初始贡献者提交的想法，企业不反馈会对他们与组织的关系感知以及未来向组织提交想法的意愿产生负向影响。但相较于企业没有反馈，企业负向反馈也可以增加初始贡献者感知到的与组织的联系，并正向影响其进一步的贡献意愿，因为企业的反馈代表着企业对他们的创意感兴趣，并且愿意发展与他们的关系。此外，通过文本分析的方法，该研究发现包含解释的负向反馈对于初始贡献者的持续参与意愿有积极影响，尤其是解释在语言风格上与贡献者的创意相匹配时，这种影响会更明显。这些研究通过多种视角探索了企业反馈如何以不同的方式和途径影响贡献者的参与意向和创意质量，从而提出了各异甚至有时相互冲突的企业反馈策略。

3. 同伴评价的研究现状

正如梅塔等（Mehta et al.，2017）所指出的，当人们接收反馈时，他们不仅关注反馈效价，还关注反馈提供者。不同来源的反馈可以唤起不同的目标导向、内在动机、注意力和反应。对于同伴的评价，本书也从两个角度对文献进行梳理，首先在认知角度上，杨光和汪立（2017）以某 T 恤"众包"公司为研究对象，利用其 6 年的面板数据进行研究，发现对于尚未有创意被录用的用户，他人的成功经验对他们的创意在未来获得成功具有积极影响，而创意被成功录取造成的思维定式会对用户未来创意再获得成功产生消极影响，但同伴成功的经验可以降低自己成功经验带来的负面影响。黄等（Huang et al.，2014）对贡献者收到的同伴正向评价进行了研究，发现同伴正向评价量代表着贡献者创意的质量水平，而贡献者和企业代表会根据评论者正向评价量来判断创意质量，这对于激励贡献者的进一步贡献创意和贡献高质量的创意以及减少企业代表的选择性偏差都很有帮助。马永斌和徐晴（2020）在研究中发现同伴的正向评价量可以作为衡量创意需求性的参考，但不能代表创意的可行性，因此同伴正向评价量不能全面代表质量，该研究也发现同伴的正向评价量还会受到创意文本字数和创意是否设置投票选项的影响，即当创意文本数字少和创意设置投票时，创意需求性对同伴正向评价量有更大的影响；当创意文本字数多和创意未设置投票时，创意可行性对同伴正向评价量有显著正向影响。

在情感角度上，同伴的正向反馈有助于增加创意者感知的社区融入感和进一步的贡献意愿。莱恩和德西（Ryan & Deci，2000）以自我决定理论为基础，认为当人们通过频繁的互动获得社会支持时，成就感、归属感和自主性需求会被满足，因此会更多地关注创意的产生。南比桑和巴伦（Nambisan & Baron，2010）研究发现社区同伴之间的独特的互动过程会给用户带来愉悦的体验，同时也会让用户有机会了解产品更复杂的方面，这类似于"同志情谊"的情感会促使用户不断地参与社区的价值共创活动。王等（Wang et al.，2022）研究发现，除了企业文本反馈，来自同伴的文本反馈同样有利于贡献者在后续的参与行为中提高创意质量，且无论该文本反馈的效价是正向还是负向。所以企业在社区管理中应尝试引导用户之间使用文本进行互动。

4. 多元反馈的研究现状

创意众包社区中企业反馈和同伴评价是两种重要的非经济激励方式，

有研究比较了二者对贡献者行为影响的差异。这些研究发现企业反馈和与同伴评价都可以影响贡献者贡献创意的意愿和质量；对于创意得到同伴正向评价来说，贡献者与同伴之间的互动更为重要，而对于增加企业接受率来说，贡献者与企业之间的互动更重要（刘波和马永斌，2016）。企业专家具有官方身份，他们既是技术专家，又是管理者，有着更大的权力来判断创意的质量，并且决定着创意的未来和前途，这种身份上的差别会使反馈作用产生差异。贡献者与同伴的身份平等，他们因为兴趣参与互动。相比较与同伴互动，贡献者与企业互动对其创意质量的正向影响更大。

陈等（Chan et al.，2015）从社会关系网络的视角出发，得出了有趣的研究结论。首先，用户与同伴和用户与企业的交互沟通对个人创意的产生都具有重要的影响。其次，同伴与同伴之间交互网络越大越强，对个人后续创意意愿越不利，其原因可能是与同行的交互越多，收到的噪声也越多，这会分散个人的注意力，使其无法专注于创造行为。最后，过去的创意参与行为增强（削弱）了同伴与公司（个人与同伴）交互网络的积极影响。

加鲁斯等（Gallus et al.，2019）发现，在企业主导的问题解决平台，相比较同事和平台参与者（同伴），企业管理人员的认可更为有效。因为在不确定的环境中，管理人员的认可代表合法性，也代表管理人员对贡献者的关注和欣赏。同事认可通常在开放和基于同行的创新社区中具有激励作用，但在组织内部参与的、信号不确定的背景下，同事认可的作用会受到限制。已有研究并没有分析在二者同时存在的创意众包的社区中，二者如何共同影响贡献者的再次贡献意愿，特别是在二者不一致的时候（Blagoeva et al.，2020；Chan et al.，2021），如何共同影响贡献者的参与意愿。

随后的研究中，陈等（Chan et al.，2021）从动机—能力的角度，通过实证研究表明，反馈对创意质量的影响作用取决于反馈来源（公司和同伴）及其效价（积极和消极），以及创意者经验。积极（消极）的同伴和企业反馈会增加（降低）后续创意的质量，同伴反馈效果会随着创意者经验的增加而增强（减弱），企业反馈的效果会随着创意经验的增加而减弱。总的来说，当经验丰富的创意者收到积极的同伴（消极的公司）反馈时，他们会更有动力去提高他们随后的创意质量；缺乏经验的创意者较少受到同伴的消极反馈的激励，但更多地受到公司积极反馈的激励。本书主要在陈等

（2021）的基础上，考虑企业反馈与同伴反馈之间的交互作用，结合社会认同理论，从动态视角探究不同反馈来源及其效价对创意众包社区贡献者贡献意愿的影响。

根据以上研究，本书比较了企业反馈和同伴反馈影响的差异，见表4.1。

表4.1 企业反馈与同伴反馈的比较

企业反馈（纵向反馈）	同伴反馈（横向反馈）
（1）具有权威性； （2）具有目标导向，将贡献者的注意力转移到任务和目标上； （3）增强了贡献者的专业知识； （4）影响贡献者自我效能感和创意所有权感	（1）给贡献者带来了知名度、声誉和认可； （2）接受同伴反馈的过程中不带有压力； （3）在互动过程中获得愉悦的体验

5. 动态激励研究现状

对于贡献者的经验，周（Zhou，1998）研究表明在众包社区中发布创意的经验会影响贡献者的能力、对反馈的回应和诠释。芬克尔斯坦和菲什巴赫（Finkelstein & Fishbach，2012）认为，随着经验的积累，人们对积极和消极反馈的关注有所不同，有经验贡献者的自尊和在过去的学习经验会影响他们对反馈的解释和接受。当他们收到来自同事的负面反馈时，经验丰富的用户可能比经验不足的用户受影响更小。图比亚和斯蒂芬（2013）在研究中发现随着发帖量增加，个体从发帖中获得的效用从内部效用变为形象相关的效用。陈等（Chan et al.，2018）在研究中发现，创意众包社区中，用户与同伴以及企业之间的互动正向影响其贡献创意的质量。但是用户过去参与贡献创意的经验对其后续创意质量的正向影响具有调节作用，具体而言，用户的经验会削弱用户之间（P2P）互动产生的积极影响；用户的经验会增强用户与企业之间（P2F）互动产生的积极影响。罗和图比亚（Luo & Toubia，2015）在研究中发现，低水平、具体的搜索线索（如刺激想法），对低知识用户比高知识用户更有效，而且在创意众包社区中展示来自其他参与者的创意示例，会显著降低具有更多特定领域知识的参与者的表现。此外，明确地对任务进行分解更有效改善参与者的表现，其中高知识消费者进步更多。霍夫斯蒂特（Hofstetter et al.，2021）的研究结果表明随着贡献者经验不断丰富，外部信息和知识的作用降低，贡献者自身经验和各种习得技能的影响增大。

6. 文献评述

通过对上述文献的总结和梳理，企业反馈、同伴评价、多元激励和贡献者经验的研究已经形成了较为丰富的成果，为本书的研究奠定了基础，但现有研究仍有进一步深入的空间。

首先，尽管有较多学者关于企业负向反馈对贡献者持续贡献创意意愿的影响开展了研究，并且得出了较多重要的结果，但研究结果之间出现了不一致甚至相互矛盾的现象。一部分学者认为企业负向反馈（相比较不反馈）能够正向影响贡献者持续贡献意愿，而另一部分学者的研究结果表明企业负向反馈挫伤了贡献者的积极性。因此，关于企业负向反馈对贡献者持续贡献创意意愿影响的研究存在着一个值得关注的理论缺口，结合多元激励和贡献者经验的研究或许能够解释这一分歧。

其次，尽管以往关于创意众包社区中的多元激励研究，有部分同时考虑了企业反馈和同伴反馈对贡献者持续贡献创意意愿的影响，但是这些研究多关注企业反馈和同伴评价的单独影响，并没有考虑他们之间的交互效应。陈等（2015，2021）对用户与企业以及用户与同伴之间的互动对贡献者持续贡献行为的影响进行了深入研究，但他没考虑到贡献者其实是同时面对企业反馈和同伴评价，而且两种互动行为之间可能会互相影响。因此，考虑企业反馈与同伴反馈之间的交互作用对于理解创意众包社区的多元激励机理有着重要意义。

最后，以往的研究通常基于静态的视角，研究某一时期（截面数据）企业反馈或同伴评价对于贡献者持续贡献创意意愿的影响。但是个人的贡献动机与知识能力水平是会改变的，相应的对待企业反馈与同伴反馈的反应也会改变。同时，企业反馈与同伴评价的交互项是否会受到贡献者经验的影响也需要进一步研究。因此，基于动态视角，探究多元激励环境中企业负向反馈与同伴正向评价量以及二者交互项的影响有重要的研究价值和意义。

4.1.3 理论基础

1. 动机理论

动机理论（也称为动因理论）探讨动机的产生及其作用机制，同时包括需要、行为和目标之间的关系。该理论认为，动机是一种内部唤醒状态，能够激活并维持个体或群体的行为。它主要体现为追求特定目标的主观愿望，即为达到预期目标而产生的自我意识。动机起源于特定的需要，只有当这些需要达到一定强度且存在满足这些需要的对象时，这些需要才会转化为动机（萧浩辉，1995）。在创意众包社区中，研究人员利用动机理论来分析维持参与者持续参与的因素，其中，自我决定理论和期望价值理论尤为相关。

（1）自我决定理论（self-determination theory，SDT）。自我决定理论自20世纪80年代起发展成为研究人类动机的重要理论框架，专注于个体在社会环境中的内在成长动机和基本心理需求（Deci & Ryan，2000）。SDT探讨的核心在于个体对成就感、归属感和自主性需求的满足，这些需求不仅普遍存在，对于个人的动机、个性发展具有基础性影响，而且推动个体向着更高层次成长和满足自我实现（Deci & Ryan，2000）。

成就感需求关注个人在社交和学习过程中对胜任感和效能感的追求，体现为不断学习和成长、掌握新技能以及积累成就感（Deci & Ryan，2000）；归属感需求强调个人在社会环境中寻求与他人建立安全、满意的连接（Deci & Ryan，2000）；自主性需求强调个体内在对自我启动和调节行为的需求，突出了成为生活主导者以及与自我和谐一致行动的重要性（Deci & Ryan，2000）。SDT也认为，能力需求至关重要，这不仅包括了解各种外部和内部结果，还涉及有效执行所需行动的能力。这一观点强调了个体在环境中有效应对和满足需求的能力，这也是人类动机的另一个关键因素（Deci & Ryan，2000；Deci et al.，1991；Eccles & Wigfield，2002）。

在创意众包社区的研究中，SDT被用来分析用户持续贡献创意的动机。这些研究发现，贡献者的自主性、归属感和成就感需求对其参与意愿和行为有显著影响。第一，贡献者具有较强的自主决定性，可以根据自身偏好去选择性地参加活动，并体验该过程带来的愉快，进而更轻易地实现内在动机。第二，贡献者在互动的过程中会产生情感交流，其中包括的认可和关心等正向情感会提高贡献者对社区的归属感，这有利于内在动机的产生。第三，贡献者的参与意愿与行为会受到自我效能感的影响，感知的高效能感会促使贡献者更具创造性与积极性，而低效能感会减弱贡献者的创造性与参与的积极性。

（2）期望价值理论（expectancy-value theory，EVT）。与 SDT 不同的是，EVT 将个体努力实现某一目标的动机强度与实现目标的期望，以及该特定目标的激励价值或效价联系起来。EVT 表明动机对参与行为的影响取决于预期感知。换句话说，一个人的行为与他对行为结果的主观价值感知以及成功从事该行为并获得结果的期望或概率有关（Vroom，1964）。

EVT 认为虽然动机因素对行为意图的影响不是在所有时候都成立，但在特定的条件下它们可能非常有用。即随着期望价值的增加，其对行为意图的影响也会增加（Shah & Higgins，1997）。具体而言，当成功完成任务的期望水平较高时，人们的价值感知会强烈影响其参与意愿；相反，如果他们的期望水平极低，无论他们的价值感知有多高或多低，人们都可能不会参与任务。因此，期望相关因素可能调节动机因素和持续行为之间的关系（Vroom，1964；Shah & Higgins，1997）。这一概念有助于理解为什么最初参与在线社区的动机相同的人，最终可能会在持续参与程度上有很大差异。

根据 EVT，在创意众包社区中，贡献者的持续贡献创意意愿可能会受到他们对创意质量期望的影响。如果贡献者和同伴认为创意的质量越高，那么他们便会对创意抱有更高的期望，更渴望被企业录用；相反，如果他们认为创意的质量不高或者同伴认为创意的质量不高，那么他们对创意质量的期望就会很低。

2. 群体偏见相关理论

（1）社会认同理论。社会认同理论旨在解释个体如何通过对自身所处的群体及其成员身份的认知，影响其社会知觉、态度和行为。泰弗尔（Tajfel，1978）定义社会认同为个体意识到自己作为群体成员所拥有的资格及其在价值和情感上的重要性，这一概念成为理解个体自我概念的一个重要组成部分，从而影响他们的社会态度和行为。社会认同理论的核心观点在于，个体的自我概念部分地来源于其对所属社会群体及其在这些群体中角色的理解（Tajfel，1981）。该理论指出，当个体对其当前群体身份感到不满时，他们可能会寻求离开该群体或通过其他方式获得更高的社会地位，以期达到更积极的自我认同。

此外，社会认同理论也探讨了个体如何在群体间进行比较，强调个体倾向于将自己所属的内群体（ingroup）与外群体（outgroup）进行比较，并且往往倾向于看到自己的内群体在某种程度上优于外群体。这种有利的内群体比较被认为是社会认同感的一个重要来源。然而，当这种内群体偏好变得过度时，即个体坚信自己的群体远优于外群体，个体在追求积极的社会认同和体验群体间差异的过程中，可能会导致群体偏见和社会冲突（Tajfel & Turner，1979）。

社会认同理论进一步解释了社会知觉、态度和行为之间的联系，指出个体的自我概念不仅包含个人身份，还包括其对群体身份的认识（Tajfel，1978）。在日常的人际交往中，个体不仅作为独立个体行动，而且常常作为其所代表的内群体的成员与外群体进行互动，通过这种方式，内外群体间的比较成为增强社会认同感的关键途径。在该过程中，个体寻求积极的自我认同，但也必须警惕过度的内群体偏好可能带来的负面后果。

（2）自我分类理论。自我分类理论描述了个体如何依据情境进行自我归类的过程，以及自我归类后的结果（Tajfel & Turner，2004；Haslam et al.，1997；Turner et al.，1994）。自我分类理论假设个体的自我分类是可变的和依赖于情境的，强调情境因素对自我分类重要性的影响。该理论承认先前的分类经验会影响当前的分类感知，但自我分类理论与社会认同理论的关键差别在于：个体的社会分类是否可以改变。自我分类理论认为，环境的变化（即心理上可用的刺激发生变化）会对个体自我分类的感知结果以及随后的去人格化行为产生影响（Turner et al.，1994）。

自我分类的结果由相对可获得性与输入刺激和类别规定之间的匹配性决定（McGarty et al.，1999）。可获得性指个体过去的经验和期望，比如由于过去经常根据国籍进行分类的感知者，更有可能在新条件下形成类似的自我分类；而匹配性由对比原则决定，个体与其他成员之间的相对相似性决定了个体的自我分类结果，例如，如果参考框架减少，使潜在的外群体成员在认知上不再存在差异，或者内群体成员认为自己与该群体不再相似时，个体就不再可能将该自己归类为该群体。

（3）群际接触理论。群际接触理论基于群体间接触假说。该假说最早由奥尔波特（Allport，1954；转引自 Pettigrew，1998）提出，他认为达到群体间接触的积极结果需要具有四个关键条件：平等地位、群体间合作、共同目标、社会和权威机构的支持。该理论认为群体间的矛盾和冲突是因为缺少沟通引起的；若群体成员之间不相互接触，不对相互的真实情况进行了解，就会导致误会产生，这也会导致群体关系的恶化。

自从奥尔波特首次提出接触假说以来，许多研究已经证实了接触对于减少偏见的重要性。积极的接触经历已被证明可以减少对老年人、同性恋者和残疾人等的偏见（评估群体间态度的最常见方式）（Caspi，1984；Vonofako et al.，2007）。然而，最有趣的是，在大规模 Meta 分析（即对许多已发表研究的统计分析）中发现，虽然奥尔波特条件下的接触对于减少偏见特别有效，但即使是非结构化接触也能减少偏见（Pettigrew & Tropp，2006）。这意味着奥尔波特提出的条件是充分的，而不是必要的。即使在次优条件下，群体之间的接触也与减少偏见密切相关。

重要的是，接触不仅影响明确自我报告的偏见，而且还通过多种不同方式减少了隐性的偏见。显性测量可能存在自我报告偏差：人们经常以一种展示自己好的一面的方式来回答问题。因此，研究检验了接触对隐性测量的偏见的影响，发现接触能减少参与者自己的内群体与"好"概念之间的隐性联想，以及一个外群体（参与者不是其成员的群体）与"坏"概念之间的联想（Aberson & Haag，2007）。此外，积极的接触与减少对外群体成员的生理威胁反应有关（Blascovich et al.，2001）。因此，接触对于减少偏见有着真实且有形的影响——无论是在显性还是隐性层面上。接触在减少偏见方面的作用已经得到充分验证，以至于有理由将其称为群际接触理论（Hewstone & Swart，2011）。群际接触理论减少偏见的作用机制包括群体间的依存关系（群体间是合作还是竞争关系）、群际互动、情绪因素以及认知因素四个方面（Dovidio et al.，2003；李森森等，2010）。

4.1.4　研究假设

1. 企业负向反馈对贡献者贡献意愿的影响

一方面，在创意众包社区中，企业创意的选择标准不明确。尽管衡量创意的指标包括新颖度、有用度、可行性等，但是如何根据这些指标进行评价并没有统一的标准（Toubia & Netzer，2017）。而且在产品开发过程中，企业创意的选择存在偏差和不确定性（Mueller et al.，2012）。另一方面，贡献者不知道企业如何选择创意。在创意众包社区中，贡献者很难学习企业创意选择的标准，特别是创意的技术和商业可行性方面（Huang et al.，2014）。此时，根据社会比较理论，其他可以利用的信息，包括环境信息，为贡献者评价创意提供了参考（Gerber et al.，2018）。

基于社会比较、自我提升和自我保护的文献（Crusius et al.，2022），在创意没有被接受后，个体维持积极的自我形象，即自我增强的需求增强（Alicke & Sedikides，2009；Sedikides & Gregg，2008；Chatterjee et al.，2013），此时用户创意平均接受率低的信息会被激活，这是因为：首先，尽管相比较企业负向反馈，创意平均接受率是远距离信息，但在自我提升需求增强，而且远距离信息对自我提升有正面影响时，其作用增加（Zell & Alicke，2009，2013；Zell et al.，2015）。其次，相比较接受，在被拒绝（失败）后，个体会更加关注比较对象的特征（Taylor & Lobel，1989），如果比较对象高于平均水平（相比较低于平均水平），他们会更加高兴（即虽败犹荣）（Zell et al.，2015）。此时，贡献者的注意力从创意是否被接受转向是否得到反馈，得到负向反馈的贡献者会与那些没有得到任何反馈的贡献者比较（Gerber et al.，2018）；相比较没有得到企业反馈，企业负向反馈表明企业对他们的创意感兴趣，组织正在关注和考虑他们的想法，企业重视他们的努力，因此，他们感知的与组织的联系增强（关系价值）（Piezunka & Dahlander，2019）；这也表明贡献者有希望贡献满足企业要求的、得到企业正向反馈的创意。鉴于此，提出以下假设。

H1：相较于没有得到企业反馈，企业负向反馈会增加贡献者的持续贡献创意意愿。

2. 同伴正向评价量对企业负向反馈影响的调节作用

在创意众包社区中，同伴正向评价量代表着贡献者创意的质量。社区的交互和开放环境为用户之间相互评价提供了便利，网络社区中同伴的评价可以帮助个人从多个角度评估自己创意的潜在价值（Shah & Tripsas，2007；Huang et al.，2014）。网络环境中的同伴评价，特别是正向评价，代表着用户对创意的需求，也是贡献者判断创意质量的参考（Huang et al.，2014）。因此，创意得到的同伴正向评价量与创意需求前景和创意质量正相关。

同时，同伴正向评价量还代表着社区对贡献者的认可度，来自同伴的帮助和支持能够增强个人对社区的归属感。根据社会认同理论，同伴与自己意见一致会增加贡献者感知的群体归属感和社会认同（Tajfel & Turner，1986），这在网络环境中更为重要，因为匿名网络环境进一步增加了群体认同感、凝聚力和信任度（Tanis & Postmes，2005）。因此，创意众包社区中同伴正向评价量反映了社区成员对贡献者的认可与支持，有利于提升贡献者感知的重要性和对群体的归属感。

当同伴正向评价量多时，用户创意平均接受率的参考作用减弱。相比较针对创意的同伴正向评价量，整体的创意平均接受率属于更加一般的远距离信息。因为个体更加习惯和更方便采用本地信息进行推断，当二者都存在时，本地信息比远距离信息的影响更大（Zell & Alicke，2010）。相较于针对集体的负向反馈，针对个体的负向反馈对个体负向情绪的影响更大（Gaertner & Sedikides，2005）。因此，相较于用户群体创意的平均接受率，同伴评价信息的影响更大。同伴正向评价量越多，个体对创意的自我评价和对创意获得企业正向反馈的预期越高，此时，相较于没有反馈，企业负向反馈对贡献者感知的被重视程度和感知的贡献高质量创意潜能的正向影响减弱，其进一步贡献创意的意愿也减弱。此外，同伴的支持和群体身份认同使得企业负向反馈的影响从个体层面上升到群体层面（Pettigrew & Tropp，2006；Aberson，2015；Greenaway & Cruwys，2019），使贡献者认为企业不重视同伴群体的意见，增加群体冲突，相较于没有反馈，企业负向反馈的正向影响减弱。但在同伴正向评价量少时，贡献者感知的创意质量较低，得到企业负向反馈后，为了提高自我形象，贡献者会考虑用户创意平均接受率，他们的注意力从创意是否被接受转向是否得到反馈。此时，相较于没有得到反馈，企业负向反馈的激励作用增强。鉴于此，提出以下假设。

H2：随着同伴正向评价量增加，相比较没有得到企业反馈，企业负向反馈对贡献者持续贡献意愿的正向影响减弱。

3. 贡献者经验对企业负向反馈影响的调节作用

经验指重复做某事、完成某些任务，进行某些类型的接触或随时间推移而对特定主题领域的高度熟悉（Braunsberger & Munch，1998；Taylor & Greve，2006）。随着参与经验的不断丰富，贡献者贡献高质量创意的能力不断提高，他们对自己的能力更加自信（Fishbach et al.，2010），也有更高的自我评价、预期和自我效能感（Pierce & Gardner，2004）。有关消费者学习的研究也表明，企业的正向和负向评价共同影响贡献者感知的贡献高质量创意的能力（Huang et al.，2014），因为正向和负向反馈可以提供不同的信息。根据社会比较理论，当个体可以判断自己的能力时，社会比较的需求降低（Corcoran et al.，2011）。当个体有足够的本地信息（经验等）进行决策时，远距离信息的作用下降（Zell & Alicke，2009）。有经验的人更有可能利用内部资源进行评价，而没有经验的人更喜欢外部资源（Murray et al.，1991；Bhattacherjee & Sanford，2006）。

随着参与经验丰富，贡献者与企业通过互动建立的情感联系和认同感增加（对企业认同感低的贡献者会退出社区）。基于群际互动的研究，随着与企业代表互动增加，贡献者的知识增加，他们会逐渐理解企业选择创意的标准和原因，并发现彼此之间的相似性，减少对企业代表的排斥和负面刻板印象（Schmid et al.，2009）。此外，与企业群体互动也会增加用户对企业反馈的理解和共情，增加对企业群体意见的采纳并减少偏见，逐渐淡化本来的社会分类，即去分类（Ensari et al.，2012），潜移默化地在群际建立起情感信任。尽管企业反馈包括正向和负向，但消极和积极接触同时存在，比只有积极接触更容易改变个体对外群体的态度（Birtel & Crisp，2012）；正向接触对负向接触的消极效应存在"缓冲"作用（Paolini et al.，2014）。因此，随着贡献创意数增加，通过与企业代表不断互动，贡献者对企业的认同感增强。

因此，经验多的贡献者贡献创意的能力强，对创意得到企业录用的期望较高，在得到企业负向反馈后，他们对企业的不满增加。但是因为对企业认同感的增加，贡献者的社区主人公意识增强（贺爱忠和李雪，2015），他们贡献创意的主动性增强，对企业的不满和负向情绪减弱（Chan et al.，2015）。此时，相比较没有得到反馈，企业负向反馈的影响减弱。即在创意被拒绝后，无论是否得到企业负向反馈，贡献者都会持续贡献创意。而经验少的贡献者的能力和与企业的认同感都低，没有足够的本地信息进行自我评价。在得到企业负向反馈后，用户平均创意接受率的参考作用较强，相对于没有得到反馈，企业负向反馈对他们的激励作用增强。鉴于此，提出以下假设。

H3：随着贡献者经验增加，相较于没有得到企业反馈，企业负向反馈对贡献者持续贡献创意意愿的正向影响（H1）减少。

4. 贡献者经验对同伴正向评价量调节作用的影响

初始贡献者因为经验和知识较少，他们无法准确地判断自己创意的质量，此时，企业负向反馈（相比较不反馈）和同伴正向评价量是非常重要的参考指标。初始贡献者通常是为了自己的利益（比如使用该功能得到的利益、希望得到企业认可等）参与贡献创意（Mathwick et al.，2008），他们对企业的认同感较低，而对同伴的认同感较高。所以，对于初始贡献者，当同伴正向评价量少时，相比较没有得到反馈，企业负向反馈的正向影响较大；当同伴的正向评价量多时，企业负向反馈使得贡献者的注意力从企业关心转向威胁和偏见，企业负向反馈（相较于没有得到反馈）的影响减少。

随着经验不断丰富，贡献者的知识和能力不断提高，他们通常可以准确地判断自己创意的质量，他们对外部信息，包括企业负向反馈（相比较不反馈）和同伴正向评价量的关注度也会下降，负向反馈（相比较不反馈）和同伴正向评价量的参考作用减弱。而有经验的贡献者倾向于更认同企业，而不太认同他们认为经验较少或新手的同行（Jeppesen & Frederiksen，2006）。他们对公司的需求有更多的了解、经验和承诺。随着贡献创意数增加，他们会将同伴视为新手，认为他们的评价是多余和没有价值的，并不会以同伴正向评价量作为自身评价的信息源。他们可能会逐渐扮演员工（或部分员工）的角色，承担更多的企业事务和责任（比如，MIUI 中的开发组和内测粉丝组成员）（Brewer & Pierce，2005；党宝宝等，2014）。此时，随着同伴正向评价量增加，企业负向反馈对贡献者感知的自己和用户群体的威胁都会降低，同伴正向评价量对企业负向反馈与否对贡献者持续贡献意愿影响的负向调节作用减弱。鉴于此，提出以下假设。

H4：随着贡献者经验增加，同伴正向评价量对企业负向反馈（相比较没有反馈）与贡献者持续贡献意愿关系的负向调节作用（H2）减弱。

4.1.5　研究设计

1. 数据来源

本书数据来源于我国一家著名科技公司的创意众包社区。该社区的创建时间较早，吸引了一批热爱创新的用户参与。用户可以在该社区平台上发帖提出自己的新想法（创意），也可以对他人提出的创意进行评价、加分、收藏和转发等。企业代表也活跃在该社区，对用户提出的创意及时反馈，并采纳有前景的创意对产品进行更新或升级。该社区有以下特点：社区中用户和企业代表的参与度和活跃度较高；社区用户贡献的创意和评论信息都是公开且真实的，这保证了本书数据的质量。

本书抓取自 2010 年 10 月（社区成立）至 2015 年 7 月的 29782 个用户的 63940 个帖子（创意）。该段时间是公司发展速度快、用户参与最活跃的 5 年。这段时间中用户参与频率高，与企业之间的互动也最为频繁，很多创意最终成为该公司终端操作系统中的经典功能。根据研究需要，对数据进行了以下处理：（1）将管理员发布的帖子和贡献者单纯提出问题的非创意帖子全部删除。（2）为尽量减少其他因素的影响，删除了一个帖子中包括两个及以上创意的帖子。（3）在编码的过程中，结合企业评价，删除了重复的创意。

2. 研究变量

（1）因变量：贡献者持续贡献创意意愿。包括是否和何时继续贡献创意两方面。是否继续贡献指贡献者贡献了某个创意后，是否继续贡献下一个创意；何时继续贡献创意指贡献者贡献某个创意至继续贡献下一个创意的时间间隔。具体操作如下：如果贡献者 i 在时间 t 发布第一个创意，t 即贡献者贡献下一个创意时间间隔的起始点。时间间隔即贡献者从 t 至贡献下一个创意的时间长度。如果没有继续贡献创意，时间间隔为贡献者贡献某个创意至数据观察期结束的时间。在本书中，所有在过去发布过创意的贡献者都被认为有发布后续创意的可能。某贡献者可能在数据观察期结束后继续贡献，但是本书看不到该贡献者的创意，此时该数据为截尾数据。鉴于这些特征，本书采用 Cox 半参数模型进行估计。

（2）自变量和调节变量。

①企业负向反馈与否。即创意得到企业负向反馈还是没有得到反馈。本书邀请三位研究生对企业反馈进行独立编码，将企业反馈分为正向、负向和中性三类。三位研究生编码结果之间的相关系数大于 0.8。在本书中，得到企业负向反馈指企业不做、没需求、不可行、没需求 + 不可行、参考其他帖、已有；得到企业正向反馈指创意得到企业录用和肯定。

②同伴正向评价量。即同伴对创意的正向评价量之和。同伴评价的类别有三种：正向、负向和其他（没有情感倾向）。本书采用深度神经网络方法对同伴评价进行分类。步骤如下：第一步，人工标记数据。使用人工编码的方式编码两万个同伴评价，以用于后续的数据集构建和模型训练。第二步，准备数据集。按照 8∶1∶1 的方式将人工标记的数据划分为训练集、测试集和验证集。然后根据数据集的分布情况采用随机复制样本的方法平衡训练集。第三步，模型估计。BERT 模型是由 Google 在 2018 年提出的预训练深度学习模型。其主要特点包括双向编码、基于 Transformer 的高度并行化结构，以及转移学习能力（Vaswani et al.，2017）。这些特性确保了BERT 在数据有限的场景中能够有效地处理长文本，并保证出色的性能。由于需要预测的同伴评价文本具有较长的内容和高度的上下文关联性，一般的文本分类模型往往难以有效地进行情感分类。因此，本书选择了 BERT 中

文文本分类模型来对未分类的同伴评价进行预测，并通过准确率（ACC）、精确率（PRE）、召回率（REC）以及 F_1 得分来评价模型的预测效果。通过对各种预测模型比较后，本书选择了预测效果最好的模型（$ACC = 0.850$，$PRE = 0.899$，$REC = 0.871$，$F_1 = 0.885$）。第四步，预测同伴评价正负。使用表现最好的模型去预测未分类的同伴评价。

③贡献者经验。用贡献者发帖数量来衡量贡献者经验。第一次发布创意的贡献者为首次贡献者。

（3）控制变量。包括了社区层面、创意层面和贡献者层面的控制变量。这些变量可能会影响贡献者持续贡献创意意愿，或者同时影响企业反馈和贡献者持续贡献创意意愿。

①版块受欢迎与否。即创意所在版块在创意众包社区中受欢迎与否。创意所在版块受欢迎与否会对企业是否反馈和贡献者持续贡献行为产生影响。本书将版块内帖子数量取均值，大于均值即为受欢迎版块，取值为1，否则为0。

②创意发布与注册时间差。即创意发布时间与贡献者社区注册时间差。该变量与企业是否反馈和贡献者持续贡献创意意愿都相关。

③创意中正负向情感词数。即创意文本中的正向和负向情感词数。创意中的正负向情感特征会影响企业反馈和贡献者的持续贡献创意意愿（杨艾旻和马永斌，2018）。本书通过基于情感词典的文本情感分析方法计算该变量（马永斌和徐晴，2020）。具体步骤如下：第一步，随机选择10000个创意，通过人工编码建立情感词典；第二步，将创意文本进行分词；第三步，将分词完毕的创意与情感词典进行对比，如果出现了一个情感词语就记1分，最终将得到的分值进行加总，得出正负向情感词数。

④总他人评价数。即创意得到的同伴总评价数。创意被同伴回复的次数越多，贡献者持续贡献的可能性就越大，企业也更有可能进行反馈。

⑤创意字数。即创意文本包含的字数。创意文本字数与企业反馈和贡献者的持续贡献创意意愿都相关。创意字数越多，表明创意发布者对创意的理解更为深刻，企业也会更谨慎地作出反馈。

⑥贡献者互动次数。即贡献者在贡献创意后，与企业和同伴互动的次数。互动次数越多，表明贡献者越在乎创意众包社区并愿意继续参与其中，

因此更有可能去贡献创意。

⑦累计企业正向和负向评价量。指贡献者在贡献创意之前得到企业的正向或负向评价次数。这两个变量反映了贡献者能力，它们不但会影响企业如何反馈，也会影响贡献者的持续贡献创意意愿。

3. 分析方法

本书使用 Cox 比例风险模型，采用 Rstudio 软件的 coxph 函数进行数据分析。本书考虑了贡献者重复贡献创意的特点（复发事件），采用 PWP – TT 模型进行数据分析。该模型认为之前发生的事件会增加后续事件再次发生的可能；个体只有在经历了先前的事件后，才会经历后续事件。该模型中时间间隔从初次事件发生开始。在稳健性检验部分，采用不同模型来考虑不同创意（事件）之间的关系，以验证研究结果的稳健性。本书的分析单位是贡献者的创意。当贡献者贡献了第一个创意后，他便进入分析的样本，本书分析他是否及何时继续贡献创意。

4.1.6 数据分析与结果

1. 描述统计

本书中相关变量的描述统计结果见表 4.2。

表 4.2　　　　　　　　　　描述统计结果

变量	样本量	最小值	最大值	均值	标准差
贡献者持续贡献创意意愿（是 = 1；否 = 0）	52022	0	1	0.483	0.500
贡献者贡献创意时间间隔（天）	52022	0	1667.10	274.691	335.104
企业负向反馈（负向反馈 = 1，没有反馈 = 0）	52022	0	1	0.240	0.427
企业正向反馈（正向反馈 = 1，没有反馈 = 0）	52022	0	1	0.089	0.285
企业中性反馈（中性反馈 = 1，没有反馈 = 0）	52022	0	1	0.079	0.270

变量	样本量	最小值	最大值	均值	标准差
同伴正向评价量	52022	0	29	1.649	2.536
贡献者经验	52022	1	29	3.441	4.706
版块受欢迎与否	52022	0	1	0.461	0.499
创意发布与注册时间差（天）	52022	0.016	1760.572	392.866	334.548
创意中正向情感词数	52022	0	146	2.114	3.892
创意中负向情感词数	52022	0	65	0.492	1.196
创意字数	52022	0	1002	37.01	80.432
总他人评价数	52022	0	34	2.922	3.819
贡献者互动次数	52022	0	64	1.147	1.970
累计企业正向评价量	52022	0	15	0.606	1.336
累计企业负向评价量	52022	0	14	0.781	1.385

2. 分析结果

结果表明（见表 4.3），相较于没有得到企业反馈，当得到企业负向反馈时，贡献者的持续贡献创意意愿增加了 15.7%（$\beta = 0.146$，$p < 0.001$）。因此 H1 成立。

表 4.3 同伴正向评价量调节

变量		企业负向反馈主效应（H1）	同伴正向评价量调节作用（H2）	同伴正向评价量多	同伴正向评价量少
自变量	企业负向反馈（相较于没有得到反馈）	0.146 *** (0.019)	0.119 *** (0.020)	0.050 (0.035)	0.259 *** (0.038)
调节变量	同伴正向评价量	0.029 (0.018)	0.020 *** (0.003)	0.020 *** (0.003)	0.020 *** (0.003)
	贡献者经验	0.801 *** (0.013)	0.802 *** (0.013)	0.802 *** (0.013)	0.802 *** (0.013)
交互项	企业负向反馈 × 同伴正向评价量		− 0.014 *** (0.004)	− 0.014 *** (0.004)	− 0.014 *** (0.004)

变量		企业负向反馈主效应（H1）	同伴正向评价量调节作用（H2）	同伴正向评价量多	同伴正向评价量少
控制变量	版块受欢迎与否（是=1）	0.054 *** （0.013）	0.052 *** （0.013）	0.052 *** （0.013）	0.052 *** （0.013）
	创意发布与注册时间差	− 0.009 + （0.005）	− 0.010 + （0.005）	− 0.010 + （0005）	− 0.010 + （0.005）
	创意中正向情感数量	0.058 *** （0.012）	0.056 *** （0.012）	0.057 *** （0.012）	0.057 *** （0.012）
	创意中负向情感数量	− 0.072 *** （0.016）	− 0.072 *** （0.016）	− 0.072 *** （0.016）	− 0.072 *** （0.016）
	创意字数	− 0.043 *** （0.009）	− 0.044 *** （0.009）	− 0.044 *** （0.009）	− 0.044 *** （0.009）
	总他人评价数	0.001 （0.016）	− 0.016 （0.013）	− 0.016 （0.013）	− 0.016 （0.013）
	贡献者互动次数	0.172 *** （0.011）	0.180 *** （0.011）	0.180 *** （0.011）	0.180 *** （0.011）
	累计企业正向评价量	− 0.120 *** （0.020）	− 0.123 *** （0.020）	− 0.123 *** （0.018）	− 0.123 *** （0.018）
	累计企业负向评价量	− 0.145 *** （0.020）	− 0.147 *** （0.019）	− 0.147 *** （0.018）	− 0.147 *** （0.018）
模型拟合	Wald（df）	11019 *** （14）	11091 *** （17）	11091 *** （17）	11091 *** （17）
	Likelihood ratio Test（df）	10857 *** （14）	10901 *** （17）	10901 *** （17）	10901 *** （17）

注：括号中的数值为该系数的稳健标准误； + 、 *** 分别表示在10% 、0.1% 的水平上显著。

企业负向反馈（相较于没有得到企业反馈）与同伴正向评价量的交互作用对贡献者持续贡献意愿的负向影响显著（$\beta = -0.014$，$p < 0.001$）；即随着同伴正向评价量增加1%，相比较没有得到企业反馈，企业负向反馈对贡献者持续贡献意愿的正向影响减少了1.39%。单独分析结果表明，在同伴正向评价量少时（$M_{均值} - 2*sd$），相较于没有得到企业反馈，企业负向反馈对贡献者持续贡献意愿的影响增加了 29.532%（$\beta = 0.259$，$p < 0.001$）；而在同伴正向评价量多时（$M_{均值} + 2*sd$），相较于没有得到企业反馈，企业负向反馈对贡献者持续贡献意愿的影响不显著（$\beta = 0.050$，$p >$

0.10）。因此 H2 成立。

　　企业负向反馈（相较于没有得到企业反馈）与贡献者经验的交互作用对贡献者持续贡献意愿的负向影响显著（表4.4，$\beta = -0.067$，$p < 0.001$）；即随着贡献者经验增加1%，相较于没有得到企业反馈，企业负向反馈对贡献者持续贡献创意意愿的正向影响减少了6.510%，因此 H3 得到验证。单独分析表明，在贡献者经验少时（$M_{均值} - 2 * sd$），相较于没有得到企业反馈，企业负向反馈对贡献者持续贡献创意意愿有显著的正向影响（$\beta = 0.299$，$p < 0.001$）；在贡献者经验多时（$M_{均值} + 2 * sd$），相较于没有得到企业反馈，企业负向反馈对贡献者持续贡献创意意愿也有显著的正向影响（$\beta = 0.055$，$p < 0.05$），但是正向影响程度减弱。因此 H3 得到验证。

表4.4　　　　　　　　　　　　贡献者经验调节

	变量	贡献者经验调节作用（H3）	贡献者经验多	贡献者经验少
自变量	企业负向反馈（相较于没有得到反馈）	0.225 *** (0.026)	0.299 *** (0.039)	0.055 * (0.027)
调节变量	同伴正向评价量	0.028 (0.018)	0.028 (0.018)	0.028 (0.018)
	贡献者经验	0.838 *** (0.014)	0.838 *** (0.014)	0.838 *** (0.014)
交互项	企业负向反馈×贡献者经验	-0.067 *** (0.015)	-0.067 *** (0.015)	-0.067 *** (0.015)
控制变量	版块受欢迎与否（是=1）	0.053 *** (0.013)	0.053 *** (0.013)	0.053 *** (0.013)
	创意发布与注册时间差	-0.010 + (0.005)	-0.010 + (0.005)	-0.010 + (0.005)
	创意中正向情感数量	0.058 *** (0.012)	0.058 *** (0.012)	0.058 *** (0.012)
	创意中负向情感数量	-0.072 *** (0.016)	-0.072 *** (0.016)	-0.072 *** (0.016)
	创意字数	-0.044 *** (0.009)	-0.044 *** (0.009)	-0.044 *** (0.009)
	总他人评价数	0.009 (0.016)	0.009 (0.016)	0.009 (0.016)

	变量	贡献者经验调节作用（H3）	贡献者经验多	贡献者经验少
控制变量	贡献者互动次数	0.174 *** (0.011)	0.174 *** (0.011)	0.174 *** (0.011)
	累计企业正向评价量	− 0.120 *** (0.018)	− 0.120 *** (0.018)	− 0.120 *** (0.018)
	累计企业负向评价量	− 0.152 *** (0.018)	− 0.152 *** (0.018)	− 0.152 *** (0.018)
模型拟合	Wald（df）	11127 *** (17)	11127 *** (17)	11127 *** (17)
	Likelihood ratio Test（df）	10895 *** (17)	10895 *** (17)	10895 *** (17)

注：括号中的数值为该系数的稳健标准误；＋、＊、＊＊＊分别表示在 10%、5%、0.1% 的水平上显著。

企业负向反馈（相较于没有得到企业反馈）、同伴正向评价量和贡献者经验三者的交互作用对贡献者持续贡献意愿的正向影响显著（表 4.5，$\beta = 0.049$，$p < 0.05$）。即随着参与经验增加 1%，同伴正向评价量和企业负向反馈（相比较没有反馈）的交互作用对贡献者持续贡献意愿的负向影响减少了 5.049%。单独分析表明，在贡献者经验少时（$M_{均值} - 2 * sd$），同伴正向评价量和企业负向反馈的负向交互作用显著（$\beta = - 0.150$，$p < 0.01$）；而在贡献者经验多时（$M_{均值} + 2 * sd$），同伴正向评价量和企业负向反馈的交互作用不显著（$\beta = 0.029$，$p > 0.10$）。因此 H4 得到验证。

表 4.5　　贡献者经验和同伴正向评价量的共同调节作用

	变量	贡献者经验对同伴正向评价量调节作用的影响（H4）	贡献者经验多	贡献者经验少
自变量	企业负向反馈（相较于没有得到反馈）	− 0.107 *** (0.021)	0.413 *** (0.054)	0.023 (0.039)

续表

变量		贡献者经验对同伴正向评价量调节作用的影响（H4）	贡献者经验多	贡献者经验少
调节变量	同伴正向评价量	0.159 *** (0.024)	0.257 *** (0.033)	− 0.067 ** (0.025)
	贡献者经验	0.906 *** (0.017)	0.906 *** (0.017)	0.906 *** (0.017)
交互项	企业负向反馈×同伴正向评价量	− 0.096 ** (0.030)	− 0.150 ** (0.050)	0.029 (0.036)
	企业负向反馈×贡献者经验	− 0.107 *** (0.021)	− 0.108 *** (0.022)	− 0.108 *** (0.022)
	同伴正向评价量×贡献者经验	− 0.089 *** (0.011)	− 0.089 *** (0.011)	− 0.089 *** (0.011)
	企业负向反馈×同伴正向评价量×贡献者经验	0.049 * (0.020)	0.049 * (0.020)	0.049 * (0.020)
控制变量	版块受欢迎与否（是 = 1）	0.054 *** (0.013)	0.054 *** (0.013)	0.054 *** (0.013)
	创意发布与注册时间差	− 0.011 * (0.005)	− 0.011 * (0.005)	− 0.011 * (0.005)
	创意中正向情感数量	0.056 *** (0.012)	0.056 *** (0.012)	0.056 *** (0.012)
	创意中负向情感数量	− 0.074 *** (0.016)	− 0.074 *** (0.016)	− 0.074 *** (0.016)
	创意字数	− 0.044 *** (0.009)	− 0.044 *** (0.009)	− 0.044 *** (0.009)
	总他人评价数	0.003 (0.016)	0.004 (0.016)	0.004 (0.016)
	贡献者互动次数	0.175 *** (0.011)	0.175 *** (0.011)	0.175 *** (0.011)
	累计企业正向评价量	− 0.115 *** (0.020)	− 0.115 *** (0.018)	− 0.115 *** (0.018)
	累计企业负向评价量	− 0.151 *** (0.020)	− 0.151 *** (0.018)	− 0.151 *** (0.018)

变量		贡献者经验对同伴正向评价量调节作用的影响（H4）	贡献者经验多	贡献者经验少
模型拟合	Wald（df）	20412 ***（24）	20412 ***（24）	20412 ***（24）
	Likelihood ratio Test（df）	10981 ***（24）	10981 ***（24）	10981 ***（24）

注：括号中的数值为该系数的稳健标准误；*、**、*** 分别表示在 5%、1%、0.1% 的水平上显著。

4.1.7 机制探索和稳健性检验

1. 机制探索

本书认为在接受率低的情境下，相比较没有得到企业反馈，得到企业负向反馈后，贡献者感知的企业重视程度和贡献高质量创意的潜能提高。根据自我增强和社会比较理论，在贡献者自我得到提升后，满意度和正向情绪会增加（Brown et al.，2007；Taylor et al.，2003），对企业的不满会减少（Fournier & Mick，1999），对企业的对抗和解释等行为也会减少（Wong et al.，2011；张婍等，2009），这使得贡献者更少使用复杂句子（比如连词），更少使用问号和更有可能与企业进行互动（Wong et al.，2011）。

第一，本书分析了没有得到反馈和得到企业负向反馈后贡献者的负向情绪词语数、连词使用数、问号使用数、与企业互动次数以及使用字数（单次互动）的差异。使用零膨胀的 Poisson 模型（zero-inflated poisson regression），结果表明（见表 4.6），相比较没有得到反馈，在得到企业负向反馈后，贡献者的负向情绪词语数、连词使用数、问号使用数以及与企业的互动次数都减少（尽管反馈字数增加），这表明在得到企业负向反馈后，贡献者的不满情绪减少，对抗和解释等行为也减少。

表 4.6　　　　　　　　　　企业负向反馈对贡献者行为的影响

自变量	因变量				
	负向情绪词语数	连词使用数	问号使用数	与企业互动次数	反馈字数
企业负向反馈（相比较没有得到反馈）	− 0.530 *** (0.022)	− 0.558 *** (0.023)	− 0.405 *** (0.031)	− 0.819 *** (0.036)	11.041 *** (0.666)
同伴正向评价量	0.454 *** (0.026)	0.435 *** (0.027)	0.430 *** (0.036)	0.173 *** (0.042)	− 7.457 *** (0.776)
控制变量	包括在内	包括在内	包括在内	包括在内	包括在内
$logLikelihood/F$ 值	− 193300 (22)	− 102900 (22)	− 37750 (22)	− 29710 (34)	391.4 *** (10)

注：括号中的数值为该系数的稳健标准误，*** 表示在 0.1% 的水平上显著。本表没有列出控制变量的影响。

第二，本书分析企业负向反馈和同伴正向评价量对同伴群体上述行为的影响。结果表明（见表 4.7），同伴正向评价量与是否得到企业负向反馈的交互作用正向影响同伴的负向情绪词语数、连词使用数、问号使用数（但是不显著）以及与企业的互动次数。这些结论间接验证了本书的假设推理过程，即随着同伴正向评价量增加，企业负向反馈（相比较没有得到反馈）对同伴群体不满情绪的负向影响减弱（或者正向影响增加）。

表 4.7　　　　　企业负向反馈和同伴正向评价量对同伴互动行为的影响

自变量	因变量				
	负向情绪词语数	连词使用数	问号使用数	与企业互动次数	反馈字数
企业负向反馈（相比较没有得到反馈）	− 0.579 *** (0.031)	− 0.614 *** (0.033)	− 0.443 *** (0.046)	− 1.091 *** (0.056)	10.044 *** (0.922)
同伴正向评价量	0.420 *** (0.029)	0.395 *** (0.030)	0.395 *** (0.040)	0.027 (0.047)	− 7.601 *** (0.844)
企业负向反馈 × 同伴正向评价量	0.082 ** (0.032)	0.078 * (0.033)	0.043 (0.042)	0.283 *** (0.046)	1.047 (0.930)

自变量	因变量				
	负向情绪词语数	连词使用数	问号使用数	与企业互动次数	反馈字数
控制变量	包括在内	包括在内	包括在内	包括在内	包括在内
$\log Likelihood/F$ 值	−191800 (30)	−102300 (30)	−37660 (30)	−29650 (30)	295.4 *** (14)

注：括号中的数值为该系数的稳健标准误，*、**、*** 分别表示在 5%、1%、0.1% 的水平上显著。本表没有列出控制变量的影响。

第三，同样使用零膨胀的 Poisson 模型，结果表明（见表 4.8），贡献者经验与是否得到企业负向反馈的交互作用负向影响贡献者的负向情绪词语数、连词使用数和问号使用数，正向影响贡献者与企业的互动次数和单次互动的字数。这表明，随着贡献者经验增加，在得到企业负向反馈后，贡献者对企业的不满增加，但是他们较少采用对企业质疑和表达负向情绪，而是通过增加与企业的互动次数和单次互动的字数等形式来表达。因为企业认同感高的用户不仅贡献更多的创意，还会努力减少与企业的冲突，主动去应对诋毁企业的行为（Chan et al.，2015）。此外，进一步分析表明，随着贡献者经验不断丰富，在没有得到反馈和得到企业负向反馈时，贡献者的贡献意愿分别增强了 133%（$\beta = 0.846$，$p < 0.001$）和 118%（$\beta = 0.778$，$p < 0.001$）。这表明随着贡献者经验增加，贡献者贡献的主动性和对企业的认同感在不断提高。

表 4.8　　企业负向反馈和贡献者经验对贡献者互动行为的影响

自变量	因变量				
	负向情绪词语数	连词使用数	问号使用数	与企业互动次数	反馈字数
企业负向反馈（相比较没有得到反馈）	− 0.379 *** (0.040)	− 0.375 *** (0.041)	− 0.304 *** (0.054)	− 0.893 *** (0.066)	0.381 *** (0.034)
贡献者经验	− 0.195 *** (0.017)	− 0.195 *** (0.018)	− 0.150 *** (0.024)	− 0.040 (0.034)	0.193 *** (0.015)

续表

自变量	因变量				
	负向情绪 词语数	连词 使用数	问号 使用数	与企业 互动次数	反馈字数
企业负向反馈×贡献者经验	−0.103 *** (0.025)	−0.130 *** (0.026)	−0.078 * (0.033)	0.098 * (0.044)	0.121 *** (0.022)
控制变量	包括在内	包括在内	包括在内	包括在内	包括在内
$logLikelihood/F$ 值	−228900 (34)	−121500 (34)	−44220 (34)	−34820 (34)	534.6 *** (16)

注：括号中的数值为该系数的稳健标准误，* 、*** 分别表示在5%、0.1%的水平上显著。本表没有列出控制变量的影响。

企业负向反馈与否对用户行为的影响机制检验结果汇总见表4.9。

表4.9   企业负向反馈对用户行为的影响机制检验结果

自变量	负向情绪 词语数	连词 使用数	问号 使用数	与企业 互动次数	反馈字数
企业负向反馈（没有反馈）	−（***）	−（***）	−（***）	−（***）	+（***）
企业负向反馈（没有反馈）×同伴正向评价量（因变量：用户群体）	+（**）	+（*）	+（ns）	+（***）	+（ns）
企业负向反馈（没有反馈）×贡献者经验	−（***）	−（***）	−（*）	+（*）	+（***）

注：ns 表示不显著；* 、** 、*** 分别表示在5%、1%、0.1%的水平上显著。

第四，企业负向反馈中的解释可以增加贡献者感知的被重视程度和为贡献者提供进一步努力的方向，增加他们继续贡献创意的意愿（Piezunka & Dahlander, 2019），所以贡献者贡献意愿的增加可能是因为解释而不是负向反馈本身带来的。为此，本书分析了企业负向反馈中解释的作用。结果表明，平均来讲，无论是否给予解释，相比较没有反馈，得到企业负向反馈后，贡献者持续贡献创意的意愿都增加（没有解释时，$\beta = 0.132$，$p < 0.01$；包括解释时，$\beta = 0.154$，$p < 0.01$），而且包括和没有包括解释的

影响没有差异（$\beta = 0.021$，$p > 0.1$）。进一步研究表明，随着贡献者经验增加，相比较没有包括解释，当包括解释时，企业负向反馈对贡献者持续贡献创意意愿的正向影响减少（$\beta = -0.046$，$p < 0.05$）。在贡献者经验少时，相比较没有包括解释，企业负向反馈包括解释的正向影响更大（$\beta = 0.126$，$p < 0.05$）。在贡献者经验多时，是否包括解释的影响没有差异（$\beta = -0.039$，$p > 0.1$）（见表 4.10）。这表明随着经验增加，贡献者的知识和能力不断提高（Chan et al.，2021），他们从与企业与同伴互动中获取的知识减少（Bagozzi & Dholakia，2006），企业负向反馈中企业解释的作用下降。此外，随着贡献者经验增加，企业给出的解释通常可以预期，这会让贡献者无法信服，企业负向反馈中解释的作用减弱。

此外，随着贡献者经验增加，无论企业负向反馈是否包括解释，企业负向反馈（相较于没有反馈）的正向影响都减少（包括解释时：$\beta = -0.086$，$p < 0.001$；不包括解释时：$\beta = -0.041$，$p < 0.05$）。在贡献者经验多时，企业负向反馈提供解释的影响不显著（$\beta = 0.039$，$p > 0.1$），企业负向反馈没有解释的正向影响显著（$\beta = 0.078$，$p < 0.05$）。在贡献者经验少时，企业负向反馈（无论是否提供解释）的影响均显著（包括解释时：$\beta = 0.351$，$p < 0.001$；不包括解释时：$\beta = 0.225$，$p < 0.001$）（见表 4.10）。这表明随着贡献者经验增加，企业负向反馈中的解释的确是其正向影响减少的原因之一，但在没有包括解释时，企业负向反馈的正向影响也会减少。因此本书的推理仍然成立。

表 4.10　企业负向反馈（包含解释情况）对用户持续贡献创意意愿的影响

经验	企业反馈情况		
经验多	负向反馈包括解释 vs 不反馈（+，ns）	负向反馈不包括解释 vs 不反馈（+，*）	负向反馈包括解释 vs 不包括解释（-，ns）
经验少	负向反馈包括解释 vs 不反馈（+，***）	负向反馈不包括解释 vs 不反馈（+，***）	负向反馈包括解释 vs 不包括解释（+，*）

注：因变量为用户持续贡献创意意愿。ns 表示不显著；*、*** 分别表示在 5%、0.1% 的水平上显著。

2. 稳健性检验

（1）模型设定的影响。根据阿莫林和凯（Amorim & Cai，2015）建议，主要考虑以下可能模型：AG 模型（见表4.11），该模型认为，在控制了协变量之后，事件再次发生的可能性与已发生事件无关，即条件独立；PWP - GT 模型（见表4.12），该模型与 PWP - TT 类似，只是该模型中时间间隔从上次事件结束后重新开始；Logit 模型，使用聚类标准误考虑同一贡献者贡献创意之间的相关性（见表4.13）。结果显示，本书的假设都得到了验证。

表4.11　　　　　　　　　稳健性检验（Anderson - Gill Model）

	变量	企业负向反馈主效应（相比较无反馈）	同伴正向评价量调节作用	贡献者经验调节作用	总模型（同伴正向评价量和经验的调节作用）
自变量	企业负向反馈（相较于没有得到企业反馈）	0.277 *** (0.025)	0.277 *** (0.025)	0.407 *** (0.034)	0.503 *** (0.046)
调节变量	同伴正向评价量	0.043 * (0.018)	0.069 *** (0.020)	0.041 * (0.018)	0.276 *** (0.029)
	贡献者经验	0.994 *** (0.018)	0.995 *** (0.018)	1.059 *** (0.019)	1.167 *** (0.022)
交互项	企业负向反馈×同伴正向评价量		- 0.042 * (0.021)		- 0.122 ** (0.042)
	企业负向反馈×贡献者经验			- 0.107 *** (0.018)	- 0.161 *** (0.026)
	同伴正向评价量×贡献者经验				- 0.138 *** (0.014)
	企业负向反馈×同伴正向评价量×贡献者经验				0.064 ** (0.024)
控制变量	包括在内	包括在内	包括在内	包括在内	包括在内

续表

	变量	企业负向反馈主效应（相比较无反馈）	同伴正向评价量调节作用	贡献者经验调节作用	总模型（同伴正向评价量和经验的调节作用）
模型拟合	Wald （df）	9989 *** (14)	9995 *** (17)	10018 *** (17)	10997 *** (24)
	Likelihood ratio Test （df）	8791 *** (14)	8804 *** (17)	8869 *** (17)	8894 *** (24)

注：括号中的数值为该系数的稳健标准误；*、**、*** 分别表示在 5%、1%、0.1% 的水平上显著。本表没有列出控制变量的影响。

表 4.12 稳健性检验（PWP – TT Model）

	变量	企业负向反馈主效应（相比较无反馈）	同伴正向评价量调节作用	贡献者经验调节作用	总模型（同伴正向评价量和经验的调节作用）
自变量	企业负向反馈（相较于没有得到企业反馈）	0.063 ** (0.024)	0.076 * (0.026)	0.407 *** (0.034)	0.351 *** (0.051)
调节变量	同伴正向评价量	0.048 * (0.019)	0.065 ** (0.020)	0.041 * (0.018)	0.280 *** (0.031)
	贡献者经验		NA	1.509 *** (0.019)	NA
交互项	企业负向反馈 × 同伴正向评价量		− 0.042 * (0.021)		− 0.124 ** (0.047)
	企业负向反馈 × 贡献者经验			− 0.120 *** (0.023)	− 0.191 *** (0.030)
	同伴正向评价量 × 贡献者经验				− 0.144 *** (0.016)
	企业负向反馈 × 同伴正向评价量 × 贡献者经验				0.081 ** (0.028)
控制变量	包括在内		包括在内	包括在内	包括在内

续表

	变量	企业负向反馈主效应（相比较无反馈）	同伴正向评价量调节作用	贡献者经验调节作用	总模型（同伴正向评价量和经验的调节作用）
模型拟合	Wald（df）	573 (13)	578.6 *** (16)	606 *** (16)	695.2 *** (23)
	Likelihood ratio Test（df）	847.6 (13)	857.2 *** (16)	899.2 *** (16)	997.8 *** (23)

注：括号中的数值为该系数的稳健标准误；*、**、***分别表示在5%、1%、0.1%的水平上显著。本表没有列出控制变量的影响。

表4.13　　　　　　　　　　稳健性检验（Logit 模型）

	变量	企业负向反馈主效应（相比较无反馈）	同伴正向评价量调节作用	贡献者经验调节作用	总模型（同伴正向评价量和经验的调节作用）
自变量	企业负向反馈（相较于没有得到企业反馈）	0.278 *** (0.036)	0.243 *** (0.040)	0.389 *** (0.065)	0.552 *** (0.086)
调节变量	同伴正向评价量	0.011 *** (0.003)	0.016 *** (0.003)	0.011 *** (0.003)	0.385 *** (0.050)
	贡献者经验	1.639 *** (0.037)	1.641 *** (0.037)	1.683 *** (0.041)	1.849 *** (0.050)
交互项	企业负向反馈×同伴正向评价量		−0.131 *** (0.037)		−0.211 ** (0.077)
	企业负向反馈×贡献者经验			−0.100 * (0.048)	−0.228 *** (0.069)
	同伴正向评价量×贡献者经验				−0.219 *** (0.036)
	企业负向反馈×同伴正向评价量×贡献者经验				0.155 * (0.065)
控制变量	包括在内	包括在内	包括在内	包括在内	包括在内
模型拟合	Null deviance	67246	67246	67246	67246
	Residual deviance	56787	56771	56781	56725
	AIC	56819	56809	56819	56777

注：括号中的数值为该系数的稳健标准误；*、**、***分别表示在5%、1%、0.1%的水平上显著。本表没有列出控制变量的影响。

（2）IPTW 分析。本书结论的一个最大威胁是企业负向反馈或者不反馈可能是非随机的，即企业可能是因为某贡献者更有可能继续贡献创意，而对其贡献的创意进行负向反馈。基于此，本书通过使用逆概率加权（IPTW）方法（Piezunka & Dahlander, 2019；Robins et al., 2000）来解决这个问题。该方法控制了某些贡献者可能比其他贡献者更有可能得到企业负向反馈的可能性。IPTW 使用估计的概率倒数作为权重来解决数据不平衡问题。该方法的过程如下：①使用 Logit 模型估计得到企业负向反馈（没有得到反馈的）概率。自变量包括同时影响贡献者是否得到企业负向反馈和持续贡献意愿的因素（在得到企业负向反馈之前）；②计算权重；③使用加权 coxph 函数重新估计模型。结果表明，本书的研究结论都得到了验证（见表 4.14）。

表 4.14   **稳健性检验（IPTW）**

	变量	企业负向反馈主效应（相比较无反馈）	同伴正向评价量调节作用	贡献者经验调节作用	总模型（同伴正向评价量和经验的调节作用）
自变量	企业负向反馈（相较于没有得到企业反馈）	0.058 *** (0.004)	0.056 *** (0.005)	0.111 *** (0.014)	0.109 *** (0.014)
调节变量	同伴正向评价量	0.002 (0.002)	0.002 (0.002)	0.010 *** (0.002)	0.035 *** (0.004)
调节变量	贡献者经验	0.246 *** (0.003)	0.246 *** (0.005)	0.272 *** (0.008)	0.266 *** (0.008)
交互项	企业负向反馈×同伴正向评价量		− 0.003 * (0.002)		− 0.019 * (0.006)
交互项	企业负向反馈×贡献者经验			− 0.031 *** (0.008)	− 0.030 *** (0.002)
交互项	同伴正向评价量×贡献者经验				− 0.015 *** (0.002)
交互项	企业负向反馈×同伴正向评价量×贡献者经验				0.008 * (0.003)

变量		企业负向反馈主效应（相比较无反馈）	同伴正向评价量调节作用	贡献者经验调节作用	总模型（同伴正向评价量和经验的调节作用）
控制变量	包括在内		包括在内	包括在内	包括在内
模型拟合	Null deviance	8367.7	8367.7	8367.7	8367.7
	Residual deviance	6193.6	6191.0	6188.6	6179.0
	AIC	69537	69522	69507	69451

注：括号中的数值为该系数的稳健标准误；＊、＊＊、＊＊＊分别表示在 5%、1%、0.1% 的水平上显著。本表没有列出控制变量的影响。

4.1.8 理论意义和管理启示

基于创意众包社区中创意平均接受率极低的特点，借助社会比较理论，结果表明，相比较没有反馈，企业负向反馈对贡献者持续贡献意愿有正向影响，但是随着同伴正向评价量增加，企业负向反馈正向影响减弱（相比较不反馈）；随着贡献者经验增加，企业负向反馈的正向影响减弱（相比较不反馈），同伴正向评价量的调节作用也减弱。本书的研究结论深化和拓展了皮耶琴卡和达兰德（2019）的研究结论，综合考虑了创意众包社区中企业反馈和同伴评价两种激励方式，并将企业反馈的影响从短期向长期扩展。

1. 理论意义

第一，本书基于创意众包社区中创意平均接受率低这一特点，为整合已有研究的不一致结论，分析企业负向反馈的影响提供了新视角。本书认为创意众包社区中创意平均接受率低是企业负向反馈（相比较没有反馈）对贡献者持续贡献意愿产生正向影响的条件，并通过分析同伴正向评价量和发帖经验的调节作用来间接验证了该机制。研究结论深化和补充了皮耶琴卡和达兰德（2019）的研究：首先，本书发现当创意平均接受率低对个体自我评价不再重要时（同伴正向评价量多和发帖经验丰富时），企业负向反馈（相较于不反馈）的激励作用减弱；当创意平均接受率低对个体创意自我评价重要时（同伴正向评价量少和发帖经验不丰富时），企业负向反馈（相较于不反馈）的激励作用增强。其次，皮耶琴卡和达兰德（2019）主要关注企业负向反馈（相较于不反馈）对初始贡献者的激励作用，本书发现无论是初始还是多次贡献者，企业负向反馈都有正向影响，但对经验少的贡献者影响更大。本书的研究结论与冯贝莱（Fombelle et al.，2016）的研究结论不一致，冯贝莱（2016）发现在接受率低的情境下，企业负向反馈会增加贡献者的面子威胁，从而降低其持续贡献创意。但是本书发现企业负向反馈（相比较没有得到反馈）会增加贡献者的持续贡献意愿，这可能是因为研究者使用实验法无法很好地去操控接受率低（或参与者无法感知到创意的接受率很低）的情景。

第二，补充了多元激励理论和不一致反馈的研究结论。在创意众包社区中，存在企业反馈和同伴评价两种激励方式。尽管已有研究表明，企业负向反馈和同伴评价都可以激励用户持续贡献创意，而且二者影响贡献者持续贡献意愿的机制不同（Gallus et al.，2019），但是二者如何共同影响没有得到关注。本书结果表明，当同伴正向评价量多时，企业负向反馈的激励作用减弱；同伴正向评价量减弱了企业负向反馈的激励作用。本书认为这是因为同伴正向评价量提高了贡献者对创意质量的期望，增加了用户群体感知的群体认同，而负向反馈是对贡献者自我和用户群体的否定，因此，企业负向反馈的激励作用会降低。本书补充了不一致反馈的研究结论（Blagoeva et al.，2020），结果表明不同来源的不一致反馈会减弱激励效果。

第三，加深了动态激励的研究结论。本书将用户创意平均接受率、贡献者经验、同伴正向评价量、企业反馈四者进行结合，加深了动态激励的研究结论。首先，本书发现相较于创意平均接受率、同伴正向评价量和企业反馈，贡献者经验是最接近贡献者的本地信息，是贡献者决策的主要参考。随着贡献者经验不断增加，用户创意平均接受率的参考作用，企业负向反馈的正向影响和同伴正向评价量的调节作用都降低。该结论支持已有自我评价和信息利用的研究（Corcoran et al.，2011），加深了创意众包社区中企业反馈与用户贡献创意的研究结论（Piezunka & Dahlander，2019）。其次，本书整合贡献者经验增加带来的两种结果，贡献者能力和对企业的认同感的共同影响，认为二者都减弱了企业负向反馈的激励作用。而以往关于贡献者经验的研究主要从贡献者经验与能力、贡献者经验与企业认同的角度单独进行研究（贺爱忠和李雪，2015；Chan et al.，2015；Chan et al.，2021）。

第四，丰富了社会比较、自我评价和信息利用的研究。首先，本书整合多种来源自我评价信息的不同影响。创意众包社区中，用户创意平均接受率、同伴评价数量、贡献者经验、企业反馈都是贡献者进行自我评价的信息来源，但当这些因素整合在一起时，如何共同影响个体的行为？本书验证了用户创意平均接受率作为远距离信息对贡献者影响的条件，特别是其起正向作用的条件，这是以往研究特别建议关注的（Zell & Alicke，2020）。其次，本书发现个体比较信息选择随着外界环境的变化而变化。在得到企业负向反馈后，创意平均接受率可以作为贡献者的参考信息；在同伴正向评价量多时，创意平均接受率的影响减弱；随着贡献者经验不断增加，创意平均接受率和同伴正向评价量的参考作用都减弱。这丰富了社会比较和信息利用的研究结果（Zell & Alicke，2009；Zell et al.，2015）。

2. 管理启示

第一，企业应该尽量对发帖者进行反馈。本书表明企业负向反馈非常重要，无论是初始贡献者，还是经验丰富的贡献者，企业负向反馈都比不反馈好。对于经验丰富的贡献者，企业在负向反馈时，需要提供更加详尽和可信的解释。例如，奇堡（Tchibo）公司根据经验水平区分贡献者，并为经验丰富的创意者提供"研讨会"。经验丰富的贡献者会从公司的专家设计师那里获得批评性建议。因此提供详尽的解释更有可能减少经验多的贡献者对企业解释的不满，增加他们贡献创意的意愿和质量（Huang et al.，2014）。

第二，在创意众包社区中，企业反馈需要与同伴评价尽量保持一致。例如，在实践中，对于初始贡献者，企业应该给予低的权限，比如在发帖时不可以发起投票，并建议他们理性发帖，以减少可能引起同伴非理性支持的可能性。此外，在创意众包社区中，如果与同伴的意见不一致，企业通常延长反馈时间间隔。基于本书的数据，用户每天贡献的创意数量较多，只有最近贡献的创意才可以得到同伴关注，所以只要延长反馈时间，就可以减少同伴正向评价量，减少企业负向反馈带来的同伴认同威胁。

第三，在实践中，企业可以邀请贡献经验丰富的用户成为特殊组别，比如 MIUI 社区中，组建"荣誉开发组"和"社区解答组"等，以承担部分企业的任务和工作。给予经验丰富的用户更高的头衔和权限，从事原有企业从事的工作，这可以增加他们与企业的认同，减少同伴正向评价量带来的社会认同威胁，对于减少企业负向反馈的负向影响有积极的作用。这与本书的研究结论一致。

4.1.9 研究的局限和展望

第一，本书数据中大部分贡献者贡献的创意数较少，虽然符合网络社区的特征，但是这可能会影响研究结果的稳健性，以后的研究需要使用更高质量的数据以检验本书的结论。

第二，本书使用的数据年限较早，得出的研究结论在新兴的创意众包社区中是否适用也亟待证明。因此在后续的研究中需要使用更新的数据以检验本书的结论。

第三，变量测量误差的影响。比如，贡献者经验可以采用其他替代变量以检验其稳健性；同伴评价情感分类的准确度是否可以继续提高，也需要进一步验证。

第四，其他缺失变量的影响。尽管本书采用各种方法来验证研究结论的稳健性，但是肯定会有其他缺失变量存在，比如贡献者能力变量缺失等而影响研究结论的稳健性。

第五，未来的研究可以进一步关注企业负向反馈程度（而不仅是反馈效价）和企业反馈前后同伴正向评价量影响的差异等。

4.2 创意众包社区中企业直接表达感谢
对贡献者持续贡献创意意愿的影响

4.2.1 引言

互联网和新媒体技术的发展为用户和企业互动提供了便利，也改变了企业的产品开发模式。许多企业纷纷创建创意众包社区（比如小米的 MIUI 社区，Dell 的 IdeaStorm 社区）方便用户贡献产品开发创意（Bayus，2013）。用户持续贡献创意是创意众包社区持续发展的关键（Huang et al.，2014；Piezunka & Dahlander，2019）。然而，随着创意众包社区的发展，用户贡献创意的积极性和数量都明显下降（Piezunka & Dahlander，2019）。创意众包社区是一个开放社区，用户之间没有竞争，参与者也不会得到经济方面的奖励（Huang et al.，2014）。在这种情景下，如何激励用户持续贡献创意更具挑战。

创意众包社区中贡献创意的用户（贡献者）、对创意进行评价的用户（同伴）和企业代表之间相互影响、共同促进社区的发展（马永斌和徐晴，2020）。在贡献者贡献创意后，除了同伴进行评价外，企业代表也会进行评价，即企业反馈。在创意众包社区中，由于用户贡献创意意愿的自愿性和无偿性，企业不能按照内部员工的管理方式去约束社区用户的行为（Huang et al.，2018）。此时，企业反馈成为企业可控的少数直接影响贡献者行为的方式之一（Huang et al.，2014；Piezunka & Dahlander，2019）。本书关注一个被已有研究忽略的因素，即企业反馈中直接表达感谢对贡献者持续贡献创意意愿的影响。在本书中，直接表达感谢指企业反馈文字中包括能够直接而明确地表达感谢用意的词语（李丽娜，2004）。在实践中，企业直接表达感谢操作简单，而且无须花费很多精力和成本。如果企业直接表达感谢的确可以激励贡献者持续贡献创意，那么恰当地直接表达感谢，可能会收到"事半功倍"的效果。

已有关于感谢激励效果的研究主要集中于亲社会行为。研究发现，表达感谢表明帮助者的行为在受助者生活中扮演着重要角色，会增加帮助者和受助者的快乐、减少抑郁、增强社会联系（Algoe et al.，2013），激励他们表现出更多的亲社会行为（Grant & Gino，2010）。另外，基于网络互助平台的研究也发现，受助者直接表达感谢正向影响帮助者的亲社会行为，即表达感谢会增加回答者参与的积极性，甚至会提高其答题的质量（Makri & Turner，2020；Fangl et al.，2018）。

与网络互助平台相比，创意众包社区具有以下特点。第一，在创意众包社区中，存在多种不同来源的激励方式。首先，除了对贡献者直接表达感谢外，企业还会对贡献者的创意进行正向或负向反馈（Bayus，2013；Huang et al.，2014；Piezunka & Dahlander，2019），且由于企业对创意的接受率极低（Fombelle et al.，2016），创意得到企业负向反馈的可能性更高。然而，在网络互助平台中，提问者通常不会对回答者进行负向反馈。其次，除了企业反馈外，同伴评价也是重要的非经济激励方式（Huang et al.，2014）。在很多情况下，企业直接表达感谢与同伴的支持同时存在。但在网络互助平台中，回答者主要是解决提问者的问题，其他用户通常不会参与评价。第二，在创意众包社区中，除了企业反馈和评价者评价外，贡献者特征也会影响企业是否直接表达感谢。贡献者积分指贡献者参与贡献创意、评论创意以及回答成员问题等所有社区活动而得到的奖励。在本书的数据中，相比较积分低的贡献者，企业更有可能对积分高的贡献者直接表达感谢。但在网络互助平台中由提问者表达感谢，他们有充足的时间和精力去判断回答的质量，所以较少受到回答者特征的影响（Piezunka & Dahlander，2014）。基于这些差异，在创意众包社区中，企业直接表达感谢是否仍然有效？当企业反馈或同伴评价存在时，企业直接表达感谢的作用是否发生变化？当贡献者积分更高时，企业直接表达感谢是否更有效？这些问题对于理解企业在创意众包社区中直接表示感谢所带来的影响效果非常关键。

结合创意众包社区中用户贡献创意的动机和激励理论，本书认为企业直接表达感谢会增加贡献者的持续贡献创意意愿。这是因为相比较没有直接表达感谢，企业直接表达感谢会增加贡献者感知的自我效能和社会价值

（Grant & Gino，2010）。当企业直接表达感谢时，贡献者感知的贡献高质量创意的能力，被需求、被关心和被重视程度都会增加，贡献者贡献创意的积极性也会提高（Grant & Gino，2010）。更为重要的是，本书基于不同激励方式（企业直接表达感谢、企业反馈和同伴评价）有机整合的视角（张剑等，2010），认为企业反馈和同伴评价会影响贡献者在自我评价时关注的标准，即评价聚焦（Mehta et al.，2017；Harackiewicz et al.，1987），比如，企业反馈会引起贡献者对目标达成的关注，而同伴评价将贡献者的注意力转向了社会认可（Chan et al.，2021；Mehta et al.，2017；Harackiewicz et al.，1987）。不同激励方式引起的不同评价聚焦，使贡献者对企业直接表达感谢的内化效果存在差异，并因此对贡献者意愿产生不同的影响。不同积分贡献者的参与经验和动机不同，他们从企业直接表达感谢中得到的自我效能感和社会价值感不同，企业直接表达感谢的影响也会有差异。本书关注创意众包社区中三种参与者（企业代表、同伴和贡献者）特征的调节作用，丰富了网络社区环境中非物质激励和多源激励的研究结论，对于在创意众包社区中企业如何直接表达感谢也有参考价值。

4.2.2　文献综述

1. 贡献者参与网络社区的动机

结合已有文献，本节主要回顾问答社区的知识分享动机和众包社区的创意贡献动机。同样作为网络社区，两者都是解决问题和提供建议的平台，并都具有社交属性。在网络问答平台中，激励知识分享者的持续参与也是平台发展的关键。研究这两种平台的贡献者动机，有助于理解用户花费时间和精力，在没有物质奖励的创意众包社区中贡献创意的原因。

（1）贡献者参与问答社区的动机。在线问答社区中，已有研究从多个方面探索了贡献者的知识分享动机。从社会交换理论角度，人与人之间的交往是为了交换某种价值。问答社区中，贡献者分享知识也是为了获得物质报酬或他人的尊重等。运用此理论，徐鹏和张聃（2018）通过实证分析发现，贡献者分享知识是为了获得他人的知识回报，以及满足贡献者的自我展示意愿。从社会声誉角度，贡献者分享知识是为了得到他人的认可和尊重。当贡献者分享的知识得到社区中他人的认可或获得了更多积分，个体会获得更高的地位和身份（李海峰和王炜，2020）。瓦斯科和法拉杰（Wasko & Faraj，2005）依据此观点，研究了社会名誉和个人动机对贡献者分享动机的影响，发现社会名誉能够激励贡献者分享知识，而不是贡献者的个人动机。

此外，也有学者从分享欲和利他主义等方面分析了贡献者分享知识的动机，但是这些研究相对较少。为了更好地归纳以上研究，李永明等（2018）从贡献者的心理动机着手，将分享动机归纳为内在动机和社会动机。内在动机指个体自身的兴趣爱好和认知学习需求，社会动机指个体希望从外部实现社交需求以及功利需求。这种划分方式将社会荣誉、互惠和利他主义等贡献动机整合在一起，为研究创意众包社区中的贡献动机提供了参考。

（2）贡献者参与众包社区的动机。学者也从内部和外部两方面关注了个体在众包社区中贡献创意的动机。侯赛因（Hossain，2012）总结了关于贡献者动机的研究，将贡献者参与众包社区的动机归纳为内部动机和外部动机。内部动机指用户出于自身兴趣或者爱好，而不依赖于外部压力去网络社区中贡献创意：当参与的任务本身足够有趣时，个体会被任务吸引，并在行动中获得快乐和幸福感。相比较外部动机，受内部动机激励的贡献者会提出更有创新性的想法，更愿意参与创意众包社区。外部动机指用户因为外在因素的影响而贡献创意。被外部动机支配的贡献者，并不是因为贡献创意会使自身更快乐或者学习更多产品知识，而是因为贡献创意可能会带来经济利益和社区荣誉等外在奖励。按照这种概念，可以将外部动机分为：经济激励、社会激励和组织激励。进一步，沈校亮和厉洋军（2018）认为不应该机械地将内部和外部因素分开。因为贡献者参与贡献的动机还取决于个体和环境的匹配度，只有两者相互匹配才能激发贡献者的贡献意愿。从这个角度而言，内部动机和外部动机也可能会相互影响，并被整合在一起发生作用。

与在线问答社区和其他给予奖励的创意众包竞赛不同，在没有金钱激励的创意众包社区中影响贡献者行为的动机有：知识获取动机、情感动机、社交动机、兴趣动机、宣传发展动机以及胜任动机。根据内部和外部动机的含义对这些动机进行区分，其中情感动机和兴趣动机属于内部动机，其余属于外部动机。而内部动机和外部动机对于贡献创意的影响也不相同。由于贡献创意是一项冒险的、否定过去的行为，因此创意的提出更依赖于贡献者的内部动机。内部动机对用户贡献意愿和贡献创意质量有积极影响，而外部动机对贡献创意有消极影响。

2. 感谢的定义和作用

（1）感谢的定义。

①感谢与积极情绪。心理学上往往将感谢理解为一种情感状态，在此状态下，感谢与高兴、快乐是一致的，都是积极的情绪反应。当受助者得到他人的帮助后，便会感受到愉悦，并心存感激之情。但是与其他积极情绪不同，感谢具有自身的特性。首先，感谢是对帮助者行为的回应。当受助者接受帮助行为时，便会产生感谢的意愿。其次，感谢会激发受助者的道德动机。得到他人的帮助后，基于对帮助者的感恩之心，受助者会产生帮助第三人的意愿。最后，感谢会强化帮助者的亲社会行为。当受助者向帮助者表达感谢，会激励帮助者未来作出更多的亲社会行为。由于感恩本身就是一种积极情绪，所以感谢引起的亲社会行为也有可能是积极情绪导致的。但是麦卡洛等（McCullough et al.，2008）认为积极情绪并不能使亲社会行为得到延续。曾（Tsang，2006）通过实验证明了表示感谢有独立于积极情绪的特殊因素。而巴特利和德斯迪诺（Bartlett & DeSteno，2006）则表示，受助者向帮助者表示感谢，不仅会让帮助者提供力所能及的援助，甚至会让帮助者自愿牺牲更多的代价来实施帮助。尽管积极情绪也会促进亲社会行为，但是如果这种行为需要付出很高代价时，帮助者便会拒绝提供帮助。由此可见感谢比其他积极情绪更容易影响个体的行为，且影响也更大。

②感谢与互惠、利他。互惠和利他动机也可以激励亲社会行为，但是与感谢促进行为的原因不同。互惠主义实质上是交换，目的是得到他人的回报。因此，互惠的双方都具有长期利益需求。互惠的行为也互相影响，必须建立在双方都履行义务的基础上，一旦某方不愿意付出，互惠就会终

止。与互惠不同，利他主义没有对自身利益的诉求，其行为也不受他人的影响。利他行为是为了满足他人的需要，而不期待回报。但是受感谢驱使的行为既不期望回报，也不是为了满足他人。感谢能唤起个体的社会价值感，从而激励亲社会行为，但这种社会价值感是个体自身的感知和需要，并不是为了他人和团体的需要。另外，表达感谢还可能激发个体的互惠和利他动机，从而产生亲社会行为。

马克里和特纳（Makri & Turner，2020）从感谢的过程入手，认为感谢是一种循环。感谢循环需要先激发个体的感恩情绪，并向对方表达感谢，然后接受感谢的一方会再实施帮助。这是一个完整的过程，当被感谢者再次帮助他人时，就会开启新的循环。然而，当受助者不表示感谢，或者帮助者不接受感谢时，感谢循环就难以为继。

（2）感谢对个体行为的影响。感谢的效应是众多研究关注的重点。许多研究表明表达感谢对感谢的接受者和帮助者均有积极的作用：对于情侣而言，表达感谢会提高对方的满意度，促进亲密关系的发展。而对于陌生关系而言，表达感谢能传递人际温暖，提高接受者的归属感。不仅促进双方关系的提升，表达感谢还能强化帮助者的亲社会行为。研究发现，感谢表明帮助者的行为在受助者生活中扮演着重要角色，对帮助者和受助者都会带来积极的影响。对于感谢效应的总结，阿尔戈（Algoe，2012）提出了感谢的"发现、提醒和约束"理论，从关系的角度对之前的研究进行整合，并详细地阐述了感谢是如何在社会生活中起作用的。该理论认为表达感谢会使人发现新的伙伴关系，或者提醒个体找到之前被忽视的亲密关系，并对这些关系进行维护从而强化联系。

现实中的感谢对个体有积极的影响，但是对于网络环境中的感谢是否会有同样的作用，许多研究也进行了探索。在现实中交流，个体会受到表情和肢体动作的正向影响；而在网络环境中，没有面对面交流的条件，只剩下文字的联系，可能会带来双方的误解。但是莫朗和奥克尔（Morand & Ocker，2003）在研究中发现，网络环境中的礼貌是有用的，它消除了因为无法见面而导致的潜在误会。以此为基础，方格尔（Fangl，2018）等发现在网络问答社区中，求助者向社区成员表示感谢会促进双方的关系，并提高回答者的答题质量。其他在线平台的研究也发现，受助者表达感谢正向影响帮助者的亲社会行为，即感谢也会增强回答者参与的积极性。李海峰和王炜（2020）在研究问答社区中，将感谢作为组织环境的一种，认为表达感谢会保持组织的友好环境，增进社区的信任和沟通的频率，为贡献者参与提供了重要支持。

关于表达感谢为何能够激励个体的亲社会行为，麦卡洛等（McCullough et al.，2008）认为向他人表示感谢是对其行为的肯定，可以促进信任，而信任则是促进行为意愿的关键因素。因此，诸如此类的心理效应可以解释表达感谢为何会促进亲社会行为。格兰特和吉诺（Grant & Gino，2010）从影响个人动机的角度出发，认为向帮助者表达感谢可以激发帮助者的社会价值感，表明个体是受尊重和被重视的，从而促进个体的亲社会行为。

在线社区中，有学者从组织支持理论和社区承诺理论的角度出发，认为在线社区中表达感谢可以为成员提供支持，得到他人的信任，从而激励社区的"潜伏者"参与贡献（Yang et al.，2017）。这为研究感谢在创意众包社区中的影响提供了一定依据。

3. 企业反馈对贡献者行为的影响

相比较用户主导的网络社区，在企业主导的社区中，企业更多地参与社区互动，维持社区的活跃度。企业在社区中的提问和回应都是反馈，代表了企业的态度和看法。在创意众包社区中，企业会对贡献者的创意进行筛选，对于具有开发价值的创意，企业会采纳和实施，否则会拒绝创意。

（1）企业反馈影响贡献者的参与意愿。已有研究证明，企业不反馈创意会使贡献者感知到被轻视，损害贡献者的参与积极性。而企业提供反馈会增加贡献者感知的自身的重要程度，增加和社区的互动（Lakhani et al.，2007）。企业反馈分为正向反馈（接受创意）和负向反馈（拒绝创意）。企业正向反馈（即企业录用创意）会提高贡献者的信心，增加贡献者对自身高能力的感知。但是随着贡献者的经验增多，他们反而难以提出创新性的建议。这是因为多次成功录用的经验会给贡献者带来思维定式，导致贡献者的知识不断固化，提出的创意和之前被录用的创意相似，因而不再被企业接受（Bayus，2013）。所以，企业的正向反馈在短期内会刺激贡献者的贡献行为，但随着时间的推移，正向反馈的作用可能会减弱。对于负向反馈而言，企业拒绝创意可能会损害贡献者的贡献意愿。这是因为企业拒绝创意增加了贡献者的面子威胁，损害了贡献者的自尊（Fombelle，2016）。但是，也有研究指出拒绝创意并提供解释会促进贡献者持续参与。这是因为企业提供解释会让贡献者了解企业的录用标准，贡献者通过反思学习并积累经验，还会继续参与贡献（Huang et al.，2014）。另外，企业提供拒绝的原因还会增加贡献者的社会情感。企业拒绝后提供解释，说明企业希望和贡献者保持联系，鼓励贡献者继续努力，这种情感支持也使贡献者持续贡献创意（Piezunka & Dahlander，2019）。

（2）企业反馈影响贡献者的创意质量。研究发现贡献者总是高估自己创意的价值，而忽视创意的执行成本，但企业反馈可以帮助贡献者了解创意的实施成本，让他们在贡献前评估创意的可行性，主动减少质量较差的提议（Huang et al.，2014）。另外，企业熟悉产品功能，掌握更多的专业知识，在社区中具有官方地位。因此，企业反馈能够为贡献者提供权威和标准的信息，为贡献者学习新知识提供机会，影响他们后续提交的创意质量（刘倩和孙宝文，2018）。一些研究还指出企业反馈的时间会影响贡献者的感受：当企业反应迟钝、回复缓慢时，贡献者会感受到不安，认为企业忽视创意。此时他们会认为贡献创意是在浪费时间，这种失望情绪会负向影响贡献者未来的贡献行为，而企业及时回复会给贡献者带来较高的满意度。

4. 同伴评价对贡献者行为的影响

创意众包社区作为一个开放性的平台，也带有社交属性。用户不仅可以自己贡献创意，还可以评价其他贡献者的创意。同伴对贡献者创意的点赞和评价代表了他们对创意的态度和看法。

（1）同伴评价影响贡献者的参与意愿。由于信息不对称，贡献者并不了解创意的真实需求和自身的贡献能力，但同伴反馈可以提供这些信息。同伴评价提供了有价值的实时反馈。当创意被同伴否认时，贡献者会感知到自身的能力低（Huang et al.，2014），未来会减少贡献行为。当同伴支持贡献者的创意时，贡献者会增强创意被录用的信心。众包社区中，同伴的正向评价量反映了他人对创意的认可情况，这种社区支持也会提高双方感知的关系强度（刘波和马永斌，2016）。因此，无论是来自普通还是有经验的同伴，他们的评论都会促进贡献者的持续参与行为。

（2）同伴评价影响贡献者的创意质量。同伴评价是用户互动的过程，而互动有利于新创意的产生。这种交流促进了观点的交换，使贡献者了解同伴的想法，补充知识缺漏，提高贡献者的经验。另外，评论信息的异质性越强，贡献者的能力提高就越快。由于众包社区中存在不同的创意版块，版块内的信息更是多种多样。评论者在不同版块中阅读和评价创意，可以接触到多种类型的观点，有利于评论者拓展思路，对不同风格的创意进行整合，形成新创意（刘波和马永斌，2016）。伴随着同伴和贡献者的互动，同伴会把这些异质信息传递给贡献者，并提高贡献者的贡献水平。巴尤斯（Bayus，2013）发现贡献者浏览他人的评价，有利于更新知识，克服思维定式，贡献高质量的新创意。斯科特（Scott，2007）也认为多和不同类型的知识互动，有利于克服固有观念，形成新创意。

（3）同伴评价反映了贡献者对创意需求。这是因为同伴也希望从支持的创意中获得利益。同伴实质上也是消费者，当他们在浏览创意时，会支持符合自身需求的创意，并期望在未来得到满足（马永斌和徐晴，2020）。因此，同伴的评价量反映了创意在未来的受欢迎程度，对新产品开发具有重要的参考价值（陶晓波等，2020）。

5. 贡献者特征对用户贡献创意意愿的影响

贡献者指在众包社区中发布创意的用户。作为众包社区的主体，贡献者是否参与决定了社区的发展前景。网络社区中，大部分贡献者都是潜水者，只愿意浏览而不主动参与。这种免费"搭便车"的行为损害了其他贡献者的积极性，不利于社区的发展。因此，不同的企业和组织都极为重视贡献者的活跃水平，采用各种措施激励贡献者积极参与。

（1）贡献者积分。贡献者在虚拟社区中参与活动会获得分值。在众包社区中，最常见的激励机制也是积分等级，积分是用户虚拟财富的量化积累，代表了用户的成就，获取积分可以调动用户发帖的积极性。有研究根据用户积分划分用户等级，发现等级越高的用户越活跃，其消费行为就越多（赵雅欣和宁士勇，2019）。在问答社区中，积分代表着贡献者在虚拟社区中的成就，贡献者分享知识可以获得更多积分，或者因为完不成任务而被扣分，都是为了激励贡献者参与（金晓玲等，2013）。但是，积分激励参与并不持久。当贡献者接受了较多的赞美和肯定时，积分的激励作用会减弱（李海峰和王炜，2020）。

（2）贡献者经验。用户经验会影响用户的参与行为。有学者根据用户经验的丰富程度，将用户分为领先用户和普通用户（Hippel，1986）。领先用户拥有专业和丰富的产品知识，能够洞察未来的产品需求，并提出切实可行的方案（Hippel，1986），更愿意参与社区价值共创（Nambisan & Baron，2010）。相反，普通用户的产品知识有限，更多满足于现有产品的功能。相似地，严建援等（2019）根据用户与社区互动的次数，将用户分为特殊用户和普通用户。特殊用户比普通用户享有更多的福利待遇和相应义务，所以特殊用户的参与比普通用户更积极。另外，衡量贡献者经验的方式也较多。一些研究认为贡献者经验指发帖数量或者参与社区的互动次数。发帖越多或者互动越多，贡献者的经验越丰富（陶晓波等，2020）。在其他研究中，贡献者积分被用来衡量贡献者经验。积分高的贡献者拥有丰富的贡献经验和较高的自我效能（金晓玲等，2013；周涛等，2020）。

6. 文献述评

通过对上述文献的总结和梳理发现，关于贡献者贡献动机、感谢的效用以及创意众包社区中激励策略的研究已经形成了较为丰富的成果，为本书的研究奠定了基础，但现有的研究仍存在进一步深入的空间。

首先，尽管借助于网络问答社区能够更好地理解创意众包社区中的行为，但是两者之间还是存在明显的差异。在创意众包社区中，用户贡献创意不完全是亲社会行为，他们很有可能是因为自己喜欢该创意，并且期望从创意相关功能的使用中得到利益。此时，企业表达感谢的作用是否与网络问答社区存在差异？

其次，尽管感谢是一种常见的存在，但其表现形式在创意众包社区和网络问答社区中存在差异：（1）在创意众包社区中，企业感谢与其他激励同时存在。企业在对创意进行感谢的同时，会进行正向或者负向反馈。企业是否表达感谢也与评论者评价相关。当企业反馈和评论者评价都存在时，企业表达感谢的激励作用如何？（2）贡献者自身特征也会影响企业表达感谢的效果。在创意众包社区中，企业代表更有可能对积分多的用户直接表达感谢，企业针对贡献者这些特征表达感谢是否更为有效？回答这些问题是理解创意众包社区中企业表达感谢影响效应的关键。

4.2.3　理论基础

1. 内外部动机

动机理论关注人类行为背后的原因，其中内外部动机的划分得到了普遍的认可。学者们不仅诠释了内外部动机的含义，也对两者的关系展开研究。从内外部动机的对立到并存，再到外部动机的内化，体现了内外部动机的相互影响和不断深化。

（1）内部动机。内部动机认为个体先天具有受内在欲望驱动而从事活动的倾向，即使这些活动没有外部的奖励和回报。这是人们凭借自身的兴趣从事活动，依靠自身的努力完成任务，并得到满足。正是由于这种自发性行为，才使内部动机在促进创造性工作的过程中具有独特的效果（张剑等，2010）。内部动机和个体的基本心理需求相关。基本心理需求理论认为，个体普遍具有三种基本心理需求，分别是自主需求、胜任需求和关系需求。激发个体的内在动机需要满足这三种基本心理需求。

自主性需求：即自主性、自主感，是个体在行为中感知到的自由程度。人的行为受自身价值观的引导，当出现和自我价值体系相符合的事物时，个体就会自发介入。这种自由的选择不受到外部的压力和激励（比如奖励和其他意外事件）。但是来自外界的威胁和强制性的指令会损害个体的自主性，从而挫伤个体的内在动机。因此，内部动机是基于自主决定而存在的，只有当个体的行为是自主的，内部动机才会发生作用。由于传统的工作环境涉及规章制度和奖惩措施，个体从事的工作可能不是因为自身感兴趣，而在网络虚拟社区，个体具有较强的自主决定能力，可以根据自身的意愿决定行为，并享受行为带来的快乐，其自主性需求容易实现。

自主性需求受重要他人和个体自我感知的影响。重要他人指对个体行为产生重要影响的人。在众包社区中，对于贡献者而言，重要他人指企业和其他评论者（同伴）。企业主动搭建平台，采取各种措施鼓励贡献者贡献创意。可以说企业作为官方的存在，给予贡献者参与很重要的支持。同伴作为贡献者的伙伴，能够为贡献者提供支持，也会影响贡献者行为（刘灿辉，2017）。此外，自主性还需要个体自身的感知。自由、无强制性的网络环境有利于个体自由选择是否贡献创意。

满足个体的自主需求能够实现积极的效果。在工作中，高程度的自主性能够促进员工之间的交流和亲密感，激励员工对工作的投入，提高员工的创造力。关于自主性激发内部动机的原因，研究指出：个体具有控制因果关系的欲望（DeCharms，2013）。当个体为了改变自身处境而努力时，那么努力就成为改变环境的来源。如果努力的结果是自己想要的，那么个体就会产生控制自身命运的自我决定感，认为自己受到了内在的激励。但是当他感知到处境的变化受到外部影响，而努力对这种变化没有作用时，他就会认为自身受到了外部的控制。

胜任需求：即胜任感、效能感。人们在生活和工作中不断学习如何适应环境，在这个过程中，个体会掌握更多技能，产生内在的满足感，提升未来解决问题的信心。班杜拉（Bandura，1977）将自我效能感界定为个体对于完成未来任务的能力判断以及主观感受。自我效能感对个体有重要影响。拥有高效能感的员工表现得更积极和更有创造力，他们对生活和工作的满意度和幸福感也更高，更愿意接受和挑战有竞争性的工作；相反，自我效能感较低的员工往往出现畏难情绪，完成任务的动力更多由外部环境和压力所驱动。因此，低效能的个体难以体会到竞争和自我超越的乐趣。自我效能感也是促进内在动机的重要因素。当个体成功地完成某项任务，便会感知到能力的提高，这种积极的反馈会提高内在动机水平。当任务失败后，这种负向反馈会使个体感知到能力不足，从而削弱内在动机（Deci & Ryan，2000）。因此，自我效能感高的个体总是将事情的成功归因于自身能力的提升，从而提高内在动机水平。

关系需求：尽管自主需求和胜任需求被认为是影响内在动机的重要因

素，但是研究表明关系需求也会促进内在动机的产生。在关于学校教育的研究中，老师对学生的关心和鼓励能提高学生的抗压和抗挫折能力。如果老师加强与学生的情感交流会使学生感知到被需要，这种良好的关系氛围有利于学生产生内在动机，使学生愿意付出努力实现老师的期望；相反，如果在情感上被老师忽略，自尊心受到打击的学生则会对学习产生厌恶（Deci et al.，1991）。因此，内在动机更可能在安全的、有归属感的环境中出现。个体都渴望生活在充满安全感和归属感的环境中，在此环境下个体能够感受到他人的情感关怀，并建立亲密关系（暴占光和张向葵，2008）。这为个体提供了支持，促进内在动机的产生。不过也有研究指出，归属感对内在动机的刺激不如自主感和效能感。因为很多情况下也会出现个体单独从事由内在动机驱动的行为。但是归属感的确提供了更好的效果：在安全的，有归属感的环境中，内在动机的出现和增长更快（Deci & Ryan，2000）。

（2）外部动机。与内部动机相反，人的行为也会受到外部动机的影响。对于一些无趣的活动，人们总是会设置一些报酬和奖励，或者规则和惩罚来引导他人从事这种活动。外部刺激可以调节人的行为，促进外部动机的产生（张剑等，2016）。现实中，员工普遍存在这样一种共识：工作是为了获得更多的物质利益和职位晋升等。所以企业也经常使用这些手段激励员工努力工作。在网络社区中，外部激励分为经济利益和其他利益。经济利益通常表现为金钱奖励，其他利益表现为社会名望、社交互动、获得知识等形式（夏恩君和赵轩维，2017）。然而，外部动机对人的激励作用只是暂时的。这种出于外部激励而实施的行为，并不是出于对工作本身的兴趣而进行。随着外部奖励的消失，个体的行为也会结束。此外，外部激励更适用于规范性和程序性的工作，对于创新性的工作则难以起到效果。

2. 内外部动机的关系

对于内部和外部动机的关系，很多学者进行了探讨。部分研究认为外部动机削弱内部动机。侯赛因（Hossain，2012）发现，对于由内部动机完成的工作，进行固定的外在奖励，会削弱个体的内部动机，最终使个体为了外在奖励而工作。巴伦和克雷普斯（Baron & Kreps，1999）在组织管理的研究中也发现，绩效奖励会损害员工的内部动机，削弱激励效果。然而，也有研究认为外部激励会促进内在动机的产生（Deci & Koestner，1999）。造成这种差异的原因可能是缺少对外部激励影响内部动机路径的归纳和分析。德西和里安（Deci & Ryan，1985）提出的认知评价理论对此进行总结，认为外部环境会通过两种路径影响个体的内在动机。第一，通过刺激个体对因果关系的感知而影响个体的自主性，进而影响内在动机。外部环境包括奖励、监督、评价等手段，这些手段会使个体感知的自主性被削弱，从而损害内部动机；相反，如果工作中允许个体自由选择和民主决策，将会使个体感受到高程度的自主性，并增强内在动机。第二，通过刺激个体的效能感影响内在动机。当外部环境使个体感知到有能力完成工作时，其内部动机将会增强；相反，当外部环境使个体感知到难以达到目标时，个体的内部动机就会被削弱。

根据外部环境的这些特征，可以将其分为信息性、控制性和去动机的三种类型（张剑等，2010）。信息性的外部环境可以帮助个体获得有价值的信息，明晰外部环境，了解自身处境，提高个体完成任务的信心。这会增加个体对行为的因果知觉和自我效能感，进而提高内部动机水平。和信息性环境不同的是控制性环境，控制性环境并不提供个体与环境是否匹配的原因，仅提供匹配的结果，个体难以了解环境和自身的实际情况。这种控制性环境带来一种压力，给个体营造了未知的焦虑。这会削弱个体内在的因果知觉和自主性，会使个体产生无力胜任的感觉，损害个体的自我效能感，降低个体的内部动机。

3. 外部动机内化

（1）外部动机内化的定义。法国社会学家杜克海姆最先提出内化的概念，认为内化是将外部的激励转化为自身的激励。里安和德西（Ryan & Deci，2000）在动机理论中提出内化是个体对外在规则和价值的认可，并将其吸收为自我观念的过程。内化实际上展示了个体融入社会的过程：个体将社会规则转化为主体意识，并形成稳定的内在个性。

（2）外部动机内化的类型。以往研究将动机简单地分为内部和外部动机，并研究两者之间的关系。但是有机整合理论更倾向于将内、外部动机看作一个整体。具有主观能动性的个体会对外部环境进行整合，转化为自主意识，这个过程是连续的（Deci & Ryan, 2000；Ryan & Deci, 2000）。从最开始的无动机到外部动机，再到内部动机，这连续发展着的动机更加准确地概括了个体动机的变化历程。

此时的外部动机不再是传统的以外在环境区分的动机，而是根据外部环境和个体的整合程度分为四种类型：外部调节、内摄调节、认同调节和整合调节。外部调节，个体行为完全是为了得到外部奖励或者避免外部惩罚而实施的，是最受控制的形式，没有出现任何内化。内摄调节，尽管个体并不认可外部的规则，但是它们影响个体的自尊和利益，个体必须在乎这些外部环境。这种情况下个体的行为只吸收了小部分的外在规则，整体上受控制较多。认同调节，外在环境的要求对个体很重要，个体开始认同和接受这些规则，并在行为中感到更少的压力，能更多地按照自由的意志而行动。但这种行为依然缺少自发性快乐。整合调节，此时的外部动机经过前几个阶段的整合，已经实现了高程度的内化。内化后的观点得到自身认可，并积极实施。

从上述四种调节来看，外部调节和内摄调节是受到外界控制的状态，并不是个体的自由意志，所以可以把它们类似于外部动机。而认同调节和整合调节中个体的自我意志比较多，实现了外部环境和自我意识的部分整合。当调节完全内化为自我意识，就转变成了自我调节，此时的外部动机经过彻底的整合，完全由自我决定。这种内化后的外部动机称为内化性动机或者自主动机（张剑和郭德俊，2003），但不是内部动机。因为这种动机依旧是为了任务结果而存在，并不是由任务本身的乐趣而产生。不过内化后的动机具有和内部动机相似的作用，对个体行为的促进更持久和稳定（唐本钰，2002）。

（3）外部动机内化的条件。外部动机只有内化为内部的心理需要，才能持久激励个体的行为。关于外部动机内化的条件，研究认为，支持自主感、效能感和归属感的社会情境可以促进外部动机的内化（Deci & Ryan, 2000）。但是这三种需要的重要性程度是不同的。德西和里安（Deci & Ryan, 2000）认为自主需求是促进动机内化的关键因素，但刘灿辉和暴占光（2017）则提出关系需求更重要，并认为自主需求和关系需求的重要程度不同是由情境导致的。在西方的环境下，以个人主义为主，自主需求更重要。但在中国情境下，集体主义氛围更浓，更加重视人际和谐，关系需求更重要。考虑到众包社区是在中国情境下研究的，适当淡化原本处于核心位置的自主需求，转而全面考虑多种基本心理需求，更有利于外部动机的内化（刘灿辉，2017）。

外部动机的内化还受个体自我整合水平的影响（张剑等，2010；莫闲，2008），这也是因果定向理论所研究的内容。因果定向理论主要描述个体整合水平的差异，以及这些差异对个体选择环境的影响（Deci & Ryan，1985）。该理论认为个体主要存在两种水平的自我整合：自主定向和控制定向。自主定向指个体更容易感知到自身的行为是自主实施的，其将外部反馈整合为自我观念的水平更高（Ingledew & Markland，2004）；控制定向指个体更容易将自身的行动归因于外界控制，其将反馈整合为自我观念的水平更低。不同因果定向的人具有不同的人格特征（赵燕梅等，2016）。自主定向的人追求自由选择和自我决定，行为多出于内在动机驱动，并将外界奖励归因于对自主决定的支持。他们具有更强的冒险和创新精神，愿意承担责任和选择有挑战性的任务（莫闲，2008）。相反，控制定向的人更加重视外界因素，关注财富和荣誉，其行为容易受到外部环境的驱动。

4.2.4　研究假设

1. 企业直接表达感谢对贡献者持续贡献创意意愿的影响

感谢是一种积极情绪，当受助者得到帮助后，会对帮助者产生感激之情。研究表明，表达感谢会增加帮助者的自我效能感和社会价值感，从而增加他们的亲社会行为（Deci & Ryan，1985；Bartlett & DeSteno，2006）。自我效能感是一种能够有效控制结果的感觉，当个体感觉到有能力从事某项活动时，他/她更有可能在这件事情上投入时间和精力（Bandura，1977）。受助者感谢表明帮助者有能力提供帮助，这会满足帮助者的胜任感需求（Grant & Gino，2010）。此外，受助者表达感谢也会增加帮助者感知的社会价值。如果个人体验到了社会价值，他们会感觉到被需求、被关注和被重视，他们持续从事某项活动的可能性也会增加。因为帮助者不确定受助者是否重视或者需要自己的帮助，而受助者感谢表明他/她重视和需要这种帮助（Grant & Gino，2010）。在网络互助社区中，受助者表达感谢同样会正向影响帮助者的持续帮助行为（Makri & Turner，2020；Fangl et al.，2018；Yang & Huang，2017）。

根据动机理论，要实现高程度的内在动机，自我效能感（能力感知）和自主性需求应该被满足（Deci，1972）。在创意众包社区中，贡献者可以自主决定是否参与贡献创意，因此自我效能感是贡献者继续贡献创意的重要影响因素（Huang et al.，2014）。此外，在缺乏经济激励、用户可持续贡献的创意众包社区中，贡献者贡献创意可能是因为喜欢某项功能（内在动机），也有可能是出于社会激励（外在动机），比如与他人建立社交联系，得到他人认可等（Hossian，2012；沈校亮和厉洋军，2018）。

在创意众包社区中，企业感谢是一种信号，代表企业对贡献者创意和贡献行为的赞赏和鼓励。企业向贡献者直接表达感谢可以通过以下两方面影响贡献者的持续贡献创意意愿：第一，通过自我效能感影响贡献者的内在动机。在创意众包社区中，企业对创意的接受率极低，此时贡献者需要通过其他途径来判断自己贡献创意的潜能（Huang et al.，2014）。企业感谢会使贡献者感觉到自身有能力贡献满足企业要求的、高质量的创意，进而增加他们的自我效能感（Ryan & Deci，2000）。特别是在得到企业负向反馈时，企业直接表达感谢会使得贡献者认为企业赞赏这样的行为，只要坚持下去就有被企业录用的可能。这会正向影响贡献者的自我效能感，增加他们参与的内在动机和持续贡献创意意愿（秦敏和李若男，2020）。第二，通过感知的社会价值影响贡献者的持续贡献创意意愿。由于企业不会向创意贡献者支付报酬和奖励，贡献者并不清楚企业是否重视自己（Piezunka & Dahlander，2019）。企业表达感谢表明企业对创意贡献行为表示赞赏，这会增加贡献者感知的被重视程度和社会价值，激励他们继续贡献创意。鉴于此，提出以下假设。

H1：在创意众包社区中，企业直接表达感谢正向影响贡献者的持续贡献创意意愿。

2. 企业反馈效价的调节作用

企业反馈效价指企业基于通常的标准和规范，对创意的正向或者负向评价（Zhou，1998）。研究表明，不同来源的反馈会带来不同的目标导向、内在激励和注意力聚焦（Mehta et al.，2017；Harackiewicz et al.，1987；Chan et al.，2021）。从地位和权力方面来讲，创意众包社区中的企业代表像监督者，其反馈对贡献者而言是垂直的。企业反馈会提高贡献者在任务完成和目标追求方面的注意力（Chan et al.，2021）。因此，本书基于目标追求和实现的视角来解释企业反馈的影响。

本书认为企业反馈效价会调节企业直接表达感谢的影响。企业反馈源自企业官方代表，它们可以提供权威、准确和有效的创意质量信息。企业反馈有助于贡献者了解与目标的差距（Piezunka & Dahlander，2019），把贡献者的注意力转向任务完成和目标实现情况。即在创意众包社区中，企业正向反馈代表该创意得到了企业认可，贡献者完成了任务和目标，也表明贡献者有能力贡献高质量的创意。这会增加贡献者的自我效能感并满足他们的胜任感需求（Vallerand & Reid，1984；Deci & Ryan，2000），促使贡献者继续努力（Jeppesen & Frederiksen，2006；Liao et al.，2017）。因为贡献者贡献创意的目的是得到企业认可（刘倩和孙宝文，2018），所以从目标追求和实现的角度，当贡献者得到企业正向反馈时，企业是否直接表达感谢已经不再重要。

企业负向反馈会降低个人的内在动机水平（Deci et al.，1999）。企业负向反馈代表不认可、不支持，这会降低贡献者感知的自我效能和社会价值，从而减弱他们继续贡献创意的动力（Jeppesen & Frederiksen，2006；Liao et al.，2017；Belkin & Kong，2018）。从目标追求和实现视角，得到企业负向反馈表明该创意被企业拒绝，贡献者没有完成任务和目标。此时，企业直接表达感谢意味着如果贡献者继续努力，就可能贡献得到企业认可的创意。这会增加贡献者感知的自我效能感和进一步贡献创意的意愿（Ryan & Deci，2000；秦敏和李若男，2020）。另外，企业直接表达感谢也表明企业重视、关心和赞赏该贡献者的创意贡献行为，并愿意继续发展与该用户的关系，这会减少企业负向反馈对贡献者社会价值感知的负向影响（Mehta et al.，

2017)，增加贡献者进一步贡献创意的可能。因此，在得到企业负向反馈后，贡献者将企业直接表达的感谢内化为继续贡献创意的可能性增加。鉴于此，提出以下假设。

H2：企业反馈效价调节企业直接表达感谢与贡献者持续贡献创意意愿的关系，即相比较正向反馈，在得到企业负向反馈时，企业直接表达感谢对贡献者持续贡献创意意愿的正向影响更大。

3. 同伴正向评价量的调节作用

除了企业反馈外，创意众包社区中还存在同伴评价。与企业反馈的垂直监督不同，同伴评价是水平的。根据陈等（Chan et al.，2021）的研究，本书从认知防御视角来解释同伴评价的影响，认为同伴评价将贡献者注意力转向了社会认可。

在创意众包社区中，同伴正向评价量代表着同伴对创意的认可。网络的开放环境为用户之间相互评价提供了方便，在网络社区中同伴的评价作为一个"棱镜"，有助于个体从不同方面判断自己创意的潜在有用性（Shah & Tripsas，2007）。创意众包社区中的同伴评价，特别是正向评价，代表着用户对创意的需求，也是企业判断创意质量的标准（Mollick & Nanda，2016；马永斌和徐晴，2020）。因此，创意得到的同伴正向评价越多，贡献者感知的创意需求前景和质量越高。此外，同伴正向评价量代表着社区对贡献者的认可度。社区环境中同伴的帮助和支持会增加个体成为社区成员的感觉，使个体不会"消失在人群中"。同伴正向评价量反映了贡献者对社区的贡献，有助于增加贡献者感知的被重视程度和群体归属感，增加他们感知的社区认可度（吉海颖等，2022）。

根据认知失调理论，个体更有可能接受与自己观点一致的想法（Brett & Atwater，2001）。在创意众包社区中，得到同伴正向评价量多的贡献者有更高的能力感知和更好的自我评价，这与企业直接表达感谢带来的自我效能感和社会价值感一致，进而增加贡献者对企业直接表达感谢的接受和认可（Chan et al.，2021）。此时，贡献者更有可能将企业直接表达的感谢内化。因此，同伴正向评价量可以增强企业直接表达感谢的影响效果，增加贡献者从企业直接表达感谢中得到的自我效能感和社会价值感，激励他们继续贡献创意。鉴于此，提出以下假设。

H3：同伴正向评价量调节企业直接表达感谢与贡献者持续贡献创意意愿的关系，即相比较同伴正向评价量少时，在同伴正向评价量多时，企业直接表达感谢对贡献者持续贡献创意意愿的正向影响增加。

4. 贡献者积分的调节作用

除了企业反馈和同伴评价特征外，贡献者特征也会影响企业直接表达感谢的激励效果。本书关注贡献者积分的影响。

首先，积分较多贡献者的内在动机和自主性更强，他们更加自信（Fishbach et al.，2010），对外部评价的关注下降（Finkelstein & Fishbach，2012）。此外，积分较多的贡献者对企业的认同感更高，他们更有可能通过贡献创意以维持与企业的联系，他们也会逐渐扮演员工（或部分员工）的角色，承担更多的企业事务和责任（比如，MIUI 社区中的"荣誉开发组"和"内测粉丝组"成员）（Brewer & Pierce，2005；党宝宝等，2014）。因此，对于积分较多的贡献者，企业直接表达感谢的激励作用降低；相反，积分较少贡献者的内在动机和自主性较弱，对企业的认同感也较低，他们更有可能是为了得到外部奖励而参与贡献创意（Chan et al.，2021）。因此，企业直接表达感谢的激励作用较大。

其次，积分较多用户的参与经验和产品知识更加丰富（Luo & Toubia，2015），他们感知的贡献高质量创意的能力增强，对创意质量的评价标准也更加了解（Chan et al.，2021），因此，企业直接表达感谢带来的自我效能感和社会价值感降低，对他们持续贡献意愿的激励作用也减弱；相反，积分少的贡献者对自身的能力和需要付出的努力程度不确定性较高（Chan et al.，2021），企业直接表达感谢表明企业支持这样的行为，这会增加贡献者感知的自我效能感和社会价值感，增加他们持续贡献创意的可能性。鉴于此，提出以下假设。

H4：贡献者积分调节企业直接表达感谢与贡献者持续贡献创意意愿之间的关系，即相比较贡献者积分少时，当贡献者积分多时，企业直接表达感谢对贡献者持续贡献创意意愿的正向影响减弱。

研究框架如图4.1所示。

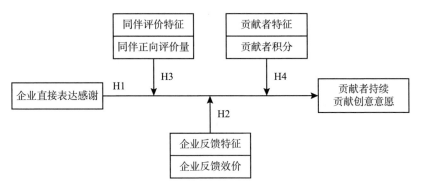

图4.1　企业直接表达感谢对贡献者持续贡献创意意愿的影响模型

4.2.5　研究设计

1. 数据来源

与本书的其他研究一样，本书数据来源于同一家科技公司的创意众包社区。根据研究需要，本书对数据进行了以下处理：第一，将管理员发布的帖子和贡献者单纯提出问题的非创意帖子全部删除。第二，为尽量减少其他因素的影响，删除了一个帖子中包括两个及以上创意的帖子。第三，鉴于研究需要，只使用了得到企业反馈的创意。

2. 研究变量

（1）因变量。本书的因变量为贡献者的持续贡献创意意愿，包括是否和何时继续贡献创意。含义和测量方法与第4章相同。同样，本书看不到贡献者在数据观察期结束后是否继续贡献，此时该数据为截尾数据。本书同样采用Cox半参数模型进行估计。

（2）自变量。本书的自变量为企业是否直接表达感谢。本书提取企业反馈中带有"谢"字的词语，并通过人工核对确认。如果企业反馈中包含一个及以上的直接感谢词语，则为包括直接表达感谢，取值为"1"，否则取值为"0"。

（3）调节变量。本书的调节变量为企业反馈特征、同伴评价特征和贡献者特征。企业反馈特征指企业反馈效价。同伴评价特征指同伴正向评价量。贡献者特征指贡献者积分。除了贡献者积分可以直接获得外，其他变量获得方式如下。

①企业反馈效价。本书邀请两位研究生对企业反馈进行编码（inter-rater reliability = 0.82），企业接受创意编码为"1"，不接受创意编码为"-1"，没有明确态度编码为"0"。

②同伴正向评价量。本书采用有监督的机器学习方法预测同伴评价的正负。计算步骤如下：第一步，训练集构建。使用人工编码的方式编码 5 万个同伴评价，并且编制情感字典，用于后续的分词和模型估计。第二步，预测模型估计和选择。本书采用 F_1 得分来评价模型的预测效果。对于特征变量，除了最常用的词袋（bag of words，BOW）外，还添加了词性、评论中各种情感词语的比例等，以增加预测效果。通过对各种预测模型比较后，选择了最大熵模型（对于正向评价，F_1 得分 = 0.867）。第三步，同伴评价正负预测。使用估计好的最大熵模型去预测未分类的同伴评价。

（4）控制变量。本书包括了企业层面、创意层面和贡献者层面的控制变量。这些变量可能会影响贡献者持续贡献创意意愿，或者同时影响企业是否直接表达感谢、企业反馈、同伴评价和贡献者持续贡献创意意愿。

①企业层面变量。企业反馈字数，企业反馈字数越多，贡献者得到的信息就越多，而得到信息的多少会影响贡献者的持续贡献创意意愿。企业反馈语气，企业友善的语气会让贡献者感觉企业愿意与他们进一步沟通，企业重视他们的意见（Piezunka & Dahlander，2019），这会正向影响贡献者的持续贡献创意意愿。企业互动次数，企业代表和贡献者的互动次数会影响他们的持续贡献创意意愿。企业反馈时间间隔，企业表达感谢时间间隔越短，表明企业越重视该贡献者，他/她持续贡献创意的积极性就越高。

除了直接表达感谢，本书还控制了企业间接表达感谢。在实践中，企业反馈中还会包括赞扬、欣赏、自责等间接表达谢意的词语（Köylü，2018；Weiss & Burgmer，2020）。已有研究只是关注了直接表达感谢的影响（Makri & Turner，2020；Fangl et al.，2018；Beck，2016；Mattila & Wu，2016），即对感谢的测量只是包含"谢"的词汇（Fangl et al.，2018），而忽视了间接表达感谢。参考李丽娜（2004），本书将感谢分为包含"谢"的直接感谢和包括"赞""棒"等词语的间接感谢。本书控制间接表达感谢，可以更好地识别企业直接表达感谢的影响效果。

②创意层面变量。创意中正负向情感词数，创意中的正负向情感特征会影响企业反馈、企业是否直接表达感谢、同伴评价和贡献者的持续贡献创意意愿（杨艾旻和马永斌，2018）。创意回复数，创意被企业和同伴回复的次数越多，贡献者持续贡献的可能性就越大。创意篇幅，创意文本字数与企业是否直接表达感谢、企业反馈、同伴评价和贡献者的持续贡献创意意愿相关（陶小波，2020）。

③贡献者层面变量。贡献者互动次数，贡献者的互动次数与其持续贡献创意意愿正相关。

主要变量的具体定义和测量方法见表 4.15。

表 4.15　　　　　　　　　　　主要变量的定义和测量方法

	变量	定义	测量方法
因变量	贡献者持续贡献创意意愿	是否及何时持续贡献创意	贡献者发帖行为和时间间隔
自变量	企业直接表达感谢	企业是否直接表达感谢	根据企业反馈内容，包含感谢词汇为1，否则为0
调节变量	企业反馈效价	企业对创意的正向、负向和中性反馈	根据企业回复内容人工编码，创意被企业接受为正向（1），没有被接受为负向（-1），没有意见为中性（0）
	同伴正向评价量	同伴对创意的正向评价数量之和	机器学习方法预测
	贡献者积分（log）	贡献者参与众包社区活动，包括贡献创意、评价创意、回答问题等而获取的积分	论坛中直接获得
	企业反馈字数（log）	企业反馈的篇幅	从论坛中抓取企业反馈的内容，计算字符数

续表

变量		定义	测量方法
调节变量	企业反馈语气	企业回复是否使用了敬语（比如，您好、客气等）	根据企业回复内容人工编码。使用为 1，否则为 0
	企业间接感谢	企业是否使用间接感谢词语（比如，赞、棒等）	参照李丽娜（2004）研究，根据企业回复内容人工编码。使用为 1，否则为 0
	企业互动次数	某个创意中企业反馈的次数	论坛中直接获取
	企业表达感谢时间间隔	企业表达感谢时间距离用户发帖时间差	时间间隔通过简单计算获得
	创意中正负向情感词数	创意文本中的正向和负向情感词数	使用情感字典方法计算
	创意回复数	创意被评论者和企业评价的数量	论坛中直接获取
	创意篇幅（log）	创意文本的字数	从论坛抓取创意内容，计算字符数
	贡献者互动次数	贡献者回复评论者和企业反馈的次数	论坛中直接获取

3. 分析方法

本书采用 PWP – GT（The Prentice，William，Peterson Gap Time）模型进行数据分析，该方法基于 Cox 比例风险模型，考虑了贡献者重复贡献创意的特点，认为以前发生的事件会增加后续事件再次发生的可能性，个体只有在经历了先前事件后，才会经历后续事件（Amorim & Cai，2015）。在该模型中，时间间隔从前一个事件发生后开始，在关注某个特定事件相关变量的影响时更合适。在 R 语言中，通过在 Cox 比例风险模型中加入 cluster（id）+ strata（event）来估计模型。该方法考虑了贡献者所有贡献行为之间的联系，并提供了稳健标准误（Amorim & Cai，2015）。在数据分析过程中，本书对所有连续变量进行了中心化处理。为了方便解释，本书对贡献者积分、企业反馈字数和创意篇幅取对数处理。

4.2.6 数据分析与结果

1. 描述性统计

本书中相关变量的描述性统计结果详见表4.16。

表4.16   变量描述性统计

变量	样本量	最小值	最大值	均值
贡献者持续贡献创意意愿（是 =1；否 =0）	25983	0	1	0.531
企业直接表达感谢（是 =1；否 =0）	25983	0	1	0.139
企业直接表达感谢次数	25983	0	3	0.151
企业反馈效价（正向 =1；中性 =0；负向 = -1）	25983	-1	1	-0.095
同伴正向评价量	25983	0	119	2.023
贡献者积分（log）	25983	1	365490	5535
企业反馈字数（log）	25983	1	1236	48.770
企业反馈语气（友善 =1；不友善 =0）	25983	0	1	0.131
企业间接感谢（是 =1；否 =0）	25983	0	1	0.188
企业互动次数	25983	0	16	0.882
企业感谢时间间隔（天）	25983	0	18.994	3.734
创意中正向情感词数	25983	0	126	1.871
创意中负向情感词数	25983	0	66	1.447
创意回复数	25983	0	2369	7.090
创意篇幅（log）	25983	0	14011	111
贡献者互动次数	25983	0	64	1.209

注：log 表示在回归分析时，对该变量进行了对数转化。本表中为变量的原始数值。

2. 回归分析结果

回归结果如表4.17 ~ 表4.20。其中模型 I 包括自变量和调节变量的直接影响，模型 II 到模型 IV 在模型 I 的基础上添加了自变量和调节变量的交互项，模型 V 包括了所有的交互项。表中所有模型都较好地拟合了数据。

由模型 I 可知，企业直接表达感谢与贡献者持续贡献创意意愿显著正相关（$\beta = 0.083$，$p < 0.05$），即相比较没有直接表达感谢，当企业向贡献者直接表达感谢时，贡献者持续贡献创意的可能性增加 8.700%（$\exp(0.083) = 1.086$），因此 H1 得到验证。

表 4.17   **企业直接表达感谢主效应和调节作用**

	变量	模型 I（没有调节效应）	模型 V（全部调节变量）
自变量	企业直接表达感谢（相比较没有直接表达感谢）	0.083 * (0.033)	0.070 (0.056)
调节变量	企业负向反馈（相比较正向反馈）	− 0.063 * (0.026)	− 0.078 ** (0.028)
	企业中性反馈（相比价正向反馈）	− 0.068 (0.036)	− 0.106 ** (0.039)
	同伴正向评价量	− 0.011 ** (0.004)	− 0.015 *** (0.003)
	贡献者积分	0.304 *** (0.011)	0.286 *** (0.011)
交互效应	企业直接表达感谢 × 企业负向反馈（相比较正向反馈）		0.144 * (0.070)
	企业直接表达感谢 × 企业中性反馈（相比较正向反馈）		0.210 * (0.094)
	企业直接表达感谢 × 同伴正向评价量		0.029 * (0.012)
	企业直接表达感谢 × 贡献者积分		− 0.053 * (0.026)

变量		模型 I（没有调节效应）	模型 V（全部调节变量）
控制变量	企业反馈字数	− 0. 017 （0. 015）	− 0. 019 （0. 015）
	企业反馈语气	0. 032 （0. 032）	0. 022 （0. 033）
	企业间接感谢	0. 013 （0. 029）	0. 021 （0. 029）
	企业互动次数	0. 011 （0. 018）	0. 006 （0. 017）
	企业感谢时间间隔	− 0. 000 （0. 003）	− 0. 000 （0. 000）
	创意中正向情感词数	0. 002 （0. 005）	0. 000 （0. 004）
	创意中负向情感词数	− 0. 023 + （0. 015）	− 0. 018 （0. 014）
	创意回复数	0. 074 ** （0. 026）	− 0. 000 （0. 000）
	创意篇幅	0. 023 （0. 015）	− 0. 005 （0. 015）
	贡献者互动次数	0. 029 *** （0. 006）	0. 032 *** （0. 006）
统计量	Wald（df）	1017 *** （15）	823. 7 *** （19）
	Likelihood ratio Test（df）	2128 *** （15）	1941 *** （19）

注：括号中的数值为该系数的稳健标准误；+、*、**、*** 分别表示在 10%、5%、1%、0.1% 的水平上显著。

　　由模型 II 可知，企业直接表达感谢与企业反馈效价的交互作用对贡献者持续贡献创意意愿的影响显著（$\beta = 0.151$，$p < 0.05$），即相比较企业正向反馈，当得到企业负向反馈时，企业直接表达感谢对贡献者持续贡献创意意愿的影响增加 16.190%（$\exp(0.151) = 1.162$）。为了分析调节作用的具体形式，本书对得到企业正向反馈和负向反馈的创意进行分组分析。结

果表明（见表 4.18），在得到企业负向反馈时，企业直接表达感谢对贡献者持续贡献创意意愿的影响增加 15.951%（$\beta = 0.148$，$\exp(0.148) = 1.156$，$p < 0.01$）；在得到企业正向反馈时，企业直接表达感谢对贡献者持续贡献创意意愿的影响不显著（$\beta = -0.002$，$p > 0.10$）。因此 H2 得到验证。

表 4.18 企业反馈效价调节作用

	变量	模型 Ⅱ（企业反馈效价调节）	企业正向反馈	企业负向反馈
自变量	企业直接表达感谢（相比较没有直接表达感谢）	-0.000 (0.044)	-0.002 (0.034)	0.148*** (0.044)
调节变量	企业负向反馈（相比较正向反馈）	-0.083** (0.028)		
	企业中性反馈（相比价正向反馈）	-0.094* (0.039)		
	同伴正向评价量	-0.012** (0.004)	-0.010** (0.004)	-0.010* (0.004)
	贡献者积分	0.313*** (0.011)	0.240*** (0.012)	0.253*** (0.011)
交互效应	企业直接表达感谢 × 企业负向反馈（相比较正向反馈）	0.151* (0.070)		
	企业直接表达感谢 × 企业中性反馈（相比较正向反馈）	0.174 (0.094)		
控制变量	企业反馈字数	-0.034* (0.015)	0.008 (0.017)	-0.034* (0.017)
	企业反馈语气	0.029 (0.032)	0.080* (0.040)	-0.053 (0.035)
	企业间接感谢	0.016 (0.029)	-0.029 (0.035)	0.025 (0.032)
	企业互动次数	0.009 (0.018)	-0.030 (0.022)	0.027 (0.018)
	企业感谢时间间隔	-0.000 (0.003)	-0.005 (0.004)	0.007* (0.003)

变量		模型Ⅱ（企业反馈效价调节）	企业正向反馈	企业负向反馈
控制变量	创意中正向情感词数	0.002 (0.005)	0.006 (0.006)	0.006 (0.006)
	创意中负向情感词数	-0.022 (0.015)	-0.040* (0.016)	-0.022 (0.015)
	创意回复数	-0.002 (0.002)	-0.025 (0.029)	-0.011 (0.029)
	创意篇幅	0.007 (0.015)	-0.032 (0.019)	-0.027 (0.017)
	贡献者互动次数	0.029*** (0.006)	0.033*** (0.006)	0.027*** (0.006)
统计量	Wald（df）	987.8*** (17)	373.2*** (13)	548.4*** (13)
	Likelihood ratio Test（df）	2008*** (17)	470.1*** (13)	644.1*** (13)

注：括号中的数值为该系数的稳健标准误；*、**、*** 分别表示在5%、1%、0.1%的水平上显著。

由模型Ⅲ可知，企业直接表达感谢与同伴正向评价量的交互作用对贡献者持续贡献创意意愿的影响显著（$\beta = 0.033$，$p < 0.05$），即随着同伴正向评价量增加1个单位，企业直接表达感谢对贡献者持续贡献创意意愿的影响增加3.40%（$\exp(0.033) = 1.034$）。为了分析调节作用的具体形式，本书在 $M_{均值} + 1 * SD$ 和 $M_{均值} - 1 * SD$ 的水平上将同伴正向评价量中心化，分析了在同伴正向评价量多和少的时候，企业直接表达感谢的影响（Wilcox & Stephen，2013；陈晓萍等，2012）。结果表明（见表4.19），在同伴正向评价量少时（$M_{均值} - 1 * SD$），企业直接表达感谢对贡献者持续贡献创意意愿的影响不显著（$\beta = 0.048$，$p > 0.1$）；在同伴正向评价量多时（$M_{均值} + 1 * SD$），企业直接表达感谢对贡献者持续贡献创意意愿的正向影响增加36.111%（$\beta = 0.308$，$\exp(0.308) = 1.361$，$p < 0.01$）。因此 H3 得到验证。

表 4. 19 　　　　　　　　　　　　　　同伴正向评价量调节作用

	变量	模型Ⅲ（同伴正向评价量调节）	同伴正向评价量多	同伴正向评价量少
自变量	企业直接表达感谢（相比较没有直接表达感谢）	0.178 *** (0.053)	0.308 *** (0.053)	0.048 (0.032)
调节变量	企业负向反馈（相比较正向反馈）	− 0.052 (0.026)	− 0.052 (0.026)	− 0.052 (0.026)
	企业中性反馈（相比价正向反馈）	− 0.061 (0.036)	− 0.061 (0.036)	− 0.061 (0.036)
	同伴正向评价量	− 0.008 * (0.004)	− 0.008 * (0.004)	− 0.008 * (0.004)
	贡献者积分	0.311 *** (0.011)	0.311 *** (0.011)	0.311 *** (0.011)
交互效应	企业直接表达感谢 × 同伴正向评价量	0.033 * (0.014)	0.033 * (0.014)	0.033 * (0.014)
控制变量	企业反馈字数	− 0.017 (0.015)	− 0.017 (0.015)	− 0.017 (0.015)
	企业反馈语气	0.039 (0.032)	0.039 (0.032)	0.039 (0.032)
	企业间接感谢	0.015 (0.030)	0.015 (0.030)	0.015 (0.030)
	企业互动次数	0.023 (0.018)	0.023 (0.018)	0.023 (0.018)
	企业感谢时间间隔	− 0.000 (0.003)	− 0.000 (0.003)	− 0.000 (0.003)
	创意中正向情感词数	0.000 (0.005)	0.000 (0.005)	0.000 (0.005)
	创意中负向情感词数	− 0.018 (0.014)	− 0.018 (0.014)	− 0.018 (0.014)
	创意回复数	0.000 (0.000)	0.000 (0.000)	0.000 (0.000)
	创意篇幅	0.022 (0.015)	0.022 (0.015)	0.022 (0.015)
	贡献者互动次数	0.038 *** (0.006)	0.038 *** (0.006)	0.038 *** (0.006)

续表

变量		模型Ⅲ（同伴正向评价量调节）	同伴正向评价量多	同伴正向评价量少
统计量	Wald（df）	998.1 *** (16)	998.1 *** (16)	998.1 *** (16)
	Likelihood ratio Test（df）	2076 *** (16)	2076 *** (16)	2076 *** (16)

注：括号中的数值为该系数的稳健标准误；*、**、*** 分别表示在 5%、1%、0.1% 的水平上显著。

由模型Ⅳ可知，企业直接表达感谢与贡献者积分的交互作用对贡献者持续贡献创意意愿的影响显著（$\beta = -0.053$，$p < 0.05$），即随着贡献者积分增加 1%，企业直接表达感谢对贡献者持续贡献创意意愿的影响减少 5.180%（$\exp(-0.053) = 0.948$）。同样，在 $M_{均值} + 1 * SD$ 和 $M_{均值} - 1 * SD$ 的水平上将贡献者积分中心化，分析了在贡献者积分多和少的时候，企业直接表达感谢的影响。结果表明（见表 4.20），在贡献者积分少时（$M_{均值} - 1 * SD$），企业直接表达感谢对贡献者持续贡献创意意愿的影响增加 15.800%（$\beta = 0.146$，$\exp(0.146) = 1.158$，$p < 0.01$）；在贡献者积分多时（$M_{均值} + 1 * SD$），企业直接表达感谢对贡献者持续贡献创意意愿的影响不显著（$\beta = -0.020$，$p < 0.687$）。因此 H4 得到验证。

表 4.20　　　　　　　　　　贡献者积分调节作用

变量		模型Ⅳ（贡献者积分调节）	积分多	积分少
自变量	企业直接表达感谢（相比较没有直接表达感谢）	0.063 * (0.032)	-0.020 (0.029)	0.146 ** (0.040)
调节变量	企业负向反馈（相比较正向反馈）	-0.053 * (0.026)	-0.053 * (0.026)	-0.053 * (0.026)
	企业中性反馈（相比价正向反馈）	-0.068 (0.036)	-0.068 (0.036)	-0.068 (0.036)
	同伴正向评价量	-0.011 ** (0.004)	-0.011 ** (0.004)	-0.011 ** (0.004)

续表

	变量	模型Ⅳ（贡献者积分调节）	积分多	积分少
调节变量	贡献者积分	0.286 *** (0.011)	0.286 *** (0.011)	0.286 *** (0.011)
交互效应	企业直接表达感谢 × 贡献者积分	-0.053 * (0.026)	-0.053 * (0.026)	-0.053 * (0.026)
控制变量	企业反馈字数	-0.016 (0.015)	-0.016 (0.015)	-0.016 (0.015)
	企业反馈语气	0.020 (0.033)	0.020 (0.033)	0.020 (0.033)
	企业间接感谢	0.020 (0.029)	0.020 (0.029)	0.020 (0.029)
	企业互动次数	0.009 (0.017)	0.009 (0.017)	0.009 (0.017)
	企业感谢时间间隔	-0.000 (0.000)	-0.000 (0.000)	-0.000 (0.000)
	创意中正向情感词数	0.000 (0.005)	0.000 (0.005)	0.000 (0.005)
	创意中负向情感词数	-0.017 (0.014)	-0.017 (0.014)	-0.017 (0.014)
	创意回复数	-0.041 (0.029)	-0.041 (0.029)	-0.041 (0.029)
	创意篇幅	-0.006 (0.015)	-0.006 (0.015)	-0.006 (0.015)
	贡献者互动次数	0.033 *** (0.006)	0.033 *** (0.006)	0.033 *** (0.006)
统计量	Wald（df）	809.9 *** (16)	809.9 *** (16)	809.9 *** (16)
	Likelihood ratio Test（df）	1911 *** (16)	1911 *** (16)	1911 *** (16)

注：括号中的数值为该系数的稳健标准误；*、**、*** 分别表示在 5%、1%、0.1% 的水平上显著。

3. 稳健性检验和内生性问题

本书将企业是否直接表达感谢，变为直接表达感谢次数（直接表达感谢词数），来验证直接表达感谢度量方式影响的稳健性，结果见表4.21，研究假设都得到了验证。另外，在本书中企业直接表达感谢可能是非随机的，也就是说企业更有可能向那些继续贡献创意的贡献者直接表达感谢。为了解决该问题，本书参考已有文献（Piezunka & Dahlander，2019），使用逆概率加权（IPTW）给予每个创意不同权重。该方法可以控制每个创意得到企业直接感谢的概率。在控制了与贡献者贡献的前一个创意的时间间隔后，本书使用 Logit 模型进行重新分析（Piezunka & Dahlander，2019）。在分析过程中，为了减少截尾数据的影响，本书将数据截止日期90天之内贡献创意的贡献者全部剔除，结果见表4.22，所有研究假设都得到了验证。此外，为了控制不可观察的、不随时间变化的贡献者特征（贡献者能力等）的影响，本书使用贡献创意数大于1的样本进行了固定效应分析。按照巴尤斯（Bayus，2013）方法，以天为单位，构建了不平衡面板数据，并使用 R 语言中 bife 函数进行固定效应分析，结果见表4.23，所有研究假设都得到了验证。

表 4.21　　企业直接表达感谢次数（稳健性分析，$N = 25952$）

	变量	模型 I（没有调节效应）	模型 II（企业反馈效价调节）	模型 III（同伴正向评价量调节）	模型 IV（贡献者积分调节）	模型 V（全部调节变量）
自变量	企业直接表达感谢次数	0.082 **（0.031）	-0.005（0.042）	0.163 **（0.050）	0.061 *（0.031）	0.055（0.053）
调节变量	企业负向反馈（相比较正向反馈）	-0.063 *（0.026）	-0.060 *（0.026）	-0.052（0.026）	-0.052 *（0.026）	-0.056 *（0.026）
	企业中性反馈（相比较正向反馈）	-0.068（0.036）	-0.069（0.035）	-0.061（0.036）	-0.068（0.036）	-0.077 *（0.035）
	同伴正向评价量	-0.011 **（0.004）	-0.012 **（0.004）	-0.003（0.004）	-0.011 **（0.004）	-0.011 ***（0.003）
	贡献者积分	0.304 ***（0.011）	0.313 ***（0.011）	0.311 ***（0.011）	0.278 ***（0.010）	0.278 ***（0.010）

续表

变量		模型 I（没有调节效应）	模型 II（企业反馈效价调节）	模型 III（同伴正向评价量调节）	模型 IV（贡献者积分调节）	模型 V（全部调节变量）
交互效应	企业直接表达感谢次数 × 企业负向反馈（相比较正向反馈）		0.168 *(0.068)			0.167 *(0.067)
	企业直接表达感谢次数 × 企业中性反馈（相比较正向反馈）		0.164(0.089)			0.198 *(0.089)
	企业直接表达感谢次数 × 同伴正向评价量			0.030 *(0.012)		0.027 **(0.010)
	企业直接表达感谢次数 × 贡献者积分				-0.046 *(0.021)	-0.047 *(0.021)
控制变量		包括在内	包括在内	包括在内	包括在内	包括在内
统计量	Wald test	1017 ***(15)	988.6 ***(17)	998.9 ***(16)	808.9 ***(16)	825.8 ***(19)
	Likelihood ratio Test（df）	2128 ***(15)	2010 ***(17)	2077 ***(16)	1909 ***(16)	1941 ***(19)

注：括号中的数值为该系数的稳健标准误；*、**、***分别表示在 5%、1%、0.1% 的水平上显著。

表 4.22   IPTW 回归（内生性检验，$N=22539$）

变量		模型 I（没有调节效应）	模型 II（企业反馈效价调节）	模型 III（同伴正向评价量调节）	模型 IV（贡献者积分调节）	模型 V（全部调节变量）
自变量	企业直接表达感谢（相比较没有直接表达感谢）	0.089 *(0.045)	-0.033(0.055)	0.189 **(0.061)	0.062(0.034)	0.081(0.071)
调节变量	企业负向反馈（相比较正向反馈）	-0.075(0.049)	-0.157 ***(0.035)	-0.082(0.049)	-0.120 ***(0.031)	-0.167 ***(0.036)
	企业中性反馈（相比较正向反馈）	-0.054(0.064)	-0.158 ***(0.045)	-0.062(0.064)	-0.124 **(0.040)	-0.168 ***(0.045)
	同伴正向评价量	-0.000(0.008)	-0.016 **(0.006)	-0.013 **(0.005)	-0.011 *(0.005)	-0.026 ***(0.004)
	贡献者积分	0.610 ***(0.017)	0.618 ***(0.017)	0.611 ***(0.017)	0.650 ***(0.011)	0.651 ***(0.012)

变量		模型 I（没有调节效应）	模型 II（企业反馈效价调节）	模型 III（同伴正向评价量调节）	模型 IV（贡献者积分调节）	模型 V（全部调节变量）
交互效应	企业直接表达感谢 × 企业负向反馈（相比较正向反馈）		0.196 *(0.095)			0.203 *(0.094)
	企业直接表达感谢 × 企业中性反馈（相比较正向反馈）		0.210(0.126)			0.216(0.124)
	企业直接表达感谢 × 同伴正向评价量			0.038 *(0.016)		0.041 *(0.016)
	企业直接表达感谢 × 贡献者积分				−0.074 *(0.029)	−0.063(0.034)
控制变量		包括在内	包括在内	包括在内	包括在内	包括在内
统计量	$\log Likelihood$	−22099.810	−22167.560	−22083.460	−16524.450	−22128.640

注：括号中的数值为该系数的稳健标准误；*、**、*** 分别表示在 5%、1%、0.1% 的水平上显著。

表 4.23　　　　　固定效应模型（内生性检验，$N = 8560$）

变量		模型 I（没有调节效应）	模型 II（企业反馈效价调节）	模型 III（同伴正向评价量调节）	模型 IV（贡献者积分调节）	模型 V（全部调节变量）
自变量	企业直接表达感谢（相比较没有直接表达感谢）	0.172 **(0.057)	0.031(0.075)	0.503 **(0.159)	0.141 **(0.055)	0.104(0.089)
调节变量	企业负向反馈（相比较正向反馈）	−0.221 ***(0.045)	−0.264 ***(0.048)	−0.354 ***(0.077)	−0.199 ***(0.043)	−0.241 ***(0.046)
	企业中性反馈（相比较正向反馈）	−0.173 **(0.060)	−0.217 ***(0.064)	−0.241 *(0.101)	−0.193 ***(0.056)	−0.239 ***(0.061)
	同伴正向评价量	−0.003(0.006)	−0.007(0.005)	−0.020(0.010)	0.003(0.006)	−0.009(0.005)
	贡献者积分	−0.186(0.266)	0.097(0.115)	0.153(0.543)	0.063(0.085)	0.245(0.323)

续表

变量		模型 I（没有调节效应）	模型 II（企业反馈效价调节）	模型 III（同伴正向评价量调节）	模型 IV（贡献者积分调节）	模型 V（全部调节变量）
交互效应	企业直接表达感谢×企业负向反馈（相比较正向反馈）		0.363**（0.124）			0.286*（0.117）
	企业直接表达感谢×企业中性反馈（相比较正向反馈）		0.237（0.162）			0.219（0.152）
	企业直接表达感谢×同伴正向评价量			0.028*（0.014）		0.025*（0.011）
	企业直接表达感谢×贡献者积分				−0.089*（0.040）	−0.079*（0.040）
控制变量		包括在内	包括在内	包括在内	包括在内	包括在内
统计量	residual deviance	9283.490	9316.760	9301.190	10024.750	10032.810
	null deviance	10609.220	10609.220	10674.290	11719.660	11719.660

注：括号中的数值为该系数的稳健标准误；*、**、*** 分别表示在 5%、1%、0.1% 的水平上显著。

4.2.7　理论意义和管理启示

本书关注创意众包社区中一个非常重要的问题，即如何激励贡献者持续贡献创意。与已有研究主要关注企业反馈效价的影响不同，本书关注企业反馈中直接表达感谢的影响。结果表明，第一，与网络互助平台一样，在创意众包社区中，企业直接表达感谢对贡献者持续贡献创意意愿有正向影响，而且直接表达感谢的次数越多，其对贡献者持续贡献创意意愿的正向影响越大。第二，当存在企业反馈和同伴评价时，企业直接表达感谢的激励作用不同。对于企业反馈，当得到企业负向反馈时（相比较正向反馈），企业直接表达感谢的正向影响更大；而对于同伴评价，当同伴正向评价量多时（相比较少时），企业直接表达感谢的正向影响更大。第三，还考虑了贡献者积分对企业直接表达感谢影响的调节作用。随着贡献者积分增加，企业直接表达感谢的影响作用减弱。

1. 理论意义

本书的研究结果有助于加深对感谢激励边界条件的理解，丰富多源激励的文献和理论。

（1）对于感谢激励效果的研究。本书扩展了直接表达感谢的使用场景。与已有研究关注的网络互助平台不同，本书结果表明在由企业创建、用户可以重复参与的、非竞争性创意众包社区中，企业直接表达感谢仍然有效。更为重要的是，本书结合创意众包社区的特征，分析了企业反馈、同伴评价和贡献者特征对企业直接表达感谢影响的调节作用，发现企业直接表达感谢对贡献者持续贡献创意意愿的正向影响是有条件的：第一，相比较被企业接受，当创意被企业拒绝时，企业直接表达感谢的激励作用更大。这表明当贡献者的目标没有实现时，企业直接表达感谢更为重要。与已有相关文献主要关注在帮助者目标实现时（成功帮助受益者），受益者表达感谢的积极影响不同，本书分析了在接受率极低的情境中，企业直接表达感谢的作用。相比较目标实现，目标没有实现的情景在实践中更为常见，因此本书的问题更具一般性。第二，在同伴也是贡献者行为受益者的时候，网络社区中同伴的支持与企业直接表达感谢共同增加了贡献者的贡献意愿。与已有研究从感谢规范、感谢者与帮助者关系的角度来研究感谢的边界条件不同（Ksenofontov & Becker，2020），本书探索了网络环境中来自地位相同的同伴支持的影响。第三，贡献者积分调节作用的结果表明，感谢作为一种激励手段，对以外在动机为主的个体的激励作用较强。也表明从重复贡献创意的视角，感谢的长期激励效果减弱。该结论与已有研究中关于参与动机动态变化的研究结论一致（Toubia & Stephen，2013；Deci，1971）。

（2）对于创意众包社区中多源激励的研究。在创意众包社区中，尽管企业直接表达感谢广泛存在，而且很多时候与企业反馈和同伴评价共存，但是已有研究没有关注企业直接表达感谢的影响（Bayus，2013；Chan et al.，2021），也没有将其与企业反馈和同伴评价进行整合。本书通过动机和激励的相关理论,分析企业直接表达感谢的影响,并将企业直接表达感谢与企业反馈、同伴评价的激励作用从更加基础的层面进行整合,发现企业仅仅直接表达感谢就可以增加贡献者的持续贡献意愿,而且企业正向反馈会替代企业直接表达感谢的影响,同伴正向评价量互补企业直接表达感谢的作用。该结果从以下方面扩展了已有研究的结论(Chan et al.,2021):第一,该结果表明企业反馈将贡献者的注意力转向任务完成和目标实现情况,因为企业正向反馈在任务完成和目标实现方面的激励作用大于企业直接表达感谢(刘倩和孙宝文,2018),所以企业直接表达感谢的激励作用减弱。第二,同伴正向评价将贡献者的注意力转向社会认可。因为同伴正向评价量与企业直接表达感谢一致,所以来自地位相同的同伴的支持会增加企业直接表达感谢的激励作用。这些结论表明不同来源激励的效果存在差异并且彼此之间相互影响,对于理解创意众包社区中多种激励策略的共同影响及其原因和条件有重要意义(Bayus,2013;Huang et al.,2014)。

2. 管理启示

本书认为企业直接表达感谢的成本较低,而且容易实施。基于研究结论,提出以下建议:第一,在创意众包社区中,企业可以通过直接表达感谢来增加贡献者的持续贡献创意意愿;第二,当企业认可贡献者的创意时(对创意进行正向反馈后),可以不用向贡献者直接表达感谢,因为此时企业正向反馈已经足够激励贡献者持续参与贡献创意;第三,对于同伴支持的创意,企业需要直接表达感谢,因为二者可以同时增加贡献者的持续贡献创意意愿;第四,对于积分多的贡献者,企业可以减少直接表达感谢行为。

4.2.8 研究的局限和展望

第一,进一步探索企业直接表达感谢影响贡献者持续贡献创意意愿的原因。尽管本书借助激励和动机相关理论去推理企业直接表达感谢影响的原因,但是因为数据可得性等原因,本书无法直接验证影响的机制,未来的研究可以继续考虑该问题。

　　第二，继续关注企业间接表达感谢起作用的原因和条件，以及间接与直接表达感谢影响的差异。尽管本书关注企业直接表达感谢对贡献者持续贡献创意意愿的影响，但是企业间接表达感谢，作为一种非常重要的在线沟通技巧和语言表达形式，其对贡献者持续贡献创意意愿影响的条件和背后的原因，及其与企业直接表达感谢影响的差异仍然需要探索。

　　第三，网络社区中，除了语言内容外，语言表达方式也会影响企业与贡献者互动的结果。比如反馈的语气、语言风格等因素。本书只是相关问题的初始探索，以后的研究可以继续关注相关内容。

第5章 结论和后续研究内容

5.1 研究结论和管理启示

本书主要包括4个实证研究，分析了创意众包社区中影响企业反馈行为的因素和企业反馈对贡献者持续贡献意愿的影响。研究结论对于企业了解创意众包社区的运行机制，更好地利用企业反馈影响用户参与贡献创意，促进创意众包社区的良性发展很有帮助。本书的主要研究结论和管理启示见表5.1和表5.2。

表5.1 创意众包社区中影响企业反馈的因素

研究问题	研究结论	理论贡献	管理启示
贡献者努力程度（贡献创意和评论同伴创意的数量）对企业反馈的影响	（1）贡献者贡献创意数量和评论同伴创意数量都与企业正向反馈正相关。 （2）贡献者贡献创意数量与同伴对贡献者创意评论数量的交互作用正向影响企业录用创意的可能性。 （3）贡献者贡献创意数量和企业反馈比例的交互作用正向影响企业录用创意的可能性。 （4）贡献者评论的同伴创意数量与评论版块异质性的交互作用负向影响创意得到企业录用的可能性	（1）尽管已有研究发现，企业录用创意会负向影响创意再次被录用的可能性（Bayus，2013），但是本书发现，贡献者贡献的创意数量会增加其后续创意得到企业录用的可能性。另外，本书发现贡献者评价同伴的创意数量正向影响其后续创意得到企业录用的可能性。 （2）对于创意得到企业录用来说，用户与企业和同伴之间的互动都非常重要。 （3）可以更好地理解用户对同伴创意的评价和评价版块异质性对个体贡献创意新颖性和有用性影响的差异	（1）在网络创新平台上，企业应该围绕特定的创新任务激发用户努力参与贡献创意和评论同伴的创意，这有助于促进用户贡献高质量的创意。 （2）网络环境中，企业可以通过双向奖励的方式激发用户互动热情。比如，对于某一个创意，互动达到一定次数，双方都会获得积分或其他奖励等。用户通过聚焦自己了解和感兴趣版块，深入互动可以更多地得到企业录用。 （3）在网络环境中，企业应该鼓励用户多贡献创意，同时也应该积极反馈同伴的创意

研究问题	研究结论	理论贡献	管理启示
创意中的情感特征如何影响企业反馈？ 发帖经验、发帖时间和提及竞争对手情况的调节作用如何？	（1）用户创意中情感特征正向影响企业回复、负向影响企业录用创意的可能性。（2）相比较发帖经验少的用户，对于发帖经验多的用户，创意中的情感特征对企业回复的正向影响更大，而对企业录用的负向影响更小。（3）相比较周末发帖来说，用户在非周末发帖时，创意中情感特征对企业回复创意的正向影响更大，而对企业录用创意的负向影响更小。（4）相比较未提及竞争对手，当创意中提及竞争对手时，创意中情感特征对企业回复创意的正向影响更大，对企业录用创意的负向影响更小	（1）扩展了网络环境中用户情感分析的研究范围。以往用户的情感分析大多应用于网络传播、在线评论等方面，还没有将情感分析应用于创意众包社区的研究中。（2）在创意众包社区中，企业对用户创意的反馈除了录用，还会对一些没有录用的创意进行回复，这是对用户发帖的一种激励，也是企业反馈的一种重要方式。本书考虑企业反馈中的企业回复，细化企业反馈的分类，是对以往研究的有益补充，对以后研究企业反馈具有借鉴意义。（3）本书主要考虑了三个重要的调节变量：用户的发帖经验、发帖时间以及在帖子中是否提及竞争对手的情况。为进一步研究创意中情感特征对企业反馈的影响提供参考	（1）企业应该倡议用户尽量客观地、科学地表达其创意。（2）企业应该鼓励用户多贡献创意，以此来减少创意中情感特征对企业录用创意的负向影响。（3）企业应该更多地了解用户贡献创意的时间规律，在贡献创意密集的时间多安排审核人员对创意进行审核，尽量避免因发帖时间导致的企业反馈偏差。（4）企业应该鼓励用户在贡献创意时提供更多有关竞争对手的信息，了解竞争对手的情况，为企业新产品开发提供参考

表 5.2   **创意众包社区中企业反馈对用户贡献意愿的影响**

研究问题	研究结论	理论贡献	管理启示
在创意众包社区中创意平均接受率极低的情境下，企业如何拒绝用户贡献的创意	（1）相比较没有反馈，企业负向反馈对贡献者持续贡献意愿有正向影响。（2）随着同伴正向评价量增加，企业负向反馈（相比较无反馈）正向影响减弱。（3）随着贡献者经验增加，企业负向反馈（相比较无反馈）的正向影响减弱，同伴正向评价量的调节作用也减弱	（1）基于创意众包社区中创意平均接受率低这一特点，为整合已有研究的不一致结论，分析企业负向反馈的影响提供了新视角。（2）补充了多元激励理论和不一致反馈的研究结论（Blagoeva et al.，2020），结果表明不同来源的不一致反馈会减弱激励效果。（3）加深了动态激励的研究结论，将贡献者经验与用户创意平均接受率、同伴正向评价量、企业反馈四者进行结合，加深了对动态激励研究结论的理解	（1）在创意众包社区中，企业应该尽量对发帖者进行反馈。（2）在创意众包社区中，企业反馈需要与同伴评价尽量保持一致；如果与同伴的意见不一致，企业可以延长反馈时间间隔。（3）在实践中，企业可以邀请贡献经验丰富的用户成为特殊组员，以承担部分企业的任务和工作

续表

研究问题	研究结论	理论贡献	管理启示
创意众包社区中企业直接表达感谢如何影响贡献者持续贡献创意意愿	（1）在创意众包社区中，企业直接表达感谢对贡献者持续贡献创意意愿有正向影响，而且直接表达感谢的次数越多，其对贡献者持续贡献创意意愿的正向影响越大。 （2）当存在企业反馈和同伴评价时，企业直接表达感谢的激励作用不同。对于企业反馈，当得到企业负向反馈时（相比较正向反馈），企业直接表达感谢的正向影响更大；而对于同伴评价，当同伴正向评价量多时（相比较少时），企业直接表达感谢的正向影响更大。 （3）本书还考虑了贡献者积分对企业直接表达感谢影响的调节作用。结果表明，当贡献者积分多时（相比较少时），企业直接表达感谢的影响作用减弱	（1）扩展了直接表达感谢的使用场景。 （2）结合创意众包社区的特征，分析了企业反馈、同伴评价和贡献者特征对企业直接表达感谢影响的调节作用，发现企业直接表达感谢对贡献者持续贡献创意意愿的正向影响是有条件的。 （3）通过动机和激励的相关理论，分析企业直接表达感谢的影响，并将企业直接表达感谢与企业反馈、同伴评价的激励作用从更加基础的层面进行整合，发现企业仅直接表达感谢就可以增加贡献者的持续贡献意愿，而且企业正向反馈会替代企业直接表达感谢的影响，而同伴正向评价量互补企业直接表达感谢的作用。 （4）不同来源激励的效果存在差异并且彼此之间相互影响，对于理解创意众包社区中多种激励策略的共同影响及其原因和条件有重要意义（Bayus，2013；Huang et al.，2014）	（1）在创意众包社区中，企业可以通过直接表达感谢来增加贡献者的持续贡献创意意愿。 （2）当企业认可贡献者的创意时（对创意进行正向反馈后），可以不用向贡献者直接表达感谢，因为此时企业正向反馈已经足够激励贡献者持续参与贡献创意。 （3）对于同伴支持的创意，企业需要直接表达感谢，因为二者可以同时增加贡献者的持续贡献创意意愿。 （4）对于积分多的贡献者，企业可以减少直接表达感谢行为

5.2 进一步研究建议

（1）创意众包社区中企业反馈的进一步研究。该部分内容包括反馈的其他特征，比如反馈时间、反馈语气的影响等。关于企业如何拒绝贡献者的创意，今后的研究可以继续关注企业拒绝创意（相比较无反馈）的边界条件和原因。该问题的研究可以结合实验方法，来解决企业反馈可能存在的内生性问题，还可以结合模拟模型去分析企业拒绝用户创意可能带来的长期影响。

（2）创意众包社区中用户"吐槽"行为产生的原因和动态变化机制。企业利用创意众包社区有两个目标：一是与用户互动来做好产品；二是靠用户口碑来做传播和营销（黎万强，2014）。已完成研究主要聚焦在如何提高用户的贡献意愿和贡献创意的质量，但如何结合企业创建创意众包社区的两个目的，基于创意众包社区中创意接受率极低的特点，分析用户负向口碑（吐槽）产生的原因和条件及其动态变化机制，整合企业利用用户参与产品开发带来的正向和负向影响，将是可以继续关注的主要内容。

（3）创意众包社区中用户"吐槽"如何影响企业代表的行为。已有研究成果和已有文献中，对企业代表行为影响的研究相对较少。为此，进一步研究可以关注与用户互动如何影响企业代表的反馈行为；贡献者和同伴的"吐槽"如何影响企业反馈效价、反馈时间和反馈的语言风格等。另外，从用户和企业代表互动和学习的视角，而不是将用户行为作为外生变量，然后去分析其对企业代表反馈行为的影响更有价值。

参 考 文 献

[1] 暴占光,张向葵. 初中生外在学习动机内化的心理机制研究 [J]. 心理科学,2008,31 (3):580 – 583.

[2] 暴占光. 初中生外在学习动机内化的实验研究 [D]. 长春:东北师范大学,2006.

[3] 卜心怡,张辰鸿,桑滨. 顾客—企业知识协同演化研究——基于主体策略和网络结构更新视角 [J]. 科学学研究,2014,32 (7):1070 – 1080.

[4] 陈晓玲. 国外创造力研究述评 [J]. 科学学与科学技术管理,2006,27 (6):159 – 163.

[5] 陈晓萍,徐淑英,樊景立. 组织与管理研究的实证方法 [M].2 版. 北京:北京大学出版社,2012.

[6] 陈钰芬,陈劲. 开放式创新促进创新绩效的机理研究 [J]. 科研管理,2009,30 (4):1 – 9.

[7] 程振宇,杜惠英,吕廷杰. 社交网络下网络互动对购买意愿的影响因素研究 [J]. 北京邮电大学学报 (社会科学版),2012,14 (6):26 – 31.

[8] 程振宇. 社交网络下网络互动对购买意愿影响及信任保障机制研究 [D]. 北京:北京邮电大学,2013.

[9] 党宝宝,高承海,杨阳,等. 群际威胁:影响因素与减少策略 [J]. 心理科学进展,2014,22 (4):711 – 720.

[10] 董艳,张大亮,徐伟青. 用户创新的条件和范式研究 [J]. 浙江大学学报 (人文社会科学版),2009,39 (4):43 – 54.

[11] 杜振雷. 面向微博短文本的情感分析研究 [D]. 北京:北京信息科技大学,2013.

[12] 范钧,聂津君. 企业—顾客在线互动,知识共创与新产品开发绩

效［J］. 科研管理，2016，37（1）：119 - 127.

［13］范晓屏，马庆国. 基于虚拟社区的网络互动对网络购买意向的影响研究［J］. 浙江大学学报（人文社会科学版），2009，39（1）：149 - 157.

［14］范晓屏，孙居好. 我国虚拟社区评价指标体系的构建［J］. 技术经济，2007，26（1）：80 - 83.

［15］高忠义，王永贵. 用户创新及其管理研究现状与展望［J］. 外国经济与管理，2006，28（4）：40 - 47.

［16］郭雯，刘爱. 基于嵌入性视角的用户驱动创新模式研究——以互联网视听行业为例［J］. 科学学与科学技术管理，2016，37（2）：88 - 98.

［17］郝媛媛，叶强，李一军. 基于影评数据的在线评论有用性影响因素研究［J］. 管理科学学报，2010，13（8）：78 - 88.

［18］贺爱忠，李雪. 在线品牌社区成员持续参与行为形成的动机演变机制研究［J］. 管理学报，2015，12（5）：733 - 743.

［19］黄中伟，王宇露. 关于经济行为的社会嵌入理论研究述评［J］. 外国经济与管理，2007，29（12）：1 - 8.

［20］吉海颖，戚桂杰，梁乙凯. 行动比声音更有力量吗？——开放式创新社区用户交互与用户创意更新持续贡献行为研究［J］. 管理评论，2022，34（4）：80 - 89.

［21］纪雪梅. 特定事件情境下中文微博用户情感挖掘与传播研究［D］. 天津：南开大学，2014.

［22］金晓玲，汤振亚，周中允，等. 用户为什么在问答社区中持续贡献知识：积分等级的调节作用［J］. 管理评论，2013，25（12）：138 - 146.

［23］井玉贵. 网络互动：从技术幻境到生活世界［M］. 北京：中国社会科学出版社，2008.

［24］黎万强. 参与感——小米口碑营销内部手册［M］. 北京：中信出版社，2014.

［25］李东方，罗瑾琏，黄良志. 领导反馈对员工创造力的影响研究——基于心理资本的中介效应［J］. 华东经济管理，2013，27（11）：121 - 126.

［26］李海峰，王炜. 在线问答学习社区的群体知识贡献影响因素——

基于 WebGIS 知乎学习社区的功能模块分析 [J]. 开放教育研究, 2020, 26 (1): 111 – 120.

[27] 李海舰, 王松. 客户内部化研究——基于案例的视角 [J]. 中国工业经济, 2009 (10): 127 – 137.

[28] 李丽娜. 汉语"感谢"言语行为研究 [J]. 湖北社会科学, 2004 (9): 93 – 95.

[29] 李森森, 龙长权, 陈庆飞, 等. 群际接触理论——一种改善群际关系的理论 [J]. 心理科学进展, 2010, 18 (5): 831 – 839.

[30] 李奕莹, 戚桂杰. 企业开放式创新社区中用户生成内容的创新贡献 [J]. 中国科技论坛, 2017, (4): 95 – 102.

[31] 刘波, 马永斌. 网络环境中用户努力与创新观点质量——在线互动和评论版块异质性的调节作用 [J]. 消费经济, 2016, 32 (5): 73 – 81.

[32] 刘灿辉. 企业员工知识贡献动机内化机制及效果研究 [D]. 西安: 西北大学, 2017.

[33] 刘倩, 孙宝文. COI 社区在线交互对用户创意质量的影响——专业成功经验的调节效应 [J]. 南开管理评论, 2018, 21 (2): 16 – 27.

[34] 刘小平. 员工组织承诺的形成过程: 内部机制和外部影响——基于社会交换理论的实证研究 [J]. 管理世界, 2011, 27 (11): 92 – 104.

[35] 楼天阳, 陆雄文. 虚拟社区与成员心理联结机制的实证研究: 基于认同与纽带视角 [J]. 南开管理评论, 2011, 14 (2): 14 – 25.

[36] 马永斌, 王其冬, 孙彤. 同伴对青少年消费行为影响研究综述 [J]. 宁波大学学报 (教育科学版), 2013, 35 (6): 1 – 4.

[37] 马永斌, 徐晴. 创意众包社区中影响评论者正向评价量的因素研究——基于 ELM 的分析 [J]. 管理评论, 2020, 32 (11): 140 – 150.

[38] 毛波, 尤雯雯. 虚拟社区成员分类模型 [J]. 清华大学学报 (自然科学版), 2006 (S1): 1069 – 1073.

[39] 莫闲. 学习动机整合理论的建构与研究展望 [J]. 心理科学, 2008, 31 (6): 1517 – 1520.

[40] 秦敏, 李若男. 在线用户社区用户贡献行为形成机制研究: 在线社会支持和自我决定理论视角 [J]. 管理评论, 2020, 32 (9): 168 – 181.

［41］沈校亮，厉洋军．虚拟品牌社区知识贡献意愿研究：基于动机和匹配的整合视角［J］．管理评论，2018，30（10）：82 - 94.

［42］宋晓兵，徐珂欣，吴育振．用户设计能否包打天下？——自我建构对用户设计产品偏好的影响研究［J］．管理世界，2017，284（5）：119 - 130.

［43］唐本钰．中学生知觉的社会支持与学习动机关系的研究［D］．济南：山东师范大学，2002.

［44］陶晓波，徐鹏宇，樊潮，等．创新社区中新产品开发人员信息采纳行为的影响机理研究［J］．管理评论，2020，32（10）：135 - 146.

［45］万晨曦，郭东强．虚拟社区知识共享研究综述［J］．情报科学，2016，34（8）：67 - 125.

［46］王莉，任浩．虚拟创新社区中消费者互动和群体创造力——知识共享的中介作用研究［J］．科学学研究，2013，5（5）：702 - 710.

［47］王楠，陈详详，祁运丽，等．基于详尽可能性模型的用户创新社区创意采纳影响因素研究［J］．管理科学，2020，28（3）：213 - 222.

［48］王石磊，彭正龙．新员工反馈寻求行为对其创新行为的影响研究［J］．管理评论，2013，25（12）：156 - 164.

［49］卫海英，骆紫薇．中国的服务企业如何与顾客建立长期关系？——企业互动导向、变革型领导和员工互动响应对中国式顾客关系的双驱动模型［J］．管理世界，2014，244（1）：105 - 119.

［50］吴贵生，谢囍．用户创新概念及其运行机制［J］．科研管理，1996，17（5）：14 - 19.

［51］夏恩君，赵轩维．网络众包参与者行为的影响因素研究——基于小米网络众包社区的实证研究［J］．研究与发展管理，2017，29（1）：10 - 21.

［52］夏学銮．网络社会学建构［J］．北京大学学报（哲学社会科学版），2004，41（1）：85 - 91.

［53］向海华，沈治宏．虚拟社区知识共享活动给电子商务带来商机［J］．情报理论与实践，2004，27（5）：472 - 474.

［54］萧浩辉．决策科学辞典［M］．北京：人民出版社，1995.

［55］徐鹏，张聃．网络问答社区知识分享动机探究——社会交换论的视角［J］．图书情报知识，2018（2）：105 - 112.

［56］徐小龙，王方华．虚拟社区研究前沿探析［J］．外国经济与管理，2007，343（9）：10 – 16.

［57］严建援，乔艳芬，秦凡．产品创新社区不同级别顾客的价值共创行为研究——以 MIUI 社区为例［J］．管理评论，2019，31（2）：58 – 70.

［58］杨艾旻，马永斌．创新观点情感特征对企业反馈的影响研究［J］．科技与经济，2018，31（2）：30 – 34.

［59］杨光，汪立．思维定势如何影响创意质量——基于"众包"平台的实证研究［J］．管理世界，2017，291（12）：109 – 124，157，188.

［60］杨爽，徐畅．在线产品评论有用性的影响机制——基于虚拟社区视角［J］．求索，2013，247（3）：249 – 251.

［61］尹晶，郑兴山．上级反馈对员工创造力和组织公民行为的影响——领导—成员交换的中介作用［J］．科学学与科学技术管理，2011，32（12）：153 – 159.

［62］张超群．用户互动对新创企业成长绩效的作用机制研究［D］．杭州：浙江大学，2013.

［63］张浩，李科凤，侯汉坡，等．互联网企业舆论危机公关处理机制［J］．开发研究，2012，159（2）：66 – 69.

［64］张剑，郭德俊．内部动机与外部动机的关系［J］．心理科学进展，2003，11（5）：545 – 550.

［65］张剑，宋亚辉，刘肖．削弱效应是否存在：工作场所中内外动机的关系［J］．心理学报，2016，48（1）：73 – 83.

［66］张剑，张建兵，李跃等．促进工作动机的有效路径：自我决定理论的观点［J］．心理科学进展，2010，18（5）：752 – 759.

［67］张洁，廖貅武．虚拟社区中顾客参与、知识共享与新产品开发绩效［J］．管理评论，2020，32（4）：117 – 131.

［68］张庆普，张伟．创意团队创意方案形成过程与机理研究——基于创意发酵视角［J］．研究与发展管理，2014，26（6）：99 – 113.

［69］张诗婷．技术驱动下加强网络互动内涵建设的必要性和可能性［J］．东南传播，2014（9）：6 – 8.

［70］张童．网络创新社区在线评论对顾客参与创新的影响研究［J］．

财经问题研究，2014（8）：124 – 128.

[71] 赵雅欣，宁士勇. 基于 Python 的超市 O2O 营销数据分析 [J]. 哈尔滨商业大学学报（自然科学版），2019，35（4）：431 – 435.

[72] 赵燕梅，张正堂，刘宁，等. 自我决定理论的新发展述评 [J]. 管理学报，2016，13（7）：1095 – 1104.

[73] 郑彤彤，谢科范. 基于系统动力学的用户创新行为演化分析 [J]. 管理学报，2015，12（12）：1824 – 1831.

[74] 周涛，何莲子，邓胜利. 开放式创新社区用户知识分享的影响因素研究 [J]. 现代情报，2020，40（3）：58 – 64.

[75] 周志民. 品牌社群形成机理模型初探 [J]. 商业经济与管理，2005，169（11）：74 – 79.

[76] 朱振中，李晓丹，梁美丽. 虚拟社区感研究述评与展望 [J]. 外国经济与管理，2014，36（4）：36 – 46.

[77] 庄贵军. 基于渠道组织形式的渠道治理策略选择：渠道治理的一个新视角 [J]. 南开管理评论，2012，15（6）：72 – 84.

[78] Aberson C L, Haag S C. Contact, perspective taking, and anxiety as predictors of stereotype endorsement, explicit attitudes, and implicit attitudes [J]. *Group Processes and Intergroup Relations*, 2007, 10（2）：179 – 201.

[79] Algoe S B, Fredrickson B L, Gable S L. The social functions of the emotion of gratitude via expression [J]. *Emotion*, 2013, 13（4）：605 – 609.

[80] Algoe S B. Find, remind, and bind: The functions of gratitude in everyday relationships [J]. *Social and Personality Psychology Compass*, 2012, 6（6）：455 – 469.

[81] Alicke M D, Sedikides C. Self-enhancement and self-protection: What they are and what they do [J]. *European Review of Social Psychology*, 2009, 20（1）：1 – 48.

[82] Amabile T M, Barsade S G, Mueller J S, et al. Affect and creativity at work [J]. *Administrative Science Quarterly*, 2005, 50（3）：367 – 403.

[83] Amabile T M. The social psychology of creativity: A componential conceptualization [J]. *Journal of Personality and Social Psychology*, 1983, 45

(2): 357 – 376.

[84] Amorim L D, Cai J. Modelling recurrent events: A tutorial for analysis in epidemiology [J]. *International Journal of Epidemiology*, 2015, 44 (1): 324 – 333.

[85] Anderson N, Potočnik K, Zhou J. Innovation and creativity in organizations: A state-of-the-science review, prospective commentary, and guiding framework [J]. *Journal of Management*, 2014, 40 (5): 1297 – 1333.

[86] Audia P G, Brion S. Reluctant to change: Self-enhancing responses to diverging performance measures [J]. *Organizational Behavior and Human Decision Processes*, 2007, 102 (2): 255 – 269.

[87] Avery C, Resnick P, Zeckhauser R. The market for evaluations [J]. *American Economic Review*, 1999, 89 (3): 564 – 584.

[88] Baard P P, Deci E L, Ryan R M. Intrinsic need satisfaction: A motivational basis of performance and well-being in two work settings [J]. *Journal of Applied Social Psychology*, 2004, 34 (10): 2045 – 2068.

[89] Baas M, De Dreu C K W, Nijstad B A. A meta-analysis of 25 years of mood-creativity research: Hedonic tone, activation, or regulatoryfocus? [J]. *Psychological Bulletin*, 2008, 134 (6): 779 – 806.

[90] Bagozzi R P, Dholakia U M. Open source software user communities: A study of participation in Linux user groups [J]. *Management Science*, 2006, 52 (7): 1099 – 1115.

[91] Balaratnasingam S, Janca A. Mass hysteria revisited [J]. *Current Opinion in Psychiatry*, 2006, 19 (2): 171 – 174.

[92] Baldwin C, Von Hippel E. Modeling a paradigm shift: From producer innovation to user and open collaborative innovation [J]. *Organization Science*, 2011, 22 (6): 1399 – 1417.

[93] Bandura A. *Self-efficacy: The Exercise of Control* [M]. New York: Freeman, 1997.

[94] Bandura A. Self-efficacy: Toward a unifying theory of behavioral change [J]. *Psychological Review*, 1977, 84 (2): 191 – 215.

［95］ Bandura, A. Social Foundations of Thought and Action ［M］. London: Sage, 2002.

［96］ Barger P B, Grandey A A. Service with a smile and encounter satisfaction: Emotional contagion and appraisal mechanisms ［J］. *Academy of Management Journal*, 2006, 49 （6）: 1229 – 1238.

［97］ Baron J N, Kreps D M. Consistent human resource practices ［J］. *California Management Review*, 1999, 41 （3）: 29 – 53.

［98］ Barsade S G. The ripple effect: Emotional contagion and its influence on group behavior ［J］. *Administrative Science Quarterly*, 2002, 47 （4）: 644 – 675.

［99］ Bartlett M Y, DeSteno D. Gratitude and prosocial behavior: Helping when it costs you ［J］. *Psychological Science*, 2006, 17 （4）: 319 – 325.

［100］ Basadur M, Graen G B, Green S G. Training in creative problem solving: Effects on ideation and problem finding and solving in an industrial research organization ［J］. *Organizational Behavior and Human Performance*, 1982, 30 （1）: 41 – 70.

［101］ Bayus B L. Crowdsourcing new product ideas over time: An analysis of the Dell IdeaStorm community ［J］. *Management Science*, 2013, 59 （1）: 226 – 244.

［102］ Beck C W. Perceptions of thanks in the workplace ［J］. *Corporate Communications: An International Journal*, 2016, 21 （3）: 333 – 351.

［103］ Belkin L Y, Kurtzberg T R, Naquin C E. *Emotional Contagion in the Online Environment: Investigating the Dynamics and Implications of Emotional Encounters in Mixed-Motive Situations in the Electronic Cotext* ［EB/OL］. https: //ssrn. com/abstract = 913774.

［104］ Beretta M. *Why do ideas get selected? Idea selection in an online ideation platform* ［C］. Academy of Management Annual Meeting Proceedings, 2015.

［105］ Berger J, Milkman K L. What makes online content viral? ［J］. *Journal of Marketing Research*, 2012, 49 （2）: 192 – 205.

［106］ Bhattacherjee A, Sanford C. Influence processes for information technology acceptance: An elaboration likelihood model ［J］. *MIS Quarterly*, 2006, 30 （4）: 805 – 825.

［107］ Birtel M D, Crisp R J. "Treating" prejudice: An exposure-therapy approach to reducing negative reactions toward stigmatized groups ［J］. *Psychological Science*, 2012, 23 (11): 1379 – 1386.

［108］ Blagoeva R R, Mom T J M, Jansen J J P, et al. Problem-solving or self-enhancement? A power perspective on how CEOs affect R&D search in the face of inconsistent feedback ［J］. *Academy of Management Journal*, 2020, 63 (2): 332 – 355.

［109］ Blascovich J, Mendes W B, Hunter S B, Lickel B, Kowai – Bell N. Perceiver threat in social interactions with stigmatized others ［J］. *Journal of Personality and Social Psychology*, 2001, 80 (2): 253 – 267.

［110］ Blum T, Kohlbacher O. MetaRoute: Fast search for relevant metabolic routes for interactive network navigation and visualization ［J］. *Bioinformatics*, 2008, 24 (18): 2108 – 2109.

［111］ Bogers M, Afuah A, Bastian B. Users as innovators: A review, critique, and future research directions ［J］. *Journal of Management*, 2010, 36 (4): 857 – 875.

［112］ Bonabeau E. Decisions 2. 0: The power of collective intelligence ［J］. *MIT Sloan Management Review*, 2009, 50 (2): 45 – 52.

［113］ Bonner J M. Customer interactivity and new product performance: Moderating effects of product newness and product embeddedness ［J］. *Industrial Marketing Management*, 2010, 39 (3): 485 – 492.

［114］ Braunsberger K, Munch J M. Source expertise versus experience effects in hospital advertising ［J］. *Journal of Services Marketing*, 1998, 12 (1): 23 – 38.

［115］ Brett J F, Atwater L E. 360° Feedback: Accuracy, reactions, and perceptions of usefulness ［J］. *Journal of Applied Psychology*, 2001, 86 (5): 930 – 942.

［116］ Brewer M B, Pierce K P. Social identity complexity and outgroup tolerance ［J］. *Personality and Social Psychology Bulletin*, 2005, 31 (3): 428 – 437.

［117］ Brown D J, Ferris D L, Heller D, et al. Antecedents and consequences of the frequency of upward and downward social comparisons at work [J]. *Organizational Behavior and Human Decision Processes*, 2007, 102 (1): 59 – 75.

[118] Brown J, Broderick A J, Lee N. Word of mouth communication within online communities: Conceptualizing the online social network [J]. *Journal of Interactive Marketing*, 2007, 21 (3): 2 – 20.

[119] Brown P, Levinson S C. *Politeness*: *Some Universals in Language Usage* [M]. Cambridge: Cambridge University Press, 1987.

[120] Bruner J S. The conditions of creativity [C]//H Gruber, G Terrell, M Wertheimer. *Contemporary Approaches to Creative Thinking*. New York: Atherton Press, 1962.

[121] Bullinger A C, Neyer A K, Rass M, et al. Community-based innovation contests: Where competition meets cooperation [J]. *Creativity and Innovation Management*, 2010, 19 (3): 290 – 303.

[122] Cambier F, Poncin I. Inferring brand integrity from marketing communications: The effects of brand transparency signals in a consumer empowerment context [J]. *Journal of Business Research*, 2002 (109): 260 – 270.

[123] Carbonell – Foulquié P, Munuera – Alemán J L, Rodríguez – Escudero A I. Criteria employed for go/no-go decisions when developing successful highly innovative products [J]. *Industrial Marketing Management*, 2004, 33 (3): 307 – 316.

[124] Carton A M, Cummings J N. A theory of subgroups in work teams [J]. *Academy of Management Review*, 2012, 37 (3): 441 – 470.

[125] Casaló L, Flavián C, Guinalíu M. The impact of participation in virtual brand communities onconsumer trust and loyalty: The case of free software [J]. *Online Information Review*, 2007, 31 (6): 775 – 792.

[126] Chan K W, Li S Y, Ni J, et al. What feedback matters? The role of experience in motivating crowdsourcing innovation [J]. *Production and Operations Management*, 2021, 30 (1): 103 – 126.

[127] Chan K W, Li S Y, Zhu J J. Fostering customer ideation in

crowdsourcing community: The role of peer-to-peer and peer-to-firm interactions [J]. *Journal of Interactive Marketing*, 2015, 31 (1): 42 – 62.

[128] Chan K W, Li S Y, Zhu J J. Good to be novel? Understanding how idea feasibility affects idea adoption decision making in crowdsourcing [J]. *Journal of Interactive Marketing*, 2018, 43 (1): 52 – 68.

[129] Chan K W, Yim C K, Lam S S K. Is customer participation in value creation a double-edged sword? Evidence from professional financial services across cultures [J]. *Journal of Marketing*, 2010, 74 (3): 48 – 64.

[130] Chang W, Taylor S A. The effectiveness of customer participation in new product development: A meta-analysis [J]. *Journal of Marketing*, 2016, 80 (1): 47 – 64.

[131] Chatterjee P, Irmak C, Rose R L. The endowment effect as self-enhancement in response to threat [J]. *Journal of Consumer Research*, 2013, 40 (3): 460 – 476.

[132] Chatterji A K, Fabrizio K R. How do product users influence corporateinvention? [J]. *Organization Science*, 2012, 23 (4): 971 – 987.

[133] Chatterji A K, Fabrizio K R. Using users: When does external knowledge enhance corporate productinnovation? [J]. *Strategic Management Journal*, 2014, 35 (10): 1427 – 1445.

[134] Chen C C, Tseng Y D. Quality evaluation of product reviews using an information quality framework [J]. *Decision Support Systems*, 2011, 50 (4): 755 – 768.

[135] Chen L, Marsden J R, Zhang Z. Theory and analysis of company-sponsored value co-creation [J]. *Journal of Management Information Systems*, 2012, 29 (2): 141 – 172.

[136] Chen L, Xu P, Liu D. *Experts Versus the Crowd: A Comparison of Selection Mechanisms in Crowdsourcing Contests* [R/OL]. https://www.researchgate.net/publication/274569385_Experts_versus_the_Crowd_A_Comparison_of_Selection_Mechanisms_in_Crowdsourcing_Contests.

[137] Chen S, Lee – Chai A Y, Bargh J A. Relationship orientation as a

moderator of the effects of social power [J]. *Journal of Personality and Social Psychology*, 2001, 80 (2): 173 – 187.

[138] Chen Y, Xie J. Online consumer review: Word-of-mouth as a new element of marketing communication mix [J]. *Management Science*, 2008, 54 (3): 477 – 491.

[139] Cheng Y H, Ho H U. Social Influenced impact on reader perceptions of online reviews [J]. *Journal of Business Research*, 2015, 68 (4): 883 – 887.

[140] Cheng, Lulu, et al. Performance feedback and firms' relative strategic emphasis: The moderating effects of board independence and media coverage [J]. *Journal of Business Research*, 2020 (139): 218 – 231.

[141] Chesbrough H W. *Open Innovation: The New Imperative for Creating and Profiting from Technology* [M]. Boston, MA: Harvard Business Press, 2003.

[142] Chevalier J A, Dover Y, Mayzlin D. Channels of impact: User reviews when quality is dynamic and managers respond [J]. *Marketing Science*, 2018, 37 (5): 688 – 709.

[143] Christoph H, et al. *Innovation as Consumption: Analysis of Consumers' Innovation Efficiency* [D]. Cambridge: MIT Sloan School, 2011.

[144] Cialdini R B, Kenrick D T. Altruism as hedonism: A social development perspective on the relationship of negative mood state and helping [J]. *Journal of Personality and Social Psychology*, 1976, 34 (5): 907 – 914.

[145] Cipriani M, Guarino A. Herd behavior in a laboratory financial market [J]. *The American Economic Review*, 2005, 95 (5): 1427 – 1443.

[146] Corcoran K, Crusius J, Mussweiler T. Social comparison: Motives, standards, and mechanisms [M]//D Chadee. *Theories in Social Psychology*. Oxford, UK: Wiley – Blackwell, 2011: 119 – 139.

[147] Costa C, Coelho do Vale R. To tell or not to tell? The impact of communicating consumer participation in new product development [J]. *Journal of Product & Brand Management*, 2018, 27 (2): 158 – 171.

[148] Cottrill K. Turning competitive intelligence into business knowledge [J]. *Journal of Business Strategy*, 1998, 19 (4): 27 – 30.

［149］Cox D R. Regression models and life-tables ［J］. *Journal of the Royal Statistical Society: Series B (Methodological)*, 1972, 34 (2): 187 – 202.

［150］Coyle J R, Thorson E. The effects of progressive levels of interactivity and vividness in web marketng sites ［J］. *Journal of Advertising*, 2001, 30 (3): 65 – 77.

［151］Crusius J, Corcoran K, Mussweiler T. Social comparison: A review of theory, research, and applications ［M］//D Chadee. *Theories in Social Psychology*. Wiley, 2022: 165 – 187.

［152］Cui A S, Wu F. Customer involvement in innovation: A review of literature and future re-search directions ［J］. *Review of Marketing Research*, 2018, 15: 63 – 98.

［153］Culnan M J, Mchugh P J, Zubillaga J I. How Large U. S. Companies Can Use Twitter and Other Social Media to Gain Business Value ［J］. *MIS Quarterly Executive*, 2010, 9 (4): 243 – 259.

［154］Dahl D W, Fuchs C, Schreier M. Why and when consumers prefer products of user-driven firms: A social identification account ［J］. *Management Science*, 2014, 61 (8): 1978 – 1988.

［155］De Luca L M, Atuahene – Gima K. Market knowledge dimensions and cross-functional collaboration: Examining the different routes to product innovation performance ［J］. *Journal of Marketing*, 2007, 71 (1): 95 – 112.

［156］De Luca L M, Verona G, Vicari S. Market orientation and R&D effectiveness in high-technology firms: An empirical investigation in the biotechnology industry ［J］. *Journal of Product Innovation Management*, 2010, 27 (3): 299 – 320.

［157］De Valck K, Langerak F, Verhoef P C, et al. Satisfaction with virtual communities of interest: Effect on members' visit frequency ［J］. *British Journal of Management*, 2007, 18 (3): 241 – 256.

［158］DeCharms R. *Personal Causation: The Internal Affective Determinants of Behavior* ［M］. New York: Routledge, 2013.

［159］Deci E L, Koestner R, Ryan R M. A meta-analytic review of experiments examining the effects of extrinsic rewards on intrinsic motivation [J]. *Psychological Bulletin*, 1999, 125 (6): 627 – 700.

[160] Deci E L, La Guardia J G, Moller A C, et al. On the benefits of giving as well as receiving autonomy support: Mutuality in close friendships [J]. *Personality and Social Psychology Bulletin*, 2006, 32 (3): 313 – 327.

[161] Deci E L, Ryan R M. *Conceptualizations of Intrinsic Motivation and Self-determination* [M]. Boston: Springer, MA, 1985.

[162] Deci E L, Ryan R M. the "What" and "Why" of Goal Pursuits: Human Needs and the Self-determination of Behavior [J]. *Psychological Inquiry*, 2000, 11 (4): 227 – 268.

[163] Deci E L, Ryan R M. The general causality orientations scale: Self-determination in personality [J]. *Journal of Research in Personality*, 1985, 19 (2): 109 – 134.

[164] Deci E L, Vallerand R J, Pelletier L G, et al. Motivation and education: The self-determination perspective [J]. *Educational psychologist*, 1991, 26 (3 – 4): 325 – 346.

[165] Deci E L. Effects of externally mediated rewards on intrinsic motivation [J]. *Journal of Personality and Social Psychology*, 1971, 18 (1): 105 – 115.

[166] Deci E L. Intrinsic motivation, extrinsic reinforcement, and inequity [J]. *Journal of Personality and Social Psychology*, 1972, 22 (1): 113 – 120.

[167] Derks D, Fischer A H, Bos A E R. The role of emotion in computer-mediated communication: A revew [J]. *Computers in Human Behavior*, 2008, 24 (3): 766 – 785.

[168] Di Gangi P M, Wasko M, Hooker R E. Getting customers' ideas to work for you: Learning from Dell how to succeed with online user innovation communities [J]. *MIS Quarterly Executive*, 2010, 9 (4): 163 – 178.

[169] Dias André Afonso Gomes Rodrigues. *Locus of Control Effect in the Purchase and Recommendation Decision of Co – Created Labeled Products* [D]. Porto: Universidade Católica Portuguesa, 2016.

[170] Diedrich J, Benedek M, Jauk E, et al. Are creative ideas novel an-

duseful? [J]. *Psychology of Aesthetics, Creativity, and the Arts*, 2015, 9 (1): 35 – 40.

[171] Douglas L D, Jillian M H, Thomas L R, et al. Identifying quality, novel, and creative ideas: constructs and scales for idea evaluation [J]. *Journal of the Association for Information Systems*, 2006, 7 (10): 646 – 699.

[172] Dovidio J F, Gaertner S L, Kawakami K. ntergroup contact: The past, present, and future [J]. *Group Processes and Intergroup Relations*, 2003, 6 (1): 5 – 21.

[173] Eccles J S, Wigfield A. Motivational beliefs, values, and goals [J]. *Annual Review of Psychology*, 2002, 53 (1): 109 – 132.

[174] Ensari N, Christian J, Kuriyama D M, et al. The personalization model revisited: An experimental investigation of the role of five personalization-based strategies on prejudice reduction [J]. *Group Processes & Intergroup Relations*, 2012, 15 (4): 503 – 522.

[175] Fangl Y, Lu T, Zhang P, et al. *Exploring the Effect of Politeness on User Contribution in Q & a Sites: A Case Study of Stack Overflow* [C]//2018 IEEE 22nd International Conference on Computer Supported Cooperative Work in Design (CSCWD), IEEE, 2018: 713 – 718.

[176] Festinger L. Informal social communication [J]. *Psychological Review*, 1950, 57 (5): 271.

[177] Finkelstein S R, Fishbach A. Tell me what i did wrong: Experts seek and respond to negative feedback [J]. *Journal of Consumer Research*, 2012, 39 (1): 22 – 38.

[178] Fishbach A, Eyal T, Finkelstein S R. How positive and negative feedback motivate goal pursuit [J]. *Social and Personality Psychology Compass*, 2010, 4 (8): 517 – 530.

[179] Fishbach A, Finkelstein S R. How feedback influences persistence, disengagement, and change in goal pursuit [M]//H Aarts, A J Elliot. *Goal-directed Behavior*. New York: Psychology Press, 2012: 203 – 230.

[180] Fishbach A, Zhang Y, Koo M. The dynamics of self-regulation [J].

European Review of Social Psychology, 2009, 20 (1): 315 – 344.

[181] Flaviàn C, Guinaliu M, Torres E. The influence of corporate image on consumer trust: A comparative analysis in traditional versus internet banking [J]. *Internet Research*, 2005, 15 (4): 447 – 470.

[182] Flaviàn C, Guinalíu M. The influence of virtual communities on distribution strategies in the internet [J]. *International Journal of Retail & Distribution Management*, 2005, 33 (6): 405 – 425.

[183] Fleming L, Sorenson O. Science as a map in technological search [J]. *Strategic Management Journal*, 2004, 25 (8 – 9): 909 – 928.

[184] Fombelle P W, Bone S A, Lemon K N. Responding to the 98%: Face-enhancing strategies for dealing with rejected customer ideas [J]. *Journal of the Academy of Marketing Science*, 2016, 44 (6): 1 – 22.

[185] Ford C M. A theory of individual creative action in multiple social domains [J]. *The Academy of Management Review*, 1996, 21 (4): 1112 – 1142.

[186] Foss N J, Laursen K, Pedersen T. Linking customer interaction and innovation: The mediating role of new organizational practices [J]. *Organization Science*, 2011, 22 (4): 980 – 999.

[187] Foss N J, Lyngsie J, Zahra S A. The role of external knowledge sources and organizational design in the process of opportunity exploitation [J]. *Strategic Management Journal*, 2013, 34 (12): 1453 – 1471.

[188] Fournier S, Mick D G. Rediscovering satisfaction [J]. *Journal of Marketing*, 1999, 63 (4): 5 – 23.

[189] Franke N, Keinz P, Schreier M. Complementing mass customization toolkits with user communities: How peer input improves customer self-design [J]. *Journal of Product Innovation Management*, 2008, 25 (6): 546 – 559.

[190] Franke N, Schreier M, Kaiser U. The "I Designed it Myself" effect in mass customization [J]. *Management Science*, 2010, 56 (1): 125 – 140.

[191] Franke N, Schreier M. Why customers value self-designed products: The importance of process effort and enjoyment [J]. *Journal of Product Innovation Management*, 2010, 27 (7): 1020 – 1031.

[192] Franke N, Shah S. How communities support innovative activities: An exploration of assistance and sharing among end-users [J]. *Research Policy*, 2003, 32 (1): 157 –178.

[193] Freeman R B, Gelber A M. Prize structure and information in tournaments: experimental evidence [J]. *American Economic Journal: Applied Economics*, 2010, 2 (1): 149 –164.

[194] Fuchs C, Prandelli E, Schreier M, et al. All that is users might not be gold: How labeling products as user designed backfires in the context of luxury fashion brands [J]. *Journal of Marketing*, 2013, 77 (5): 75 –91.

[195] Fuchs C, Schreier M. Customer empowerment in newproduct development [J]. *Joural of Product Innovation Management*, 2011, 28 (1): 17 –32.

[196] Füller J, Hutter K, Hautz J, et al. User roles and contributions in innovation-contest communities [J]. *Journal of Management Information Systems*, 2014, 31 (1): 273 –308.

[197] Gächter S, von Krogh G, Haefliger S. Initiating private-collective innovation: The fragility of knowledge sharing [J]. *Research Policy*, 2010, 39 (7): 893 –906.

[198] Gaertner L, Sedikides C. A hierarchy within: On the motivational and emotional primacy of the individual self [M]//M D Alicke, D A Dunning, J I Krueger. *The Self in Social Judgment*. New York: Psychology Press, 2005.

[199] Gallus J, Jung O, Lakhani K. *Managerial Recognition as an Incentive for Innovation Platform Engagement: A Field Experiment and Interview Study at NASA* [R]. Harvard Business School Working Paper Series, 2019.

[200] Gerber J P, Wheeler L, Suls J. A social comparison theory meta-analysis 60 + years on [J]. *Psychological Bulletin*, 2018, 144 (2): 177 –197.

[201] Girotra K, Terwiesch C, Ulrich K T. Idea generation and the quality of the best idea [J]. *Management Science*, 2010, 56 (4): 591 –605.

[202] Godes D, Mayzlin D. *Firm-created Word-of-mouth Communication: A Field-based Quasi-experiment* [EB/OL]. https://ssrn.com/abstract = 569361.

[203] Godes D, Mayzlin D. Using Online Conversations to Study Word-of-

Mouth Communication [J]. *Marketing Science*, 2004, 23 (4): 545 – 560.

[204] Grant A M, Berry J W. The necessity of others is the mother of invention: Intrinsic and prosocial motivations, perspective taking, and creativity [J]. *Academy of Management Journal*, 2011, 54 (1): 73 – 96.

[205] Grant A M, Gino F. A little thanks goes a long way: Explaining why gratitude expressions motivate prosocial behavior [J]. *Journal of Personality and Social Psychology*, 2010, 98 (6): 946 – 955.

[206] Grant A, Gaia G. *Who Killed Creativity? And How Do We Get It Back?* [M]. Hoboken: John Wiley & Sons, 2012.

[207] Greenaway K H, Cruwys T. The source model of group threat: Responding to internal and external threats [J]. *American Psychologist*, 2019, 74 (2): 218 – 231.

[208] Grigoriou K, Rothaermel F T. Organizing for knowledge generation: Internal knowledge networks and the contingent effect of external knowledge sourcing [J]. *Strategic Management Journal*, 2017, 38 (2): 395 – 414.

[209] Grönroos C. Value co-creation in service logic: A critical analysis [J]. *Marketing theory*, 2011, 11 (3): 279 – 301.

[210] Gruner K E, Homburg C. Does Customer Interaction Enhance New Product Succes? [J]. *Journal of Business Research*, 2000, 49 (1): 1 – 14.

[211] Ha L, James E L. Interactivity reexamined: A baseline analysis of early business web sites [J]. *Journal of Broadcasting & Electronic Media*, 1998, 42 (4): 457 – 474.

[212] Haan M A, Dijkstra S G, Dijkstra P T. Expert judgment versus public opinion-evidence from the eurovision song contest [J]. *Journal of Cultural Economics*, 2005, 29 (1): 59 – 78.

[213] Haas M R, Criscuolo P, George G. Which problems to solve? Online knowledge sharing and attention allocation in organizations [J]. *Academy of Management Journal*, 2015, 58 (3): 680 – 711.

[214] Haeckel S H. About the Nature and Future of Interactive Marketing [J]. *Journal of Interactive Marketing*, 1998, 12 (1): 63 – 71.

[215] Hancock J T, Landrigan C, Silver C. *Expressing Emotion in Text-Based Communication* [C]//Conference on Human Factors in Computin Systems, San Jose, California, Usa, April 28 - May, 2007.

[216] Hansen M T, Løvås B. How do multinational companies leverage technological competencies? Moving from single to interdependent explanations [J]. *Strategic Management Journal*, 2004, 25 (8 -9): 801 -822.

[217] Hansen M T, Mors M L, Løvås B. Knowledge sharing in organizations: Multiple networks, multiple phases [J]. *Academy of Management Journal*, 2005, 48 (5): 776 -793.

[218] Harackiewicz J M, Abrahams S, Wageman R. Performance evaluation and intrinsic motivation: The effects of evaluative focus, rewards, and achievement orientation [J]. *Journal of Personality and Social Psychology*, 1987, 53 (6): 1015 -1023.

[219] Hargadon A B, Bechky B A. When collections of creatives become creative collectives: A field study of problem solving at work [J]. *Organization Science*, 2006, 17 (4): 484 -500.

[220] Hart S, Jan Hultink E, Tzokas N, et al. Industrial companies' evaluation criteria in new product development gates [J]. *Journal of Product Innovation Management*, 2003, 20 (1): 22 -36.

[221] Haslam S A, Oakes P J, McGarty C, et al. Stereotyping and social influence: The mediation of stereotype applicability and sharedness by the views of in-group and out-group members [J]. *British Journal of Social Psychology*, 1996, 35 (3): 369 -397.

[222] Hatfield E, Cacioppo J T, Rapson R L. Primitive emotional contagion [M]//M S Clark. *Emotion and Social Behavior*. New York: Sage Publications, 1992: 151 -177.

[223] Hatfield E, Cacioppo J L, Rapson R L. Emotional contagion [J]. *Current Directions in Psychological Sciences*, 1993, 2 (3): 96 -99.

[224] Hemetsberger A, Reinhardt C. Learning and knowledge-building in open-source communities: A social-experiential approach [J]. *Management learn-*

ing, 2006, 37 (2): 187 – 214.

[225] Hennig – Thurau T, Gwinner K P, Walsh G, et al. Electronic word-of-mouth via consumer-opinion platforms: What motivates consumers to articulate themselves on the internet? [J]. *Journal of Interactive Marketing*, 2004, 18 (1): 38 – 52.

[226] Hewstone M, Schmid K. Neighbourhood ethnic diversity and orientations toward Muslims in Britain: The role of intergroup contact [J]. *The Political Quarterly*, 2014, 85 (3): 320 – 325.

[227] Hewstone M, Swart H. Fifty-odd years of inter-group contact: From hypothesis to integrated theory [J]. *British Journal of Social Psychology*, 2011, 50 (3): 374 – 386.

[228] Hildebrand C, Häubl G, Herrmann A, et al. When social media can be bad for you: Community feedback stifles consumer creativity and reduces satisfaction with self-designed products [J]. *Information Systems Research*, 2013, 24 (1): 14 – 29.

[229] Hilligoss B, Rieh S Y. Developing a unifying framework of credibility assessment: Construct, heuristics, and interaction in context [J]. *Information Processing and Management*, 2008, 44 (4): 1467 – 1484.

[230] Hippel E, Krogh G. Open source software and the "private-collective" innovation model: Issues for organization science [J]. *Organization Science*, 2003, 14 (2): 209 – 223.

[231] Hirschman E C. Innovativeness, novelty seeking, and consumer creativity [J]. *Journal of Consumer Research*, 1980, 7 (3): 283 – 295.

[232] Hoegl M, Lichtenthaler U, Muethel M. Is your company ready for open innovation? [J]. *MIT Sloan Management Review*, 2011, 53 (1): 45 – 48.

[233] Hoffman D L, Novak T P. Marketing in hypermedia computer-mediated environments: Conceptul foundations [J]. *The Journal of Marketing*, 1996, 60 (3): 50 – 68.

[234] Hoffman Donna L, Thomas P Novak. Marketing in hypermedia computer-mediated environments: Conceptual foundations [J]. *Journal of Market-*

ing, 1996, 60 （3）: 50 – 68.

［235］Hoffman, Martin L. How automatic and representational is empathy, an why ［J］. *Behavioral & Brain Sciences*, 2001, 25 （1）: 38 – 39.

［236］Hofstetter R, Dahl D W, Aryobsei S, et al. Constraining ideas: How seeing ideas of others harms creativity in open innovation ［J］. *Journal of Marketing Research*, 2021, 58 （1）: 95 – 114.

［237］Holbrook M B. Popular appeal versus expert judgments of motion pictures ［J］. *Journal of Consumer Research*, 1999, 26 （2）: 144 – 155.

［238］Holmes D S. Dimensions of projection ［J］. *Psychological Bulletin*, 1968, 69 （4）: 248 – 268.

［239］Hossain M. *Users' motivation to Participate in Online Cowdsourcing Platforms* ［C］//2012 International Conference on Innovation Management and Technology Research, IEEE, 2012.

［240］Howe J. *Crowdsourcing: Why the Power of the Crowd is Driving the Future of Business* ［M］. New York: Crown Business, 2008.

［241］Hoyer W D, Chandy R, Dorotic M, et al. Consumer cocreation in new product development ［J］. *Journal of Service Research*, 2010, 13 （3）: 283 – 296.

［242］Huang N, Burtch G, Gu B, et al. Motivating user-generated content with performance feedback: Evidence from randomized field experiments ［J］. *Management Science*, 2018, 65 （1）: 327 – 345.

［243］Huang Y, Vir S P, Srinivasan K. Crowdsourcing new product ideas under consumer learning ［J］. *Management Science*, 2014, 60 （9）: 2138 – 2159.

［244］Huertas M K Z, Pergentino, I. The effect of "co-creation with consumers" claims on purchase intention: The moderating role of product category performance information ［J］. *Creativity and Innovation Management*, 2020, 29 （S1）: 75 – 89.

［245］Ilgen D R, Fisher C D, Taylor M S. Consequences of individual feedback on behavior in organizations ［J］. *Journal of Applied Psychology*, 1979, 64 （4）: 349 – 371.

［246］Im S, Workman Jr J P. Market orientation, creativity, and new product performance in high-technolgy firms ［J］. *Journal of Marketing*, 2004, 68 (2): 114 - 132.

［247］Ingledew D K, Markland D, Sheppard K E. Personality and self-determination of exercise behaviour ［J］. *Personality and Individual Differences*, 2004, 36 (8): 1921 - 1932.

［248］Jeppesen L B, Frederiksen L. Why do users contribute to firm-hosted user communities? The case of computer-controlled music instruments ［J］. *Organization Science*, 2006, 17 (1): 45 - 63.

［249］Jeppesen L, Lakhani K. Marginality and problem-solving effectiveness in broadcast search ［J］. *Organization Science*, 2010, 21 (5): 1016 - 1033.

［250］Johnson D, Grayson K. Cognitive and affective trust in service relationships ［J］. *Journal of Business Research*, 2005, 58 (4): 500 - 507.

［251］Katila R, Chen E L, Piezunka H. All the right moves: How entrepreneurial firms compete effectively ［J］. *Strategic Entrepreneurship Journal*, 2012, 6 (2): 116 - 132.

［252］Katz, Ralph, Thomas J Allen. Investigating the Not Invented Here (NIH) syndrome: A look at the performance, tenure, and communication patterns of 50 R & D Project Groups ［J］. *R&D Management*, 1982, 12 (1): 7 - 20.

［253］Kleef G A V. The emerging view of emotion as social information ［J］. *Social & Personality Psychology Compass*, 2010, 4 (5): 331 - 343.

［254］Kohn N W, Paulus P B, Choi Y H. Building on the ideas of others: An examination of the idea combination process ［J］. *Journal of Experimental Social Psychology*, 2011, 47 (3): 554 - 561.

［255］Kornish L J, Ulrich K T. The importance of the raw idea in innovation: Testing the sow's ear hypothesis ［J］. *Journal of Marketing Research*, 2014, 51 (1): 14 - 26.

［256］Kotha R, George G, Srikanth K. Bridging the mutual knowledge gap: Coordination and the commercialization of university science ［J］. *Academy of Management Journal*, 2013, 56 (2): 498 - 524.

［257］ Köylü Z. "Thank you so much! Mystery solved": Online expressions of gratitude by IMDb members ［J］. *EDil Dergisi*, 2018, 169 (1): 21 –50.

［258］ Kozinets R V. On netnography: Initial reflections on consumer research investigations of cyberculture ［J］. *Advances in Consumer Research*, 1998, 25 (1): 366 –371.

［259］ Kraut R E, Resnick P. *Building Successful Online Communities: Evidence-based Social Design* ［M］. Cambridge, MA: MIT Press, 2012.

［260］ Kristal S, Baumgarth C, Behnke C, Henseler J. Is co-creation really a booster for brand equity? The role of co-creation in observer-based brand equity (OBBE) ［J］. *Journal of Product & Brand Management*, 2016, 25 (3): 247 –261.

［261］ Ksenofontov I, Becker J C. The harmful side of thanks: Thankful responses to high-power group help undermine low-power groups' protest ［J］. *Personality and Social Psychology Bulletin*, 2020, 46 (5): 794 –807.

［262］ Ku M J H, Sommer A T, Cheuk L W, et al. Revealing the superfluid lambda transition in the universal thermodynamics of aunitary Fermi gas ［J］. *Science*, 2012, 335 (6068): 563 –567.

［263］ Laird J D, Bresler C. The process of emotional experience: A self-perception theory ［M］//M S Clark. *Emotion*. New York: Sage Publications, 1992: 213 –234.

［264］ Lakhani K R, Jeppesen L B, Lohse P A, et al. *The Value of Openess in Scientific Problem Solving* ［R］. Division of Research, Harvard Business School, 2007.

［265］ Langerak F, Verhoef P C, Verlegh P W J, et al. *The Effect of Members' Satisfaction with a Virtual Community on Member Participaion* ［EB/OL］. https: //papers. ssrn. com/sol3/papers. cfm? abstract_id =411641.

［266］ Lawson, B. *How Designers Think: The Design Process Demys-tified* ［M］. London: Butterworths, 2000.

［267］ Lee F S L, Vogel D, Limayem M. Virtual community informatics: A review and research agenda ［J］. *Journal of Information Technology Theory and*

Application (*JITTA*), 2003, 5 (1): 47 – 61.

[268] Lepper M R, Greene D. *The Hidden Costs of Reward: New Perspectives on the Psychology of Human Motivation* [M]. New York: Psychology Press, 2015.

[269] Li C Y. Persuasive messages on information system acceptance: A theoretical extension of elaboration likelihood model and social influence theory [J]. *Computers in Human Behavior*, 2013, 29 (1): 264 – 275.

[270] Li M, Kankanhalli A, Kim S H. Which ideas are more likely to be implemented in online user innovation communities? An empirical analysis [J]. *Decision Support Systems*, 2016, 84 (1): 28 – 40.

[271] Liao J, Huang M, Xiao B. Promoting continual member participation in firm-hosted online brandcommunities: An organizational socialization approach [J]. *Journal of Business Research*, 2017, 71: 92 – 101.

[272] Liljedal K T, Berg H. Consumer responses to pictures of co-creating consumers in marketing communications [J]. *Journal of Consumer Marketing*, 2020, 37 (7): 775 – 784.

[273] Liljedal K T, Dahlén M. Consumers' response to other consumers' participation in new product development [J]. *Journal of Marketing Communications*, 2018, 24 (3): 217 – 229.

[274] Liljedal K T. The effects of advertising consumer co-created new products: A brand-alliance framework model can predict perceptions about co-created brands and their creators [J]. *Journal of Advertising Research*, 2016, 56 (1): 53 – 63.

[275] Liu D, Chen X P, Yao X. From autonomy to creativity: A multilevel investigation of the mediating role of harmonious passion [J]. *Journal of Applied Psychology*, 2011, 96 (2): 294 – 309.

[276] Liu G, Zhang S, Zhang J, et al. Autonomous motivation and chinese adolescents' creative thinking: The moderating role of parental involvement [J]. *Creativity Research Journal*, 2013, 25 (4): 446 – 456.

[277] Lu Y, Singh P V, Srinivasan K. *How to Retain Smart Customers in*

Crowdsourcing Efforts? A Dynamic Structural Analysis of Crowdsourcing Customer Support and Ideation [C]. Conference of Information Systems and Technology, Charlotte, 2011.

[278] Luo L, Toubia O. Improving online idea generation platforms and customizing the task structure on the basis of consumers' domain-specific knowledge [J]. *Journal of Marketing*, 2015, 79 (5): 100 – 114.

[279] Lüthje C. Characteristics of innovating users in a consumer goods field: An empirical study of sport-related product consumers [J]. *Technovation*, 2004, 24 (9): 683 – 695.

[280] Madjar N, Oldham G R, Pratt M G. There's no place like home? The contributions of work and nonwork creativity support to employees' creative performance [J]. *Academy of Management Journal*, 2002, 45 (4): 757 – 767.

[281] Magnusson P R, Wästlund E, Netz J. Exploring users' appropriateness as a proxy for experts when screening new product/service ideas [J]. *Journal of Product Innovation Management*, 2016, 33 (1): 4 – 18.

[282] Maiolini R, Naggi R. Crowdsourcing and SMEs: Opportunities and challenges [M]//A D'Atri, M Ferrara, J F George, P Spagnoletti. *Information technology and innovation trends in organizations: ItAIS*, 2011: 399 – 406.

[283] Makri S, Turner S. "I can't express my thanks enough": the "Gratitude cycle" in online communities [J]. *Journal of the Association for Information Science and Technology*, 2020, 71 (5): 503 – 515.

[284] Marsh H W, Seaton M, Trautwein U, et al. The big-fish-little-pond-effect stands up to critical scrutiny: Implications for theory, methodology, and future research [J]. *Educational Psychology Review*, 2008, 20: 319 – 350.

[285] Marsh H W. The big-fish-little-pond effect on academic self-concept [J]. *Journal of Educational Psychology*, 1987, 79 (3): 280 – 295.

[286] Martínez – Torres M R. Application of evolutionary computation techniques for the identification of innovators in open innovation communities [J]. *Expert Systems with Applications*, 2013, 40 (7): 2503 – 2510.

[287] Massey B L, Levy M R. Interactive' Online Journalism at English –

Language Web Newspapers in Asia A Dependency Theory Analysis [J]. *Iterna-tional Communication Gazette*, 1999, 61 (6): 523 – 538.

[288] Mathwick C, Wiertz C, De Ruyter K. Social capital production in a vir-tual P3 community [J]. *Journal of Consumer Research*, 2008, 34 (6): 832 – 849.

[289] Mattila A S, Wu L, Choi C. Powerful or powerless customers: The influence of gratitude on engagement with CSR [J]. *Journal of Services Marketing*, 2016, 30 (5): 519 – 528.

[290] McCullough M E, Kilpatrick S D, Emmons R A, et al. Is gratitude a moralaffect? [J]. *Psychological Bulletin*, 2001, 127 (2): 249 – 266.

[291] McCullough M E, Kimeldorf M B, Cohen A D. An adaptation for al-truism: The social causes, social effects, and social evolution of gratitude [J]. *Current Directions in Psychological Science*, 2008, 17 (4): 281 – 285.

[292] McGarty C. *Categorization in Social Psychology* [M]. London: SAGE, 1999.

[293] McIntyre S H, McQuarrie E F, Shanmugam R. How online reviews create social network value: The role of feedback versus individual motivation [J]. *Journal of Strategic Marketing*, 2016, 24 (3 – 4): 295 – 310.

[294] Mehta R, Dahl D W, Zhu R J. Social-recognition versus financial incentives? Exploring the effects of creativity-contingent external rewards on crea-tive performance [J]. *Journal of Consumer Research*, 2017, 44 (3): 536 – 553.

[295] Meire M, Hewett K, Ballings M, et al. The role of marketer-genera-ted content in customer engagement marketing [J]. *Journal of Marketing*, 2019, 83 (6): 21 – 42.

[296] Mollick E, Nanda R. Wisdom or madness? Comparing crowds with expert evaluation in funding the arts [J]. *Management Science*, 2016, 62 (6): 1533 – 1553.

[297] Morand D A, Ocker R J. *Politeness Theory and Computer-mediated Communication: A Sociolinguistic Approach to Analyzing Relational Messages* [C]. 36th Annual Hawaii International Conference on System Sciences, Proceedings of the IEEE, 2003.

[298] Moreau C P, Herd K B. To each his own? How comparisons with others influence consumers' evaluations of their self-designed products [J]. *Journal of Consumer Research*, 2010, 36 (5): 806 – 819.

[299] Morrison E W. Newcomers' relationships: The role of social network ties during socialization [J]. *Academy of Management Journal*, 2002, 45 (6): 1149 – 1160.

[300] Mueller J S, Melwani S, Goncalo J A. The bias against creativity: Why people desire but reject creative ideas [J]. *Psychological Science*, 2012, 23 (1): 13 – 17.

[301] Murray K B. A test of services marketing theory: Consumer information acquisition activities [J]. *Journal of Marketing*, 1991, 55 (1): 10 – 25.

[302] Nambisan S, Baron R A. Different roles, different strokes: Organizing virtual customer environments to promote two types of customer contributions [J]. *Organization Science*, 2010, 21 (2): 554 – 572.

[303] Nambisan S. Designing virtual customer environments for new product development: Toward a theory [J]. *Academy of Management Review*, 2002, 27 (3): 392 – 413.

[304] Nishikawa H, Schreier M, Fuchs C, Ogawa S. The value of marketing crowdsourced new products as such: Evidence from two randomized field experiments [J]. *Journal of Marketing Research*, 2017, 54 (4): 525 – 539.

[305] Nishikawa H, Schreier M, Ogawa S. User-generatedversus designer-generated products: A performance assessment at Muji [J]. *Internationa Journal of Researchin Marketing*, 2012, 30 (2): 160 – 167.

[306] O'Hern M S, Rindfleisch A, Schweidel D A, et al. *The Impact of User-generated Content on Product Innovation* [EB/OL]. https: //papers. ssrn. com/sol3/papers. cfm? abstract_id = 1843250.

[307] Olson E L, Bakke G. Implementing the lead user method in a high technology firm: A longitudinal study of intentions versus actions [J]. *Journal of Product Innovation Management*, 2001, 18 (6): 388 – 395.

[308] Paharia N, Swaminathan V. Who is wary of user design? The role of

power-distance beliefs in preference for user-designed products [J]. *Journal of Marketing*, 2019, 83 (3): 91 – 107.

[309] Paolini S, Harwood J, Rubin M, et al. Positive and extensive intergroup contact in the past buffers against the disproportionate impact of negative contact in the present [J]. *European Journal of Social Psychology*, 2014, 44 (6): 548 – 562.

[310] Park E, Rishika R, Janakiraman R, et al. Social dollars in online communities: The effect of product, user, and network characteristics [J]. *Journal of Marketing*, 2018, 82 (1): 93 – 114.

[311] Pechmann C, Ratneshwar S. Consumer covariation judgments: Theory or data driven? [J]. *Journal of Consumer Research*, 1992, 19 (3): 373 – 386.

[312] Perry – Smith J E, Coff R W. In the mood for entrepreneurial creativity? How optimal group affect differs for generating and selecting ideas for new ventures [J]. *Strategic Entrepreneurship Journal*, 2011, 5 (3): 247 – 268.

[313] Perry – Smith J E. Social yet Creative: The role of social relationships in facilitating individual creativity [J]. *Academy of Management Journal*, 2006, 49 (1): 85 – 101.

[314] Pettigrew T F, Tropp L R, Wagner U, et al. Recent advances in intergroup contact theory [J]. *International Journal of Intercultural Relations*, 2011, 35 (3): 271 – 280.

[315] Pettigrew T F, Tropp L R. A meta-analytic test of intergroup contact theory [J]. *Journal of Personality and Social Psychology*, 2006, 90 (5): 751 – 783.

[316] Pettigrew T F. Intergroup contact theory [J]. *Annual Review of Psychology*, 1998, 49 (1): 65 – 85.

[317] Pierce J L, Gardner D G. Self-esteem within the work and organizational context: A review of the organization-based self-esteem literature [J]. *Journal of Management*, 2004, 30 (5): 591 – 622.

[318] Piezunka H, Dahlander L. Distant Search, Narrow Attention: How Crowding Alters Organizations' Filtering of User Sugestions [J]. *Academy of Man-*

agement, 2014, 4 (1): 856 – 880.

[319] Piezunka H, Dahlander L. Idea Rejected, Tie Formed: Organizations' Feedback on Crowdsourced Ideas [J]. *Academy of Management Journal*, 2019, 62 (2): 503 – 530.

[320] Piller F T, Walcher D. Toolkits for idea competitions: A novel method to integrate users in new product development [J]. *R&D Management*, 2006, 36 (3): 307 – 318.

[321] Porter C E. A typology of virtual communities: A multi-disciplinary foundation forfutureresearch [J]. *Journal of Computer-mediated Communication*, 2004, 10 (1).

[322] Prahalad C K, Ramaswamy V. *The Future of Competition: Co-creating Unique Value with Customers* [M]. Boston, MA: Harvard Business Press, 2004.

[323] Prahalad C K, Ramaswamy V. The new frontier of experience innovation [J]. *MIT Sloan Management Review*, 2003, 44 (4): 12 – 18.

[324] Prandelli E, Pasquini M, Verona G. In user's shoes: An experimental design on the role of perspective taking in discovering entrepreneurial opportunities [J]. *Journal of Business Venturing*, 2016, 31 (3): 287 – 301.

[325] Preece J. Sociability and usability in online communities: Determining and measuring success [J]. *Behaviour & Information Technology*, 2001, 20 (5): 347 – 356.

[326] Purohit D, Srivastava J. Effect of manufacturer reputation, retailer reputation, and product warranty on consumer judgments of product quality: A cue diagnosticity framework [J]. *Journal of Consumer Psychology*, 2001, 10 (3): 123 – 134.

[327] Ransbotham S, Kane G C, Lurie N H. Network characteristics and the value of collaborative user-generated content [J]. *Marketing Science*, 2012, 31 (3): 387 – 405.

[328] Raymond B Y B. *The Cathedral & The Bazaar: Musings on Linux and Open Source by an Accidental Revolutionary* [M]. O'Reilly: Information Technology and Livraries, 1999.

［329］Reitzig M, Sorenson O. Biases in the selection stage of bottom-up strategy formulation ［J］. *Strategic Management Journal*, 2013, 34 (7): 782 –799.

［330］Restivo M, Van De Rijt A. No praise without effort: Experimental evidence on how rewards affect Wikipedia's contributor community ［J］. *Information, Communication & Society*, 2014, 17 (4): 451 –462.

［331］Rheingold H. *The Virtual Community: Homesteading on the Electronic Frontier* ［M］. Cambridge, MA: MIT Press, 1993.

［332］Rice R, Love G. Electronic Emotion: Socioemotional Content in a Computer – Mediated Communication etwork. ［J］. *Communication Research*, 1987, 14 (14): 85 –108.

［333］Rietzschel E F, Nijstad B A, Stroebe W. The selection of creative ideas after individual idea generation: Choosing between creativity and impact ［J］. *British Journal of Psychology*, 2010, 101 (1): 47 –68.

［334］Riggs William, Eric Von Hippel. Incentives to innovate and the sources of innovation: The case of scientific instruments ［J］. *Research Policy*, 1994, 23 (4): 459 –469.

［335］Robbins J M, Krueger J I. Social projection to ingroups and out-groups: A review and meta-analysis ［J］. *Personality and Social Psychology Review*, 2005, 9 (1): 32 –47.

［336］Robins J M, Hernan M A, Brumback B. Marginal structural models and causal inference in epidemiology ［J］. *Epidemiology*, 2000, 11 (5): 550 –560.

［337］Rodrigues T. *Co – Creation under Complex Products: The Impact of Observing Consumers' Expertise and Perceived Consumers' Similarity on the Perceived Innovation Ability of Companies (Master's Thesis)* ［EB/OL］. https: //reposito-rio. ucp. pt/bitstream/10400. 14/29008/1/152117084%20Tiago%20Rodrigues%20W. pdf.

［338］Runco M A, Jaeger G J. The standard definition of creativity ［J］. *Creativity Research Journal*, 2012, 24 (1): 92 –96.

［339］Runco, Mark A, Ivonne Chand. Cognition and creativity ［J］. *Educational Psychology Review*, 1995, 7 (3): 243 –267.

[340] Ryan R M, Deci E L. Intrinsic and extrinsic motivations: Classic definitions and new directions [J]. *Contemporary Educational Psychology*, 2000, 25 (1): 54 – 67.

[341] Ryan R M, Deci E L. Self-determination theory and the facilitation of intrinsic motivation, social development, and well-being [J]. *American Psychologist*, 2000, 55 (1): 68 – 78.

[342] Saldanha T J V, Mithas S, Krishnan M S. Leveraging Customer Involvement for Fueling Innovation: The Role of Relational and Analytical Information Processing Capabilities [J]. *MIS Quarterly*, 2017, 41 (1): 267 – 286.

[343] Sawhney M, Verona G, Prandelli E. Collaborating to create: The Internet as a platform for customer engagement in product innovation [J]. *Journal of Interactive Marketing*, 2005, 19 (4): 4 – 17.

[344] Schaarschmidt M, Kilian T. Impediments to customer integration into the innovation process: A case study in the telecommunications industry [J]. *European Management Journal*, 2014, 32 (2): 350 – 361.

[345] Schmid K, Hewstone M, Tausch N, et al. Antecedents and consequences of social identity complexity: Intergroup contact, distinctiveness threat, and outgroup attitudes [J]. *Personality and Social Psychology Bulletin*, 2009, 35 (8): 1085 – 1098.

[346] Schmid Mast M, Jonas K, Hall J A. Give a person power and he or she will show interpersonal sensitivity: The phenomenon and its why and when [J]. *Journal of Personality and Social Psychology*, 2009, 97 (5): 835 – 850.

[347] Schreier M, Fuchs C, Dahl D W. The innovation effect of user design: Exploring consumers' innovation perceptions of firms selling products designed by users [J]. *Journal of Marketing*, 2012, 76 (5): 18 – 32.

[348] Schulz M, Volckner F. It's all in the mix: How user-designed products and company-designed products can peacefully coexist [J]. *International Journal of Innovation Management*, 2019, 24 (7): 1 – 36.

[349] Schwarz S, Bodendorf F. Attributive idea evaluation: A new idea evaluation method for corporate open innovation communities [J]. *International*

Journal of Knowledge – Based Organizations (*IJKBO*), 2012, 2 (1): 77 – 91.

[350] Scott A. Peer review and the relevance of science [J]. *Futures*, 2007, 39 (7): 827 – 845.

[351] Shah D, Rust R T, Parasuraman A, et al. The path to customer centricity [J]. *Journal of Service Research*, 2006, 9 (2): 113 – 124.

[352] Shah S K, Tripsas M. The accidental entrepreneur: The emergent and collective process of user entrepreneurship [J]. *Strategic Entrepreneurship Journal*, 2007, 1 (1 – 2): 123 – 140.

[353] Simmons J P, Nelson L D, Galak J, et al. Intuitive biases in choice versus estimation: Implications for the wisdom of crowds [J]. *Journal of Consumer Research*, 2011, 38 (1): 1 – 15.

[354] Simonton D K. Creativity: Cognitive, personal, developmental, and social aspects [J]. *American Psychologist*, 2000, 55 (1): 151 – 158.

[355] Singh J, Fleming L. Lone inventors as sources of breakthroughs: Myth orreality? [J]. *Management Science*, 2010, 56 (1): 41 – 56.

[356] Steuer J. Defining virtual reality: Dimensions determining telepesence [J]. *Journal of Communication*, 1992, 42 (4): 73 – 93.

[357] Stieglitz S, Dang – Xuan L. *Political Communication and Influence through Microblogging – An Empirical Analysis of Sentiment in Twitter Messages and Retweet Behavior* [C]//Hawaii International Conference System Sciences. IEEE Computer Society, 2012: 3500 – 3509.

[358] Stobbeleir K E M D, Ashford S J, Buyens D. Self – Regulation of creativity at work: The role of Feedback – Seeking behavior in creative performance [J]. *Academy of Management Journal*, 2011, 54 (4): 811 – 831.

[359] Stock C, Gierl H. It's a consumer's idea, you must like it: The efficacy of created-by-consumer cues in market communication [J]. *Unternehmung*: *Swiss Journal of Business Research and Practice*, 2015, 69 (4): 371 – 395.

[360] Sullivan E A. A group effort: More companies are turning to the wisdom of the crowd to find ways to innovate [J]. *Marketing News*, 2010, 44 (2): 22 – 28.

[361] Surowiecki J. *The Wisdom of Crowds: Why the Many Are Smarter than the Few and How Collective Wisdom Shapes Business, Economies, Societies, and Nations* [M]. New York: Bantam Dell Pub Group, 2004.

[362] Tajfel H E. *Differentiation between Social Groups: Studies in the Social Psychology of Intergroup Relations* [M]. New York: Academic Press, 1978.

[363] Tajfel H, Turner J C. *The Social Identity Theory of Intergroup Behaviour* [M]. Chicago, IL: Nelson – Hall, 1986.

[364] Tanis M, Postmes T. A social identity approach to trust: Interpersonal perception, group membership and trusting behaviour [J]. *European Journal of Social Psychology*, 2005, 35 (3): 413 – 424.

[365] Taylor A, Greve H R. Superman or the fantastic four? Knowledge combination and experience in innovative teams [J]. *Academy of Management Journal*, 2006, 49 (4): 723 – 740.

[366] Taylor S E, Lobel M. Social comparison activity under threat: Downward evaluation and upward contacts [J]. *Psychological Review*, 1989, 96 (4): 569.

[367] Taylor Shelley E, et al. Are self-enhancing cognitions associated with healthy or unhealthy biologicalprofiles? [J]. *Journal of Personality and Social Psychology*, 2003, 85 (4): 605 – 615.

[368] Terwiesch C, Xu Y. Innovation contests, open innovation, and multiagent problem solving [J]. *Management Science*, 2008, 54 (9): 1529 – 1543.

[369] Terwiesch C, Ulrich K T. *Innovation Tournaments: Creating and Selecting Exceptional Opportunities* [M]. Cambridge, MA: Harvard Business Press, 2009.

[370] Tetlock P. *Expert Political Judgment: How Good Is It? How Can We Know?* [M]. Princeton, New Jersey: Princeton University Press, 2005.

[371] To M L, Fisher C D, Ashkanasy N M, et al. Within-person relationships between mood and creativity [J]. *Journal of Applied Psychology*, 2012, 97 (3): 599 – 612.

[372] Toubia O, Florès L. Adaptive idea screening using consumers [J].

Marketing Science, 2007, 26 (3): 342 – 360.

[373] Toubia O, Netzer O. Idea generation, creativity, and prototypicality [J]. *Marketing Science*, 2017, 36 (1): 1 – 20.

[374] Toubia O, Stephen A T. Intrinsic vs. Image-related utility in social media: Why do people contribute content to Twitter? [J]. *Marketing Science*, 2013, 32 (3): 368 – 392.

[375] Toubia O. Idea generation, creativity, and incentives [J]. *Marketing Science*, 2006, 25 (5): 411 – 425.

[376] Troy L C, Szymanski D M, Varadarajan P R. Generating new product ideas: An initial investigation of the role of market information and organizational characteristics [J]. *Journal of the Academy of Marketing Science*, 2001, 29 (1): 89 – 101.

[377] Tsang J A. The effects of helper intention on gratitude and indebtedness [J]. *Motivation and Emotion*, 2006, 30 (3): 198 – 204.

[378] Turner J C, Oakes P J, Haslam S A, et al. Self and collective: Cognition and social context [J]. *Personality and Social Psychology Bulletin*, 1994, 20 (5): 454 – 463.

[379] Turner J C. Some current issues in research on social identity and self-categorization theories [M]//Ellemers N, Spears R, Doosje B. *Social Identity: Context, Commitment, Content.* Oxford, UK: Blackwell, 1999: 6 – 34.

[380] Valacich J S, Wheeler B C, Mennecke B E, et al. The effects of numerical and logical group size on computer-mediated idea generation [J]. *Organizational Behavior and Human Decision Processes*, 1995, 62 (3): 318 – 329.

[381] Vallerand R J, Reid G. On the causal effects of perceived competence on intrinsic motivation: A test of cognitive evaluation theory [J]. *Journal of Sport Psychology*, 1984, 6 (1): 94 – 102.

[382] Van Dijk J, Antonides G, Schillewaert N. Effects of co-creation claim on consumer brand perceptions and behavioral intentions [J]. *International Journal of Consumer Studies*, 2014, 38 (1): 110 – 118.

[383] Van Kleef G A. How emotions regulate social life: The emotions as social information (EASI) model [J]. *Current Directions in Psychological Science*, 2010, 18 (3): 184 – 188.

[384] Vaswani A, Shazeer N, Parmar N, et al. *Attention Is All You Need* [C]. 31st Conference on Neural Information Processing Systems (Association of Computational Machinery), 2017.

[385] Vlasic G, Kesic T. Analysis of consumers' attitudes toward interactivity and relationship personalization as contemporary developments in interactive marketing communication [J]. *Journal of Marketing Communications*, 2007, 13 (2): 109 – 129.

[386] Von Hippel E, De Jong J P J, Flowers S. Comparing business and household sector innovation in consumer products: Findings from a representative study in the United Kingdom [J]. *Management Science*, 2012, 58 (9): 1669 – 1681.

[387] Von Hippel E, Ogawa S, De Jong J P J. The age of the consumer-innovator [J]. *MIT Sloan Management Review*, 2011, 53 (1): 27 – 35.

[388] Von Hippel E. Lead users: A source of novel prodct concepts [J]. *Management Science*, 1986, 32 (7): 791 – 805.

[389] Vonofakou C, Hewstone M, Voci A. Contact with out-group friends as a predictor of meta-attitudinal strength and accessibility of attitudes toward gay men [J]. *Journal of Personality and Social Psychology*, 2007, 92 (5): 804 – 820.

[390] Vosniadou S. Capturing and modeling the process of conceptual change [J]. *Learning and Instruction*, 1994, 4 (1): 45 – 69.

[391] Vroom V H. *Work and Motivation* [M]. Oxford, U. K. : Wiley, 1964.

[392] Vukovic M. *Crowdsourcing for Enterprises* [C]. 2009 Congress on Services – I. IEEE, 2009.

[393] Wallas G. *Human Nature in Politics* [M]. Nebraska: University of Nebraska Press, 1962.

[394] Wang H S, Noble C H, Dahl D W, Park S. *Successfully Communicating a Cocreated Innovation* [M]. *Journal of Marketing*, 2019, 83（4）: 38 – 57.

[395] Wang N, Liu Y, Xiao S. Which feedback matters? The role of expressions and valence in continuous high-quality knowledge contribution in the online Q&A community [J]. *Decision Support Systems*, 2022, 156: 113750.

[396] Wang Y, Chaudhry A. When and how managers' responses to online reviews affect subsequent reviews [J]. *Journal of Marketing Research*, 2018, 55（2）: 163 – 177.

[397] Wasko M M L, Faraj S. Why should I share? Examining social capital and knowledge contribution in electroni networks of practice [J]. *MIS Quarterly*, 2005（1）: 35 – 57.

[398] Weber M, Gruppelaar R, Oosterhof S. To communicate co-creation or not? Examining the effects on brand and product perception [J]. *International Journal of Industrial Engineering and Management*, 2016, 7（4）: 169 – 181.

[399] Weiss A, Burgmer P, Lange J. Surprise me! On the impact of unexpected benefits on other-praising gratitude expressions [J]. *Cognition and Emotion*, 2020, 34（8）: 1608 – 1620.

[400] Wertheimer E. Glycogen in adipose tissue [J]. *The Journal of Physiology*, 1945, 103（4）: 359 – 366.

[401] Wiener D N. Subtle and obvious keys for the Minnesota Multiphasic Personality Inventory [J]. *Journal of Consulting Psychology*, 1948, 12（3）: 164 – 170.

[402] Wilcox K, Stephen A T. Are close friends the enemy? Online social networks, self-esteem, and self-control [J]. *Journal of Consumer Research*, 2013, 40（1）: 90 – 103.

[403] Wong E M, Ormiston M E, Haselhuhn M P. A face only an investor could love: CEOs' facial structure predicts their firms' financial performance [J]. *Psychological Science*, 2011, 22（12）: 1478 – 1483.

［404］Yang F, Yu L. *With or Without Siblings*: *Sorting into Competition in Experimental Chinese Labormarket* ［EB/OL］. https: //papers. ssrn. com/sol3/papers. cfm? abstract_id = 2376010.

［405］Yang X, Li G, Huang S S. Perceived online community support, member relations, and commitment: Differences between posters and lurkers ［J］. *Information & Management*, 2017, 54 (2): 154 – 165.

［406］Yang Y, Chen P Y, Pavlou P. *Open innovation*: *An Empirical Study of Online Contests* ［C］. ICIS 2009 Proceedings, 2009.

［407］Yuan F, Zhou J. Differential effects of expected external evaluation on different parts of the creative idea production process and on final product creativity ［J］. *Creativity Research Journal*, 2008, 20 (4): 391 – 403.

［408］Zander U, Kogut B. Knowledge and the Speed of the Transfer and Imitation of Organizational Capabilities: An Empirical Test ［J］. *Organization Science*, 1995, 6 (1): 76 – 92.

［409］Zell E, Alicke M D. Contextual neglect, self-evaluation, and the frog-pond effect ［J］. *Journal of Personality and Social Psychology*, 2009, 97 (3): 467 – 482.

［410］Zell E, Alicke M D. Effects of local and general comparisons on self-assessment ［M］//J Suls, R L Collins, L Wheeler. *Social Comparison*, *Judgment*, *and Behavior*. Oxford: Oxford University Press, 2020.

［411］Zell, Ethan, Mark D. Alicke, and Jason E. Strickhouser. Referent status neglect: Winners evaluate themselves favorably even when the competitor is incompetent ［J］. *Journal of Experimental Social Psychology*, 2015, 56: 18 – 23.

［412］Zhang X M, Zhu F. Group size and incentives to contribute: A natural experiment at Chinese Wikipedia ［J］. *American Economic Review*, 2011, 101 (4): 1601 – 1615.

［413］Zhang, Wei, Qingpu Zhang. Multi-stage evaluation and selection in the formation process of complex creative solution ［J］. *Quality & Quantity*, 2014 (48): 2375 – 2404.

［414］Zhao Y, Zhu Q. Evaluation on crowdsourcing research: Current status and future direction ［J］. *Information Systems Frontiers*, 2014, 16（3）: 417 –434.

［415］Zhou J. Feedback valence, feedback style, task autonomy, and achievement orientation: Interactive effects on creative performance ［J］. *Journal of Applied Psychology*, 1998, 83（2）: 261 –276.

［416］Zhou S, Xu X, Liu Y, et al. Text similarity measurement of semantic cognition based on word vector distance decentralization with clustering analysis ［J］. *IEEE Access*, 2019（7）: 107247 –107258.

［417］Zhou T. Understanding users' initial trust in mobile banking: An elaboration likelihood perspective ［J］. *Computers in Human Behavior*, 2012, 28（4）: 1518 –1525.